Faktor Anerkennung

Dr. Heinrich Geißler ist langjähriger Berater für *Betriebliche Gesundheitsförderung und Gesundheitsfördenrde Führung*.
www.bf-geissler.com

Torsten Bökenheide war langjährig als Personalmanager und Geschäftsführer tätig und ist heute Berater für *Gesundheitsfördernde Führung*.
www.anerkennung.eu

Holger Schlünkes ist langjähriger Personalmanager und Berater für Gesundheitsförderung.
www.vhhpvg.de

Brigitta Geißler-Gruber ist geschäftsführende Gesellschafterin der arbeitsleben Geißler-Gruber KG in Gmunden, Österreich. Als Arbeits- und Sozialpsychologin berät sie Unternehmen in Fragen der *gesundheitsfördernden Führung und Arbeitsgestaltung*.
www.arbeitsleben.com

Heinrich Geißler, Torsten Bökenheide,
Holger Schlünkes, Brigitta Geißler-Gruber

Faktor Anerkennung

Betriebliche Erfahrungen mit
wertschätzenden Dialogen

Campus Verlag
Frankfurt/New York

Bibliografische Information der Deutschen Nationalbibliothek:
Die Deutsche Nationalbibliothek verzeichnet diese Publikation in der
Deutschen Nationalbibliografie. Detaillierte bibliografische Daten
sind im Internet über http://dnb.d-nb.de abrufbar.
ISBN 978-3-593-38455-9

Das Werk einschließlich aller seiner Teile ist urheberrechtlich geschützt.
Jede Verwertung ist ohne Zustimmung des Verlags unzulässig. Das gilt
insbesondere für Vervielfältigungen, Übersetzungen, Mikroverfilmungen
und die Einspeicherung und Verarbeitung in elektronischen Systemen.
Copyright © 2007 Campus Verlag GmbH, Frankfurt/Main.
Umschlaggestaltung: Init GmbH, Bielefeld
Satz: Fotosatz Huhn, Linsengericht
Druck und Bindung: Druckhaus »Thomas Müntzer«, Bad Langensalza
Gedruckt auf säurefreiem und chlorfrei gebleichtem Papier.
Printed in Germany

Besuchen Sie uns im Internet: www.campus.de

Auch dieses Buch ist all jenen gewidmet,
die durch Anerkennung Gesundheit fördern.

Inhalt

Anerkennung wirkt – Ein Vorwort 11

1 Der Anerkennende Erfahrungsaustausch 15
    1.1 Grenzen eines erfolgreichen Fehlzeitenmanagements 19
    1.2 Paradigmenwechsel im Human Resource-Management:
        Der Blick auf die Gesunden und Gesundeten 19
        1.2.1 Von den Gesund(et)en lernen – Vision und Modell . 21
        1.2.2 Was ist Anerkennender Erfahrungsaustausch? 23
        1.2.3 Der psychologische Arbeitsvertrag 28
        1.2.4 Gesundheitsfördernde Führung 29
        1.2.5 Anerkennung, Gesundheit und Arbeitsfähigkeit . . . 33
    1.3 Anerkennender Erfahrungsaustausch mit Gesund(et)en:
        Das Führungsinstrument zum Managen von Produktivität
        und Ressourcen 38

2 Handreichungen aus der Praxis des Anerkennenden Erfahrungsaustauschs 46
    2.1 Initiativen, Motive und Nutzenerwartungen 47
        2.1.1 Initiativen 47
        2.1.2 Motive und Nutzenerwartungen 55
        2.1.3 Der Faktor Anerkennung 60
    2.2 Vorbereitung des Anerkennenden Erfahrungsaustauschs
        im Unternehmen 61
        2.2.1 Ziele der Vorbereitung 62
        2.2.2 Beispiele für die Vorgehensweise in der Vorbereitung . 63
        2.2.3 Chancen und Erfolge 71
        2.2.4 Hindernisse und Stolpersteine 73

2.2.5 Häufig gestellte Fragen aus Unternehmen	74
2.3 Aufbau und Inhalte eines Führungskräftetrainings zum Anerkennenden Erfahrungsaustausch	75
2.3.1 Reaktionen von Teilnehmern	76
2.3.2 Inhalte und Zeitplan für das weitere Vorgehen . . .	78
2.3.3 Chancen und Erfolgsfaktoren	79
2.3.4 Hindernisse und Stolpersteine	80
2.3.5 Häufig gestellte Fragen aus Unternehmen	80
2.4 Anerkennender Erfahrungsaustausch: Die erste Dialogrunde	84
2.4.1 Die Einführung	85
2.4.2 Die Belegschaftsinformation zur Dialogstrategie . .	87
2.4.3 Auswahl der Personengruppe für den Anerkennenden Erfahrungsaustausch	87
2.4.4 Die Einladung zum Anerkennenden Erfahrungsaustausch	89
2.4.5 Der Dialog selbst	92
2.4.6 Reaktionen von Mitarbeitern und Führungskräften	97
2.4.7 Chancen und Erfolgsfaktoren	103
2.4.8 Hindernisse und Stolpersteine	104
2.4.9 Häufig gestellte Fragen aus Unternehmen	105
2.5 Auswertung des Anerkennenden Erfahrungsaustauschs: Hinweise der Gesund(et)en ernst nehmen	107
2.5.1 Das Praxisbeispiel im Überblick	108
2.5.2 Das Vorgehen der Auswertung und die Erstellung von Listen	113
2.5.3 Chancen und Erfolge	114
2.5.4 Hindernisse und Stolpersteine	115
2.5.5 Häufig gestellte Fragen aus Unternehmen	116
2.6 Maßnahmen nach der Auswertung	117
2.6.1 Ziele für die Entwicklung von Maßnahmen	118
2.6.2 Modelle für die Entwicklung von konkreten Maßnahmen	119
2.6.3 Häufig gestellte Fragen aus Unternehmen	131
2.7 Weiterführung des Anerkennenden Erfahrungsaustauschs – vom Projekt zum Prozess	133

2.7.1 Unternehmensleitbilder als Mittel zur Verankerung
des Anerkennenden Erfahrungsaustauschs 137
2.7.2 Prozessmanagement als Mittel zur Verankerung des
Anerkennenden Erfahrungsaustauschs 140
2.7.3 Anwesenheitsregelrunden als Mittel zur Verankerung
des Anerkennenden Erfahrungsaustauschs 157
2.7.4 Auslegung des Tarifvertrages für den öffentlichen
Dienst (TVöD) als Mittel zur Verankerung des
Anerkennenden Erfahrungsaustauschs 159

3 Weitere Gesunde Dialoge 161
  3.1 Arbeitsbewältigungsgespräche 165
    3.1.1 Auswahl der Personengruppen 165
    3.1.2 Das Dialogziel 173
    3.1.3 Das gesundheitswissenschaftliche Modell für
Arbeitsbewältigungsgespräche 175
    3.1.4 Das Werkzeug 176
    3.1.5 Hindernisse und Chancen 184
    3.1.6 Betriebliches Eingliederungsmanagement gemäß
Paragraf 84 Absatz 2 Sozialgesetzbuch IX 193
  3.2 Fehlzeitengespräche 196
    3.2.1 Zielgruppe 197
    3.2.2 Das Dialogziel 198
    3.2.3 Das Werkzeug 199
    3.2.4 Hindernisse und Chancen 210
  3.3. Stabilisierungsgespräche 211
    3.3.1 Die Zielgruppe 212
    3.3.2 Die Dialogziele 213
    3.3.3 Das Werkzeug 214
    3.3.4 Hindernisse und Chancen 226
    3.3.5 Musterbetriebsvereinbarung 229

4 Anerkennung fördert und erfordert Vertrauen 235
  4.1 Vertrauen 236
  4.2 Beziehungsvermögen 236
    4.2.1 Beziehungsverluste statt Beziehungsreichtum 237

  4.2.2 Personalrisiken und der psychologische Arbeits-
    vertrag 238
  4.2.3 Die Basis des alten psychologischen Arbeitsvertrages
    verändert sich 239
  4.2.4 Arbeitsplatzsicherheit durch Arbeitsmarktfähigkeit? . . 239
4.3 Gesundheitsrisiken 241
  4.3.1 Sterblichkeitsrisiko »Personalabbau« 241
  4.3.2 Autonomie als Gesundheitsrisiko? 242
4.4. Geben und Nehmen – ein Gleichgewicht? 243
  4.4.1 Anerkennung in Arbeit und Organisation 244
  4.4.2 Erosion der Würdigung 245
  4.4.3 Gesellschaftliche Reziprozitätserwartungen 247
4.5 Dem Vertrauen vertrauen?! 248
  4.5.1 Vertrauen – Zukunftsorientierung statt
    Rückwärtsgewandtheit 248
  4.5.2 (Ständige) Neuverhandlung von psychologischen
    Arbeitsverträgen im Dialog 249

5 Anerkennung wirkt – Ein Resümee 251

Danksagung 252

Anhang 253

Anmerkungen 265

Literatur 270

Register 274

Anerkennung wirkt – Ein Vorwort

»›... hoch qualifizierte Mitarbeiter (bilden)
unser wertvollstes Kapital, in das wir mit
Millionenbeträgen investieren, damit wir
ihre Zukunft sichern‹«[1]

Liebe Leserin, lieber Leser,

vielleicht kommen Ihnen diese oder ähnlich lautende Aussagen von Vorständen und Geschäftsführungen aus nationalen und internationalen Unternehmen auch sehr vertraut vor. Wir hören diese Statements in den Medien, lesen sie in Hochglanzbroschüren bekannter Konzerne und finden sie regelmäßig auch in den Leitlinien vieler Unternehmen wieder. Wir sind gerne bereit, zu glauben, dass diese für die Menschen in den Unternehmen so wertvollen Aussagen von der Unternehmensspitze auch so gemeint sind. Jedoch drängt sich für uns vor dem Hintergrund des nun zweiten Buches zum Thema Anerkennung und Wertschätzung eine elementare Frage geradezu auf: »Woran genau erkennen die einzelne Mitarbeiterin und der einzelne Mitarbeiter, dass sie ihrem Arbeitgeber kostbar und wertvoll sind?« Soweit zum gefühlten Arbeitsalltag von nicht wenigen Menschen, die auf allen Hierarchieebenen arbeiten.

Ein kleiner Ausflug in die Theorie zum Thema Anerkennung und Wertschätzung fördert höchst Erfreuliches zutage: Grundsätzlich besteht in Sozialphilosophie und Arbeitssoziologie beziehungsweise in der Integrations- und Konfliktforschung Einigkeit über die Bedeutung von Anerkennung, sei es als Integrationsmedium (Honneth, Voswinkel, Holtgrewe, Wagner) oder als Integrationsergebnis (Heitmeyer). Ebenso wird durchgängig die Bedeutung von Anerkennung für die Identitätsbildung betont. Der Medizinsoziologie Johannes Siegrist und sein Team haben in der Arbeitswelt umfangreich und für viele Krankheitsbilder – von Herzinfarkt[2] bis Depressionen[3] – nachgewiesen, dass diese stark durch die Kombination von fehlender Anerkennung und hoher Verausgabungsbereitschaft verursacht werden. Die Bedeutung des Vorgesetztenverhaltens für die Gesundheit der Mitarbeiter hat auch die finnische Arbeitswissenschaft in umfassenden Langzeitstudien nachgewiesen. Ilmarinen fasst die Untersuchungsergebnisse in einem Interview vom 12. Mai 2006 in Salzburg zusammen: »Ich habe meine Doktorarbeit über das Altern und Arbeit noch in Dortmund geschrieben. Aber die Konzepte und Methoden wurden dann in Helsinki entwickelt. Es hat alles mit Längsschnittstudien in den kommunalen Betrieben angefangen, das war 1981. Da haben wir die meisten Dinge über das Altern gelernt. Da haben wir das Arbeitsfähigkeitskonzept aufgebaut. Dadurch haben wir zum ersten Mal bemerkt – das war nach elf Jahren –, dass die Vorgesetzten bei der Arbeitsfähigkeit die wichtigste Rolle spielen. Gutes Management bedeutet bessere Arbeitsfähigkeit, schlechtes Management bedeutet schlechte Arbeitsfähigkeit. Wesentlich für die Arbeitsfähigkeit waren also nicht die Gesundheit, nicht die Kompetenz, sondern die Vorgesetzten. Und das war eine Studie, in die 6 500 Leute einbezogen waren und in deren Rahmen es elf Jahre später ein Follow-up gegeben hat. Das sind wissenschaftlich fundierte Ergebnisse, also kein Zufall. Und die Ergebnisse haben sich auch in beide Richtungen – also gutes und schlechtes Management – bestätigt.«[4]

Damit wieder zur betrieblichen Praxis. Keine Sorge, werte Führungskräfte. Wir zeigen jetzt nicht mit dem Zeigefinger auf Sie und reihen uns auch nicht in die Schar derer ein, die gerne behaupten, dass Führungskräfte betriebliche Gesundheitsförderung verhindern. Wozu auch? Wissen wir (die Autorin und Autoren) heute doch genau – nach betrieblichen Erfahrungen seit dem Jahr 2000 mit systematischen, wertschätzenden Gesunden Dialogen –, dass mangelnde Gesundheitsförderung bei Führungskräften nun gerade nicht im Nichtwollen begründet ist. Wir stellen stattdessen fest, dass es bei Wissenschaft und Forschung, bei Vorständen und Geschäftsführungen und bei operativen Führungskräften erst einmal eine hohe, gesundheitsförderliche Übereinstimmung in diesem Thema gibt. Alle wissen offensichtlich beziehungsweise ahnen, wie elementar wichtig das Gefühl von Anerkennung und Wertschätzung für die Gesundheit und das Wohlbefinden von Menschen ist.

Die wenigsten jedoch kennen bisher unser einfaches, aber höchst wirksames Werkzeug, das Menschen exakt dieses Gefühl vermittelt. »Der Anerkennende Erfahrungsaustausch«[5] lautet der Titel unseres ersten Buches zu diesem betrieblichen und gesellschaftlichen Thema; »Anerkennender Erfahrungsaustausch« lauten der Name und das Prinzip dieses einfachen Werkzeugs für einen Gesunden Dialog zwischen Führungskraft und Beschäftigten. Seinerzeit haben wir uns – als Ergänzung zu der höchst verbreiteten alleinigen Sicht auf Beschäftigte mit auffälligen krankheitsbedingten Fehlzeiten – exklusiv der Gruppe einer jeden Unternehmensbelegschaft gewidmet, die (fast) immer anwesend ist, und doch nicht gesehen wird: die Gruppe der gesunden und gesundeten Beschäftigten. Wir haben dort die Leistungen und Grenzen des herkömmlichen Fehlzeitenmanagements beschrieben, einen umfangreichen gesundheitswissenschaftlichen Blick auf diese neue Zielgruppe gerichtet, das einfache Werkzeug – den Dialog Anerkennender Erfahrungsaustausch – vorgestellt und über erste, betriebliche Erfahrungen mit diesem neuen Führungsinstrument berichtet sowie eine ökonomische Betrachtung angestellt.

Mit diesem Titel halten Sie nun unser zweites Buch zu diesem betrieblich und gesellschaftlich aktuellen Thema in Ihren Händen. Es ist ein Praxishandbuch, in dem Sie die in Betrieben erprobten Werkzeuge für Gesunde Dialoge finden und selber ausprobieren können. Kapitel 1 gibt einen Überblick über das Modell der Belegschaftstypologie mit der Idee des Anerkennenden Erfahrungsaustauschs. In Kapitel 2 werden die Motivation für die Einführung der Gesunden Dialoge, das Ausbildungskonzept für Führungskräfte, die Auswertung der Ergebnisse sowie die daraus abgeleiteten gesundheitsförderlichen Maßnahmen beschrieben. Über den Anerkennenden Erfahrungsaustausch hinaus widmen wir uns in Kapitel 3 ausführlich den betrieblichen Erfahrungen mit unseren weiteren, wertschätzenden Gesunden Dialogen: dem Fehlzeitengespräch, dem Stabilisierungsgespräch und dem Arbeitsbewältigungsgespräch. Bei allen schönen Erfolgen mit dem Modell kommen selbstverständlich auch kritische Stimmen zu Wort, und auch Hindernisse beziehungsweise Stolpersteine, die wir in der Praxis erlebt haben, sollen nicht verschwiegen werden. Kapitel 4 fasst aktuelle wissenschaftlichen Debatten um Anerkennung, Vertrauen und den psychologischen Arbeitsvertrag zusammen.

Wir danken allen Menschen, mit denen wir in den vergangenen Jahren zusammenarbeiten und gemeinsam über Anerkennung und Wertschätzung nachdenken durften, zuallererst für ein sehr kostbares Gut, das wir von ihnen bekommen haben: ihre Zeit. Wir wissen das sehr zu schätzen und wünschen uns, dass wir ihnen mit diesem Buch Gutes tun.

Gmunden und Hamburg, August 2007

Torsten Bökenheide
Brigitta Geißler-Gruber
Heinrich Geißler
Holger Schlünkes

1 Der Anerkennende Erfahrungsaustausch

Überblick: Ein Szenario der üblichen Art: Fast alle Mitarbeiterinnen und Mitarbeiter sind anwesend, doch niemand nimmt sie wahr. Das ist die übliche Sicht auf Belegschaften in Unternehmen. Bemerkt wird bestenfalls, wer fehlt. Während der Fehlzeitengespräche hört die operative Führungskraft dann immer wieder dieselben Erklärungen über die Ursachen der Fehlzeiten. Der Erkenntnisgewinn über die Schwächen des Unternehmens ist gering. Auch hinsichtlich der vorhandenen Ressourcen und Stärken des Unternehmens gibt es keinerlei neue Erkenntnisse. Der alleinige Fokus auf auffällig krankheitsbedingt Fehlende führt leicht in eine Fehlzeitenfalle, da immer nur Minderheiten betrachtet werden.

Ein anderes Szenario: Fast alle Mitarbeiter und Mitarbeiterinnen sind anwesend – und sie werden wahrgenommen, anerkannt, und mit ihnen werden Gesunde Dialoge gepflegt. So ist es, wenn der Anerkennende Erfahrungsaustausch im Rahmen der umfassenden Gesprächsstrategie »Gesunde Gespräche« praktiziert wird. Das lenkt den Blick fort von der mangelnden Produktivität der Abwesenden hin zur Produktivität der Anwesenden, insbesondere der Gesund(et)en, die fast immer zur Arbeit erscheinen. Der Fokus der Führungskraft ist nunmehr auf die Mehrheiten und somit auf die Stärken und Ressourcen des Unternehmens gerichtet.

Durch gesundheitsförderliche Dialoge zwischen Führungskräften und Mitarbeitern werden die Handlungsspielräume der Führung angenehm und sinnstiftend erweitert. Die Gesund(et)en können dem Management in kompetenter Weise helfen, die richtigen Antworten auf die folgenden Fragen zu erhalten:

- Wo liegen die Stärken des Unternehmens aus Sicht der Leistungsträger?

- Welchen Sinn sehen meine Mitarbeiter in der Arbeit, in der Herstellung der Produkte und in der Erbringung unserer Dienstleistungen?
- Welche Schwächen sehen die Leistungsträger in der Organisation?
- Wie kommen Veränderungen der Arbeitsbedingungen und Arbeitsabläufe bei den Mitarbeitern an?

Die Fehlzeitengespräche der operativen Führungskräfte sind Reaktionen auf Störungen und auf Ergebnisse, die ursächlich in der Vergangenheit begründet sind. Das Ziel des Gespräches sind die Korrekturen dieser Störungen. Gesunde Dialoge und insbesondere der Anerkennende Erfahrungsaustausch hingegen sind präventive Maßnahmen ganz im Sinne eines kontinuierlichen Verbesserungsprozesses im Hinblick auf

- die Beziehung zwischen Führungskraft und Belegschaft,
- die Erhebung und Verbreitung des Erfahrungswissens der Gesunden sowie
- die Stärkung der Stärken des Unternehmens.

Ein Beispiel aus dem Alltag verdeutlicht, dass diese Vorgehensweise sinnvoll ist: Ein guter und routinierter Berufskraftfahrer wird während der Ausübung seiner Tätigkeit zwar auch regelmäßig auf das Verkehrsgeschehen schauen, das sich hinter seinem Fahrzeug abspielt. Seine wesentliche Aufmerksamkeit gilt jedoch dem Geschehen, das neben und vor seinem Fahrzeug zu sehen ist, also den Vorgängen der Gegenwart und der Zukunft. Man kann ein Fahrzeug (Unternehmen) nicht erfolgreich führen, indem man nur zurücksieht und sich ausschließlich am Vergangenen orientiert.

Ganzheitliche Betriebliche Gesundheitsförderung basiert auf drei Säulen: der Verhältnisprävention, der Verhaltensprävention und der gesundheitsfördernden Führung. Der Gesunde Dialog mit Mitarbeitern ist *das* Führungsinstrument aller Führungskräfte. Führungskräfte, die ihre leistungsbereiten Mitarbeiter nicht anerkennen, tragen durch ihre Passivität dazu bei, dass sich die Wahrscheinlichkeit einer Erkrankung bei diesen Personen dramatisch erhöht. Führungskräfte, die hingegen mit ihrer Belegschaft Gesunde Dialoge im Sinne des Anerkennenden Erfahrungsaustauschs führen, wirken fördernd auf die Gesundheit ihrer Mitarbeiter.

Seit den achtziger Jahren wurde zur Bekämpfung des Kostenfaktors krankheitsbedingte Fehlzeiten ein Führungsinstrument etabliert, das mit dem Begriff »Fehlzeitenmanagement« bezeichnet werden kann. Dabei handelt es sich um ein mehrstufig angelegtes Gesprächskonzept, innerhalb dessen mit auffällig oft oder lange erkrankten Beschäftigten nach festgelegten Formen sogenannte Rückkehr- und/oder Fehlzeitengespräche geführt werden. In letzter Konsequenz können diese Gespräche zu einer personen- beziehungsweise verhaltensbedingten Kündigung durch den Arbeitgeber führen, die heute arbeitsrechtlich statthaft ist. Entstanden ist diese Form der Kündigung Ende der achtziger Jahre, als sich die Unternehmen einem immer stärkeren Wettbewerbsdruck ausgesetzt sahen, der sie zwang, weitere Kosteneinsparpotenziale ausfindig zu machen. In der Folge identifizierten Controller die Entgeltfortzahlungskosten im Krankheitsfall als einen solchen Kostenverursacher und damit (entscheidenden) Wettbewerbsnachteil. Dargestellt wurde und wird bis heute dieser Kostenverursacher in Form einer einzigen Zahl: der krankheitsbedingten Fehlzeitenquote.

Entscheidend für die Ausrichtung des Fehlzeitenmanagements war hier die Orientierung der Personalmanager: Gesunde und gesundete Beschäftigte, die überwiegend anwesend waren und selbst bei einem hohen Krankenstand immer die Mehrheit einer Unternehmensbelegschaft abbilden, wurden zum Zeitpunkt der statistischen Relationsbestimmung durch das Controlling als Gruppe identifiziert, die keine Lohnfortzahlungskosten verursacht. Somit gab es keinen aktuellen Handlungsbedarf, sich dieser Gruppe zu widmen – also bestand auch für die Führungskräfte keine Notwendigkeit, hier aktiv zu werden.

Übersicht 1: Handlungsbedarfe aus Sicht des Personalkostencontrollings

Belegschaftsminderheit (6 %)	Belegschaftsmehrheit (94 %)
Beachtet vom Human Resource-Management, weil aktueller Kostenfaktor	Nicht beachtet vom Human Resource-Management, da kein Kostenfaktor und deshalb aktuell kein Handlungsbedarf

Tatsächlich ist die finanzielle Belastung, die durch die Erkrankung von Beschäftigten entsteht, für ein Unternehmen enorm. Betriebswirtschaftlich interessant erscheint daher die Gruppe der arbeitsunfähig erkrankten

Beschäftigten, die selbst bei einem hohen Krankenstand immer die Minderheit einer Unternehmensbelegschaft abbilden, weil sie aktuelle Kosten verursachen. Das Personalmanagement entwickelte eine Vielzahl von Maßnahmen, deren einziges Ziel es war, diese Kosten zu verringern. Die Führungskräfte werden aktiv, wenn (betriebswirtschaftliche) Probleme auftauchen und wenden die vom Personalmanagement entwickelten Instrumente an. Sie ergreifen die Gesprächsinitiative mit Beschäftigten, die Fehler und Schwächen zeigen.

Im historischen Rückblick ist diese Orientierung auf eine Minderheit der Gesamtbelegschaft – aus einer vom Controlling entwickelten Relationsbestimmung – durch die Aktualität dieser Kostenart erklärbar. Die Aktualität dieser Kostenart besticht vordergründig durch

- ihre Einfachheit (eine messbare, verstehbare Zahl),
- einen klaren Blick (die arbeitsunfähig erkrankten Beschäftigten sind die Kostenverursacher, die »Schuldigen«),
- eine Notwendigkeit (Kosten müssen gesenkt werden) und
- die Annahme, diese Kosten senken zu können.

Die Erfolgsstory des Fehlzeitenmanagements wurde möglich, als sich das Personalmanagement auf eben diese betriebswirtschaftliche Kennzahl (Fehlzeitenquote) konzentrierte. Dies hatte zur Folge, dass man bis heute davon ausgeht, eine statistisch gewonnene Standardgröße vor sich zu haben, sozusagen einen Universalschlüssel für die Personalführung. Dahinter verbirgt sich möglicherweise der Wunsch der Personalmanager, mit einer Zahl alles in den Griff zu bekommen.

Das von den Autoren in der Praxis erprobte, neue Führungsmodell sieht dagegen eine umfassende, systematische Gesprächsstrategie mit allen Mitarbeitern eines Unternehmens vor. Dabei werden in der statistischen Relationsbestimmung des Controllers gerade auch die aktuell gesunden Beschäftigten betrachtet und damit die Mehrheit in jeder Belegschaft. Das neue Führungsmodell beruht auf den Annahmen,

- dass herkömmliches Fehlzeitenmanagement in Einzelfällen durchaus seine betriebswirtschaftliche Berechtigung hat, jedoch eindeutig auch Schwächen und Grenzen aufweist;
- dass vorhandene Stärken und Ressourcen in den Unternehmen heute wenig wahrgenommen und kaum genutzt werden;

- dass es sich lohnt, die Handlungsfähigkeit der (operativen) Führungskräfte deutlich zu erweitern;
- dass es sich jedes Unternehmen betriebswirtschaftlich leisten kann, den neuen Führungsansatz umzusetzen;
- dass diejenigen Unternehmen einen Wettbewerbsvorteil erlangen können, die das neue Führungsmodell einsetzen.

1.1 Grenzen eines erfolgreichen Fehlzeitenmanagements

Das Führungsinstrument Fehlzeitengespräch blendet relevante Aspekte von Gesundheit aus. So haben Fehlzeitengespräche mindestens das Abgrenzungsproblem zwischen »Blaumachern«[6] und echten Kranken, wobei die Schuldfrage beim Kranken angesiedelt wird. Ebenfalls ist eine seriöse Beurteilung, welchen Anteil Fehlzeitengespräche bei einer Reduzierung des Krankesstandes haben, nicht möglich. Ein kontinuierlicher Prozess der Verhinderung des Nachwachsens von kranken Mitarbeitern ist mit Fehlzeitenmanagement nicht leistbar. Stattdessen ist eine Erhöhung der Anwesenheitsquote dauerhaft nur mit einer umfassenden Gesprächsstrategie zu erreichen. Human Ressource-Management braucht heute einen Paradigmenwechsel, damit

- vorhandene Stärken in Firmen sichtbar gemacht werden und genutzt werden können;
- die Handlungsfähigkeit der operativen Führungskräfte erweitert wird;
- hohe Anwesenheit der Beschäftigten dauerhaft gesichert ist;
- Unternehmen über gesunde Mitarbeiter einen echten Wettbewerbsvorteil erlangen können.

1.2. Paradigmenwechsel im Human Resource-Management: Der Blick auf die Gesunden und Gesundeten

Gesellschaft und die Wirtschaft durchleben zurzeit eine Phase grundlegender und verwirrender Veränderungen von einer Weisungs- zu einer

Selbstverantwortungskultur, von scheinbar linearen und berechenbaren zu nichtlinearen (chaotischen) Prozessen und Entwicklungen, die Verdrängung des Vertrauten durch immer schnelleren Wandel.

Manager wollen rational denken und rationell handeln. Deshalb arbeiten sie gerne mit Zahlen. Das auf Zahlen basierende Controlling in den Unternehmen war nie so ausgeprägt und ausgeklügelt wie heute. Die Beschäftigtenzahlen der Controllingbereiche in vielen Unternehmen wachsen nahezu unaufhaltsam und unkontrolliert. Doch mit Zahlen ist vieles, aber eben nicht alles messbar und erkennbar. Um die Erfolgsfaktoren im Unternehmen sehen und identifizieren zu können, bedarf es einer anderen, ergänzenden Sichtweise, eines anderen Selbstverständnisses und eines anderen Menschenbildes.

In Zeiten weltweiter Video- und Internetkonferenzen und eines noch nie da gewesenen Informations- und Wissensangebotes sind die meisten Unternehmen immer noch so organisiert wie vor 100 Jahren: in einer von oben nach unten abgestuften Struktur, in der viele Zuständigkeiten und wenig Verantwortlichkeiten geregelt sind und die so manche Schnittstellen, aber kaum Nahtstellen aufweist.

Die Menschen sind der wesentliche Teil eines jeden Unternehmens. Sie sind die Potenzialträger. Führung kann somit für das Management nicht länger darin bestehen, Ziele vorzugeben, die Zielerreichung zu kontrollieren und die wesentlichen Entscheidungen selbst und einsam zu treffen. Führung entwickelt sich dahin, Beratung und Konsens zu finden durch die Konsultation der Beschäftigten. Die gewohnten Führungsinstrumente – insbesondere Krankenrückkehrgespräch, Kritik- und Beurteilungsgespräch – haben sich weitgehend abgenutzt und sind nur eingeschränkt wirksam. Geben und Nehmen sind nicht ausgewogen.

Führen heißt nicht länger, die Mitarbeiter führen, sondern *für* die Mitarbeiter führen, im Sinne einer Dienstleistung für die Belegschaft. Die internen Kunden (Mitarbeiter) sollten sich von Lohn- und Auftragsempfängern über die partnerschaftliche Beziehung hinaus, die heute stark diskutiert wird, unserer Ansicht nach zu internen Beratern entwickeln, deren Erfahrungsschatz für das Unternehmen enorm bedeutsam ist. Dies erfordert, dass das Management sie als Partner behandelt und den systematischen Erfahrungsaustausch sucht: im Anerkennenden Erfahrungsaustausch und weiteren wertschätzenden Dialogen.

1.2.1 Von den Gesund(et)en lernen – Vision und Modell

Angesichts der Fixierung vieler Unternehmen auf Fehlzeiten- und Rückkehrgespräche sollen im Anerkennenden Erfahrungsaustausch Mehrheiten ins Blickfeld gerückt werden, nämlich die gesundeten und gesunden Mitarbeiter. Es geht sozusagen um die Zweidrittelmehrheit, die oft unberücksichtigst bleibt, weil

- sie nicht negativ auffällt,
- sie keine Probleme im operativen Bereich verursacht,
- operative Führungskräfte sich zuerst und sinnvollerweise mit Abweichungen vom Normalzustand befassen.

Bekannt ist der juristische Arbeitsvertrag, der schriftlich fixiert wird. Im Unterschied zu dieser Form des Arbeitsvertrags existiert immer auch ein zweites Moment, der sogenannte psychologische Arbeitsvertrag. Dieser beschreibt die individuellen Anschauungen beziehungsweise Überzeugungen bezüglich des wechselseitigen Gebens und Nehmens zwischen Individuum und Organisation, geprägt von der Organisation. Psychologische Arbeitsverträge haben die Kraft selbsterfüllender Prophezeiungen: Sie gestalten Zukunft. Unter den beiden Gesichtspunkten psychologischer Arbeitsvertrag und Anwesenheit im Unternehmen kann die Belegschaft unterteilt werden. Die Kriterien umfassen die Höhe der Anwesenheitsrate und ob eine starke oder schwache Bindung in Bezug auf den psychologischen Arbeitsvertrag vorliegt. Mithilfe dieser Unterscheidungen lassen sich vier idealtypische Belegschaftsgruppen charakterisieren – wie Abbildung 1 zeigt.

Kann man von Gesund(et)en lernen, und wenn ja, warum und was sollte man von gesunden und ehemals langzeiterkrankten Mitarbeitern lernen? Diese drei Fragen werden anhand von vier Thesen behandelt:

1. Führungskräfte kennen ihre Abwesenden besser als ihre Anwesenden.
2. Das Gespräch mit den Mitarbeitern konzentriert sich vor allem auf die Schwächen dieser Belegschaftsteile und damit auf die Schwächen des Unternehmens. Die Stärken des Unternehmens werden meist nicht in systematischer Weise erhoben.
3. Die Personalakten enthalten zu wenig Informationen über Stärken des Personals, insbesondere über Stärken, die über die unmittelbaren Arbeitsaufgaben beziehungsweise Tätigkeitsfelder hinausgehen.

Abbildung 1: Belegschaftstypologie

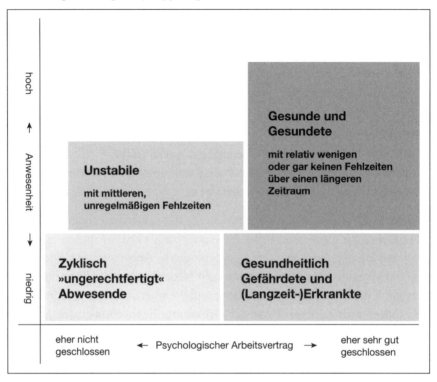

4. Führungskräfte führen gerne (auch) positive Gespräche. Ihren Arbeitsalltag dominieren bislang jedoch problembezogene Gespräche wie Beurteilungsgespräche oder Fehlzeiten- und/oder Rückkehrgespräche, die ausführlich trainiert werden. Es gibt bislang keine Seminare für Führungskräfte, die sich Lob und Anerkennung zum Lernziel machen würden.

Es soll nicht übersehen werden: Lernen kann man von allen. Von den Unentschiedenen, von den regelmäßig Abwesenden, von den gesundheitlich Gefährdeten, den Kranken und Langzeiterkrankten. Vorherrschend sind jedoch Informationen über Defizite, Schwächen, Belastungen, Überforderungen, Kränkungen und andere Symptome von Problemen des Unternehmens. Diese Symptome sind systematisch im Hinblick auf die Ursachen zu hinterfragen, erst dann sind sie nachhaltig zu »kurieren«.

Eine ganzheitliche Vorgehensweise wird jedoch erst durch die Kenntnis der Stärken, der Ressourcen, der Sinnbeziehungen in der Arbeit und anderer positiver Parameter ermöglicht. Und Letzteres erfordert die systematische Beschäftigung mit den Leistungsträgern im Unternehmen. Es gilt diejenigen zu erkennen, die eigentlich die Sichtbarsten sein müssten: diejenigen, die (fast) jeden Tag zur Arbeit erscheinen.

Der Anerkennende Erfahrungsaustausch richtet sich genau an diese Leistungsträger – an die gesunden und gesund(et)en Mitarbeiter. Diese Gesprächsform und die dadurch begründete soziale Beziehung zwischen Führungskraft und Mitarbeiter ist an sich eine Gesundheitsunterstützung für die Person durch die Wertschätzung und das bekundete Interesse, das die Führungskraft dieser Person entgegenbringt. Es bedeutet gleichzeitig die systematische Erhebung (gesundheitswirksamer) Ressourcen und Belastungen aus Sicht der Beschäftigten, deren Auswertung Ansatzpunkte für die Führung der Beschäftigten und für die betriebliche Gesundheitsförderung bildet.

Diese vier Belegschaftsgruppen lassen sich noch detaillierter beschreiben, wobei auch diese Beschreibungen idealtypisch und einzelne Mitarbeiter am Anfang nicht immer ganz klar einer dieser vier Gruppen zuzuordnen sind, beispielsweise Unentschiedene mit sehr hoher Anwesenheit oder Kranke mit einem eher schlechten psychologischen Arbeitsvertrag. Eine Klarheit zur Unterscheidung ist im laufenden Gesprächsprozess immer besser möglich, auch durch ein höheres Wissen über die einzelnen Personen. In Übersicht 2 haben wir für Sie die Charakteristika der einzelnen Gruppen des Modells der Belegschaftstypologie aus Abbildung 2 zusammengestellt.

1.2.2 Was ist Anerkennender Erfahrungsaustausch?

Das zentrale Mittel der Führungskraft ist der Dialog. Der Anerkennende Erfahrungsaustausch zwischen Führungskräften und gesunden und gesundeten Beschäftigten bedeutet die Zuwendung zu den Leistungsträgern im Unternehmen über bloße Belobigung hinaus. Anerkennung ist das ernsthafte Interesse an den Mitarbeitern, ihren Leistungen, Einschätzungen und Empfehlungen.

Auf zwei Ebenen wirkt der Anerkennende Erfahrungsaustausch gesundheitsfördernd: Das Gespräch selbst ist Gesundheitsunterstützung für die Beschäftigten, denn ihnen wird Wertschätzung und Interesse

Abbildung 2: Belegschaftstypologie – Gesunde Dialoge mit allen

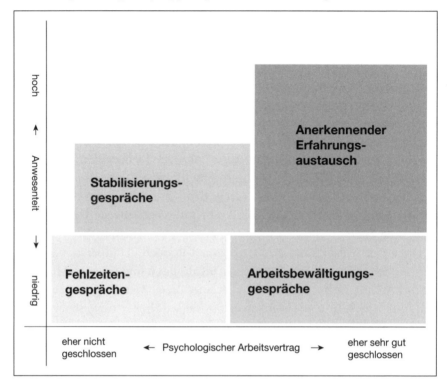

entgegengebracht. Im Gespräch widmet man sich der systematischen Erhebung von Ressourcen und Belastungen aus Sicht der Mehrheiten einer Belegschaft. Die Gesamtauswertung und Zusammenfassung aller Dialoge des Anerkennenden Erfahrungsaustauschs ergeben für Führungskräfte Ansatzpunkte für eine ganzheitliche betriebliche Gesundheitsförderung, insbesondere für eine Förderung der Zufriedenheit der Beschäftigten.

Nicht zu unterschätzen ist die Wirkung auf die Führungskraft selbst. Der Anerkennende Erfahrungsaustausch stellt eine positive Ausgestaltung von Personalführungsaufgaben dar, sozusagen als Ausgleich für die bislang meist problembezogenen Gesprächsanlässe.

Die Strategie des Annerkennenden Erfahrungsaustauschs ist leicht *erlernbar*. Operative Führungskräfte erfahren und erproben im unternehmensspezifischen Trainingsmodul die Gesprächs- und Auswertungsinstrumente. Die Umsetzung erfolgt in mehreren Schritten:

Übersicht 2: Charakterisierung der Belegschaftsgruppen

Gruppen	Charakteristika
Gesunde & Gesundete mit sehr hoher Anwesenheitsquote	• Hochmotiviert, prinzipiell positive Einstellung zum Unternehmen • Hohe Verbundenheit mit der Arbeitsaufgabe • Sinnhafte Beziehung zur Arbeit • Meist angemessener Umgang mit Ärger und Stress • Hohes Wohlbefinden und starkes Gesundfühlen auch bei bestehenden Grunderkrankungen • Ausgeprägte Arbeitsethik (evtl. auch aufgrund von finanziellem Druck)

Gesunde mit unterschiedlich hoher Anwesenheit	• Keine prinzipiell positive Entscheidung für das Unternehmen/die Tätigkeit und damit positiv wie negativ beeinflussbar; Unsicherheiten (Reagieren auf Gerüchte)
	• Zusätzlich mögliche Hinweise auf:
	  – Unangemessenen Umgang mit Stress und Ärger
	  – Private Probleme
	  – Beginnende Gesundheitsgefährdung

Gesunde mit regelmäßiger und/oder »grundloser« Abwesenheit	• Regelmäßige Abwesenheit als Ausgleich für vorgeblich vorenthaltene Leistungen: Diese Gruppe hat (fast) keinen psychologischen Arbeitsvertrag geschlossen:
	  – »Geben« und »Nehmen« sind unausgewogen – Gefühl der Übervorteilung durch das Unternehmen
	  – Gegebenenfalls Bedingungen im Unternehmen, die einen bewussten Bruch des psychologischen Arbeitsvertrages verursachen

Gesundheitlich Gefährdete, Langzeiterkrankte und Kranke	– Arbeitsbedingte und nicht arbeitsbedingte Gesundheitsstörungen führen zu Abwesenheiten (mit durchaus beachtlichen Branchenunterschieden)

Die umfassende Information der Belegschaft über Ziel und Vorgehen im Vorfeld der ersten Einladungen an gesunde und gesundete Mitarbeiter ist notwendig. Das Motto »Von Gesund(et)en lernen« ist ein Signal für alle Belegschaftsmitglieder. Gleichzeitig ermöglicht es, dass das Vorhaben positiv aufgenommen wird.

Der Anerkennende Erfahrungsaustausch ist ein Gespräch unter vier Augen, das den Grundregeln der zwischenmenschlichen Kommunikation folgt. Dieser offene Dialog zwischen unmittelbarer Führungskraft und Mitarbeiter dauert erfahrungsgemäß zwischen 30 und 60 Minuten. Die Ziele sind, dem Mitarbeiter zu verstehen zu geben, dass man ihn als Person und sein Engagement für die Firma würdigt und dass man an seinen Erfahrungen und Einschätzungen zum Thema Arbeit und Gesundheit im Unternehmen sehr interessiert ist.

Es braucht dazu keinen Fragebogen oder umfassenden Gesprächsleitfaden. Im Mittelpunkt steht eine besondere Auswahl an Gesprächsthemen, die sich um die Stärken und Schwächen der Arbeit und im Unternehmen aus Sicht des Gesprächspartner dreht. Diese Themen sollen systematisch im Erfahrungsaustausch besprochen werden.

Der Dialog des Anerkennenden Erfahrungsaustauschs ist keine »Eintagsfliege«. Um in folgenden Gesprächen sinnvoll an das aus dem Vorjahr anzuknüpfen, bedarf es für beide Gesprächspartner einer einfachen Gesprächsnotiz als Erinnerungsstütze.

Der Anerkennende Erfahrungsaustausch bietet die Chance, die verschiedenen, unterschiedlichen und vielfältigen Hinweise der Mitarbeiterinnen und Mitarbeiter aus den Dialogen anonymisiert auszuwerten. Die personenunabhängige Zusammenstellung der Stärken und Schwächen aus Sicht der Gesprächspartner ergibt eine Momentaufnahme der auf diese Gruppe der Belegschaft wirkenden Unternehmensbedingungen. So entsteht ein innerbetriebliches Wahrnehmungssystem, das wirksame Stärken und Schwächen sichtbar macht.

Die entstandene Stärken- und Schwächeneinschätzung aus Sicht gesunder und gesundeter Belegschaftsmitglieder wird zu einer wesentlichen, ergänzenden Planungs- und Entscheidungsgrundlage für die operative Führungskraft und das gesamte Unternehmen.

Wesentlich ist, dass im Rahmen eines regelmäßigen Anerkennenden Erfahrungsaustauschs mit den Leistungsträgern die Stärken des Unternehmens, aber auch die Schwächen *systematisch* zur Sprache kommen und ebenso systematisch auf Ebenen größerer Gruppen – Teams, Abteilungen, Produktionsbereiche und so weiter – ausgewertet werden. Dieses Erfahrungswissen macht die Belegschaft zu internen Beratern. Damit konkretisiert das Konzept des Anerkennenden Erfahrungsaustauschs den Ansatz, Mitarbeiter als interne Kunden zu behandeln, und geht gleichzeitig im Sinne dieser Beraterperspektive darüber hinaus. Die Gesund(et)en sind Berater des Unternehmens im Hinblick auf ihre positiven Arbeitsbeziehungen und ihre offensichtlich funktionierenden individuellen Gesundheitsmodelle. Ihre Meinung zählt, denn sie erkennen die Stärken und Schwächen des Unternehmens durch ihre tägliche Arbeit meist schneller. Die Gesunden und Gesundeten wissen die Antworten auf wichtige Fragen des Managements zu den Stärken und Schwächen des Unternehmens, zur Sinnbeziehung in der Arbeit oder zu veränderten Arbeitsbedingungen oder -abläufen.

Im allgemeinen Sprachgebrauch verwenden wir die Begriffe »Lob« und »Anerkennung« gerne in einem Atemzug. Tatsächlich gibt es unserer Ansicht nach aber relevante Unterschiede zwischen diesen beiden Begriffen. Es ist deshalb kein Zufall, dass der Dialog mit der Gruppe der Gesunden und Gesundeten von uns den Namen »Anerkennender Erfahrungsaustausch« bekommen hat und nicht etwa »Lobender Erfahrungsaustausch«. Übersicht 3 verdeutlicht diese Unterschiede.

Übersicht 3: Unterschied zwischen Lob und Anerkennung

Lob	Anerkennung
Aktuelles Kompliment	Generelle Wertschätzung
Leistungsbeurteilung	Leistungswertschätzung
Absichtsvoll im Moment des Lobes	Absichtslos im Moment des Anerkennenden Erfahrungsaustauschs
SAGEN	FRAGEN

Die Idee des Anerkennenden Erfahrungsaustauschs ist es ja gerade, dass Beschäftigte als interne Berater der Führungskräfte fungieren. Das Gefühl der Anerkennung stellt sich daher insbesondere ein, weil Führungskräfte Fragen stellen, um die Meinungen und Einschätzungen ihrer Gesprächspartner zu erfahren.

Spätestens dann, wenn die demografischen Veränderungen (siehe Kapitel 3.1) einen Mangel an notwendigem neuen Personal verursacht haben, wird die entscheidende Frage für die Unternehmen sein: Welche Stärken sehen meine Mitarbeiter, und wie kann ich mit diesem Wissen besser und nachhaltiger neues Personal gewinnen?

1.2.3 Der psychologische Arbeitsvertrag

Allen Arbeitnehmerinnen und Arbeitnehmern bekannt und schriftlich fixiert ist der juristische Arbeitsvertrag. Neben diesem besteht aber auch ein sogenannter psychologischer Arbeitsvertrag. Denise Rousseau (1995) hat das Phänomen des psychologischen Arbeitsvertrages jahrelang untersucht. Sie beschreibt ihn als die individuellen Anschauungen/Überzeugungen (beliefs) bezüglich des wechselseitigen Gebens und Nehmens zwischen Individuum und Organisation, geprägt von der Organisation. Psychologische Arbeitsverträge haben die Kraft selbsterfüllender Prophezeiungen: Sie gestalten Zukunft.[7]

Dieser ungeschriebene psychologische Arbeitsvertrag kann übererfüllt oder verletzt werden. Übererfüllungen könnten beispielsweise individuelle oder kollektive Personalentwicklungsmaßnahmen sein, die vom Unternehmen ohne vorherige mündliche oder schriftliche Vereinbarung gewährt werden. Meist häufiger als Übererfüllung ist jedoch die Verletzung des psychologischen Arbeitsvertrages zu beobachten. Rousseau unterscheidet drei Formen der Verletzung dieses psychologischen Vertrages: das Versehen, die Zerrüttung und den Bruch. Da diese drei Formen der Vertragsverletzung von beiden Vertragsparteien ausgehen können, stellen sich vielfältige Fragen nach den Ursachen, wie zum Beispiel:

Liegt die Ursache der Vertragsverletzung im Unternehmen? Sind die Ursachen, die im Unternehmen liegen, durch das Unternehmen beeinflussbar beziehungsweise korrigierbar? Will der Arbeitgeber etwas verändern, und falls ja, trifft er mit dieser Veränderung Mehrheiten oder löst er möglicherweise ein Minderheitenproblem, das dann wiederum von der Mehrheit als nachteilig empfunden wird? Kann das Unternehmen etwas verändern, lässt der Markt, das Umfeld, die konkrete Organisation der Arbeit Veränderungen zu? Oder geht die Verletzung des psychologischen Arbeitsvertrages von dem Mitarbeiter aus? Ist die Ursache Nichtwollen oder Nichtkönnen? Deutet sich eine gesundheitliche Gefährdung an – will der Mitarbeiter signalisieren, dass er überfordert ist?

Alle drei Formen der Verletzung des psychologischen Arbeitsvertrages erfordern Kommunikation. Der Bruch könnte zumindest verständlich(er) werden, Versehen und möglicherweise auch Zerrüttung wären so zu korrigieren. Selbstverständlich ist der psychologische Arbeitsvertrag auch einem zeitlichen Wandel unterworfen: Mit den persönlichen Bedürfnissen oder mit gesundheitlichen Beschwerden ändern sich die Bewertungen des Vertrages. Auch dies macht deutlich, dass nur eine kontinuierliche Auseinandersetzung mit der Sicht der Beschäftigten auf Stärken und Schwächen des Unternehmens diese sich ändernden Werte und Bewertungen erfassen kann. Wenn dieser Wertewandel nicht begleitet und mit der Belegschaft reflektiert wird, kann es zu unterschiedlichen Formen der Leistungsverweigerung kommen, vor allem zu

- innerer Kündigung, also Abwesenheit bei Anwesenheit und/oder
- zyklischer Abwesenheit (siehe Kapitel 3) und/oder
- Verzicht auf das Einbringen von Verbesserungsvorschlägen.

Diese Verhaltensweisen und auch erhöhte Fluktuation als eine weitere Folge mangelnder beziehungsweise fehlender Motivation führen zu enorm überhöhten Personalkosten. Doch diese Phänomene sind höchstens die zweitbeste Lösung für ein Problem, das seine Ursachen auch in einer Verletzung des psychologischen Arbeitsvertrages durch das Unternehmen haben kann und häufig auch hat. Es geht also um eine umfassende Kommunikationsstrategie im Unternehmen, die vor allem den Formen der Verletzung des psychologischen Arbeitsvertrages durch Versehen oder Zerrüttung auf die Spur kommt und sie nach Möglichkeit heilt.

1.2.4 Gesundheitsfördernde Führung

Die Frage »Was ist Gesundheit?« erlaubt keine einfache Antwort. Gesundheit ist vielschichtig und nicht mit dem Hinweis auf Fehlen von Krankheit und körperlichen Beschwerden hinreichend definiert. Der Ressourcenansatz der Gesundheitswissenschaft wirft ein neues Licht auf gesundheitswirksame Faktoren. Der Mensch bewertet und bewältigt die Umwelteinflüsse je nach deren Ausmaß und Schwere und gleichzeitig nach seinen verfügbaren und nutzbaren inneren Ressourcen wie Erfahrungen, Fertigkeiten und biologischem Vermögen sowie äußeren Ressourcen wie sozialer Unterstützung oder Handlungsspielraum. Das Befinden und die Leistungsfähigkeit der Menschen spiegeln demnach eine gelungene oder unausgeglichene Balance zwischen Arbeits- und Lebensanforderungen und verschiedenen Gesundheitsquellen (Ressourcen) wider. Es entsteht also Gesundheit auch im Kopf – so das nachdenkliche Resümee eines Teilnehmers an einem Führungskräfteseminar. Damit ist nicht nur gemeint, dass es – wie man schon immer ahnte – auf die innere Einstellung des Menschen ankommt. Die schützenden inneren Haltungen entstehen im Lebenslauf und verändern sich durch bedeutsame Lebensereignisse. Die äußeren Gesundheitsquellen wirken auf zweifache Weise auf die Gesunderhaltung und Leistungsfähigkeit der Personen: Auf der einen Seite wirken sie direkt wie ein Puffer und helfen den Menschen, Umweltanforderungen leichter zu bewältigen, oder sie wirken indirekt, indem die inneren Ressourcen durch positive Erfahrungen gestärkt werden, weil man den Situationen gewachsen ist. Diese Erkenntnisse machen es möglich, dass Führungskräfte die Gesundheit der Belegschaft fördern können.

Was denken nun operative Führungskräfte, wo ihre Einflussmöglichkeiten liegen? Als Hauptursachengruppe für Erkrankungen sehen Führungskräfte belastende Arbeitsbedingungen, die sie ganz selbstverständlich kritisch durchleuchten. Hier liegen objektiv gesehen auch Interventionsmöglichkeiten. Durch die Veränderung von Arbeitsbelastungen können Erkrankungs- und Unfallrisiken minimiert und dadurch Fehlzeiten aktiv ausgeschaltet werden. Gleichwohl empfinden die operativen Führungskräfte beispielsweise die Arbeitsplatzunsicherheit oder Lohnverluste genauso und vielleicht in zweifacher Hinsicht als belastend. Ihre subjektiven Einflussmöglichkeiten in diesem Bereich sind jedoch – auch in kommunikativer Hinsicht – beschränkt.

Der von Führungskräften am häufigsten genannte Gesunderhaltungsfaktor ist gesunder Lebensstil. Dieser entzieht sich landläufig der Einflussnahme durch Dritte. Der Eindruck könnte entstehen, dass sich operative Führungskräfte eher nicht zuständig und befähigt fühlen, gesundheitsförderlich für andere tätig zu werden.

Sofern sich die Vorstellung von betrieblicher Gesundheitsförderung nicht nur in unterschiedlichen Wellness-Programmen erschöpft, ruht betriebliche Gesundheitsförderung auf drei Säulen:

- Gesundheitsangebote im Unternehmen,
- gesundheitsförderliche Arbeitsgestaltung sowie
- gesundheitsförderliche Führung und gesundheitsförderliches Management.

Gesundheitsförderliche Führung ist sowohl die Krönung als auch das Fundament für betriebliche Gesundheitsförderung. Dieser Baustein ist mit den vorher genannten verzahnt: Auf der einen Seite lässt erst die Führungsentscheidung Gesundheitsangebote und gesundheitsförderliche Arbeitsgestaltung zu. Darüber hinaus hat jede im Unternehmen getroffene Entscheidung Einfluss auf die Gesundheitsrahmenbedingungen der Menschen. Weiter bestimmt Führung beziehungsweise Management die betriebliche Beziehungskultur. Das Führungsverhalten hat Auswirkungen auf Motivation und Leistungsbereitschaft, Arbeitszufriedenheit und Befinden der Belegschaft. Das entscheidende Instrument neben den Entscheidungsqualitäten der Führungskräfte ist der Dialog beziehungsweise die geeignete Kommunikation.

Oftmals werden Maßnahmen zur Senkung des Krankenstandes getroffen. Diese sind im Einzelnen unterschiedlich. Letztlich setzt Führung auf einem der zwei beziehungsweise auf beiden idealtypischen Wegen an: Dem korrektiven Weg in Zusammenhang mit (verstärkter) Kontrolle von Krankenstand. Dessen vorrangige Instrumente stammen aus dem Anwesenheitsverbesserungsprozess mit krankheitsbezogenen Gesprächen. Und dem präventiven Weg, der sich der Erhaltung und Förderung von Gesundheit und Arbeitsfähigkeit durch verschiedene Formen der Einbindung des Personals widmet.

Der Befund, dass sich Führungsverhalten auf die betrieblichen Fehlzeiten auswirkt, wird nicht überraschen. Es ist plausibel, mindestens motivationsbedingte Fehlzeiten auf ein gestörtes Betriebsklima oder eine beeinträchtigte Beziehung zwischen unmittelbarem Vorgesetzten und Belegschaftsmitglied zurückzuführen. Einige dieser Aspekte haben damit zu tun, dass je größer der Betrieb ist, desto höher die Fehlzeiten sind. Mit zunehmender Größe des Betriebes steigt die Anonymität des einzelnen Beschäftigten, und der persönliche Kontakt zum Vorgesetzten und der Unternehmensleitung reduziert sich. In kleineren Arbeitseinheiten stellt sich leichter ein Zusammengehörigkeitsgefühl oder ein Vertrauensverhältnis zum Vorgesetzten ein. Die Identifikation mit dem Unternehmen wächst durch das Gefühl des Eingebundenseins in das Unternehmen, wenn ausreichend horizontale und vertikale Kommunikation möglich ist. Das Unternehmen erscheint dann eher als durch Personen gesteuert und nicht anonym durch formale – unberechenbare – Strukturen. Kann dies der bestimmende Grund für Schwächen des Betriebsklimas und der Führungskultur sein? Wir sind davon überzeugt, dass es weniger eine Frage der Größe des Betriebes oder der unmittelbaren Führungsspanne ist, sondern der Schlüssel in den Führungsqualitäten und der Führungsintensität liegt.

Als Minimalforderung an Führung stellt sich die Frage »Wie können Führungskräfte – mindestens – motivationsbedingte Gesundheit stiften?«, wenn sie schon für motivationsbedingte Fehlzeiten zur Rechenschaft gezogen werden. Die Einflussdimensionen sind:

- die Menschenbilder der Führungskräfte, die Wirklichkeit werden;
- ein glaubhaftes Instrument für teilnehmend-kooperatives Vorgesetztenverhalten, das in der Gesundheitswissenschaft schon als eine organisationale Gesundheitsressource erkannt ist;
- das Bewahren und Entwickeln von Ressourcen der Arbeit, die gesund(et)e Belegschaftsmitglieder nicht missen wollen.

Das Instrument des Anerkennenden Erfahrungsaustauschs kann dabei ein Instrument gesundheitsfördernder – und nicht nur krankheitsverhütender – Führung werden. Es soll Wirkung erzielen bei der Stabilisierung von gesund(et)en Mitarbeitern und nicht zuletzt zum Wohlbefinden der Führungskräfte beitragen.

Anerkennung, Arbeit und Gesundheit

Übereinstimmend wird derzeit von einem tiefgehenden Wandel der Gegenwartsgesellschaften gesprochen. Dieser Wandel findet seinen Ausdruck auch in der Erosion der Normalarbeitsverhältnisse mit der Zunahme von sogenannten Patchwork-Biografien – abwechselnd Selbstständigkeit, Werkverträge, (Teilzeit-)Anstellungen – und von prekären Arbeitsverhältnissen mit befristeten Arbeitsverträgen oder mit Teilzeitarbeit oder Formen der kapazitätsorientierten Beschäftigung. Dieser Prozess lässt die Individuen nicht unberührt. Im Sammelband *Anerkennung und Arbeit*[8] wird einleitend die Bedeutung der Anerkennung im Rahmen einer Anerkennungssoziologie der Arbeit in dreifacher Hinsicht charakterisiert, nämlich als

- Element sozialer Gegenseitigkeit,
- Grundlage der Identitätsbildung und des Selbstwerts,
- Medium der Moral, verstanden als Achtungskommunikation.

Anerkennung hat aber einen Doppelcharakter: Sie ermöglicht Identitätsbildung, kann aber auch zu einer zwanghaften Orientierung am

Urteil anderer, also zu Konformismus führen. Veränderte Rahmenbedingungen für Anerkennung werden an vier Entwicklungen festgemacht:

- Die *marktgesteuerte Dezentralisierung:* Langfristige Investitionen werden so be- oder verhindert und kurzfristigem Erfolg untergeordnet. Damit werde der betriebliche soziale Austausch negativ beeinflusst und damit auch die Anerkennungsverhältnisse im Unternehmen.
- Die *Aufwertung kurzfristiger Erfolgsmaßstäbe*: Stichworte sind der Shareholder-Value, die Globalisierung und die kurzzyklische Produktinnovation in der sogenannten New Economy.
- Die *Kurzfristbiografie von Unternehmen und Produkten*: Dies bezieht sich auf Sennets Beobachtung vom Verlust des Individuums an langfristiger persönlicher Orientierung im flexiblen Kapitalismus.
- *Neuer Managertyp*: Der neue Manager kommt von außen und bleibt nicht lange im Unternehmen. Er ist also eher am rasch realisierbaren und herzeigbaren Erfolg interessiert.
- Diese vier Trends führen zu einer Veränderung der Anerkennungsverhältnisse: ==zur Abdankung der Würdigung zugunsten der auf Erfolg basierenden Bewunderung.==

1.2.5 Anerkennung, Gesundheit und Arbeitsfähigkeit

Das finnische Institut für Arbeitsmedizin – Finnish Institute of Occupational Health (FIOH) – hat in elfjährigen Längsschnittstudien nachweisen können, dass für ältere Mitarbeiterer – Frauen über 45 und Männer über 50 Jahre – das Vorgesetztenverhalten den stärksten Einflussfaktor auf die Arbeitsfähigkeit darstellt. Personen, bei denen sich die Anerkennung durch die Vorgesetzten verbessert, haben eine »3,6fach erhöhte Chance, ihre Arbeitsfähigkeit zu verbessern. Umgekehrt gilt dies auch: Diejenigen, bei denen Anerkennung und Wertschätzung am Arbeitsplatz vermindert werden, (haben) ein 2,4fach höheres Risiko«[9] der Verschlechterung ihrer Arbeitsfähigkeit. Damit ist die Anerkennung von älteren Belegschaftsmitgliedern und damit auch die systematische Beschäftigung mit diesen Mitarbeitern ein wichtiger Faktor für Produktivität und Wettbewerbsfähigkeit.

Seit den achtziger Jahren untersucht der Düsseldorfer Medizinsoziologe Johannes Siegrist die gesundheitlichen Folgen von beruflichen Anerkennungskrisen bei gleichzeitiger hoher Verausgabungsbereitschaft: Schädigungen des Herzkreislaufsystems.

Wir greifen diejenigen Aspekte gesundheitsförderlicher Führung – auf Basis der Erforschung der Anerkennungskrisen durch Siegrist und seine Forschungsgruppe – heraus, die für unser Konzept des Anerkennenden Erfahrungsaustauschs, also die Beziehung zwischen Belegschaft und Führung weiterführend sind: Die Studien der Siegrist-Gruppe haben nachgewiesen, dass nicht erfüllte Belohnungserwartungen und entsprechende Erfahrungen bei hoher Verausgabungsbereitschaft die Herz-Kreislauf-Gesundheit direkt beeinträchtigen: »Erinnert sei (...) nochmals an den Nachweis eines Zusammenhanges zwischen erwarteter, jedoch nicht erfolgter Reziprozität von Hilfeleistung und Höhe der Blutgerinnung bei Industriemeistern.« Aus diesen Forschungsergebnissen zu psychosozialen Belastungserfahrungen lassen sich neben entsprechenden Trainings für gesundheitsförderliche Führung – so Siegrist – auch Maßnahmen der Organisationsentwicklung ableiten.[10]

Eine solche Maßnahme ist die Förderung eines innerbetrieblichen Achtungsmarktes, der insbesondere auch eine Erhöhung der Leistungstransparenz gegenüber den Vorgesetzten beinhalten sollte: »Insbesondere in großen Abteilungen werden Vorgesetzte nur über negative Vorfälle von Untergebenen unterrichtet; positive Leistungen werden in der vertikalen Linie selten thematisiert; damit sind auch Chancen einer gehaltvollen, weil informierten und individualisierten Rückmeldung durch Vorgesetzte begrenzt.«[11]

Nach der sogenannten »beruflichen Distanzierungsunfähigkeit« hat die begrenzte berufliche Statuskontrolle – der blockierte soziale Aufstieg oder die Arbeitsplatzunsicherheit – die stärksten negativen Auswirkungen auf die Herz-Kreislauf-Gesundheit bis hin zu tödlichen und nichttödlichen Herzinfarkt- und Schlaganfallereignissen bei Industriearbeitern: Siegrist weist nach, dass das relative Risiko eines vorzeitigen Herzinfarktes zwischen 3,4- und 4,5fach bei jenen Industriearbeiten erhöht ist, die einen unsicheren Status oder Arbeitsplatzunsicherheit erleben. In diesem Untersuchungsergebnis sind medizinische und verhaltensgebundene Risikofaktoren bereits nicht mehr enthalten.[12]

Gelungene Maßnahmen in diesem Bereich sind besonders herausfordernd, weil Arbeitsplatzsicherheit (subjektiv) immer weiter abnimmt und Orientierungen alleine am Shareholder-Value diese Tendenz noch verschärfen werden. Gleichwohl stellt diese Unsicherheit ein enormes Gesundheitsrisiko dar.

Alternsgerechte Arbeitswelt

Wenn auch für die Zukunft viele Prognosen als unsicher gelten, so ist dennoch eines sicher: Die Erwerbsbevölkerung in Europa und besonders in Deutschland und Österreich wird in einem Ausmaß altern, das weder durch Zuwanderung noch durch Rationalisierungseffekte entscheidend beeinflusst werden kann. Diejenigen Unternehmen, die sich jetzt schon mit einem langfristigen Age-Management beschäftigen, werden zumindest Wettbewerbsvorteile haben und längerfristig überleben. Das erfordert die Anerkennung der demografischen Entwicklungen im weiteren und die Anerkennung der älteren Mitarbeiter und ihrer spezifischen Leistungsmöglichkeiten und Potenziale bei Berücksichtigung der (vor allem) körperlichen Veränderungen im besonderen Sinn.

Die Frage lautet also »Wie können ältere Arbeitnehmerinnen und Arbeitnehmer möglichst gesund aus dem länger dauernden Arbeitsprozess in den dritten Lebensabschnitt kommen?« Grundsätzliche Hinweise auf die Beantwortung dieser Frage kommen aus Finnland. Das finnische Institut für Arbeitsmedizin (FIOH) hat in jahrzehntelangen Studien und vielen betrieblichen Interventionen nachgewiesen,[13] dass Interventionen auf vier Ebenen notwendig sind und zwar gleichzeitig:

- Arbeits- & Gesundheitsschutz (etwa Ergonomie oder Hygiene),
- Unternehmenskultur (Anerkennungskultur, soziale Unterstützung, Kommunikation ...),
- individuelles Verhalten (Verhaltensprävention wie etwa gesunde Ernährung),
- individuelle Kompetenzen (lebenslanges Lernen, Qualifizierung, Arbeitseinsatz entsprechend dem Erfahrungswissen ...)

Gemessen werden können die Auswirkungen dieses Maßnahmenbündels mit dem Arbeitsbewältigungsindex.

Den Älteren stehen sozusagen zwei Strategien zur Verfügung, verringerte körperliche und veränderte geistige Leistungsfähigkeit auszugleichen: die Adaption und/oder die Kompensation. Für den Einsatz von adaptiven und kompensatorischen Strategien benötigen die älteren Beschäftigten Unterstützung vom Management, durch die Weiterbildung und durch die Anpassung der Arbeitsumgebung an veränderte Leistungsfähigkeit mithilfe der Arbeitsmediziner, Sicherheitsfachkräfte und Arbeitspsychologen.

Es bestehen vielfach Vorurteile bezüglich der Leistungsfähigkeit Älterer insbesondere bei der Arbeit am Computer: »Die wollen nicht mehr« oder auch »Die können nicht mehr lernen« sind verbreitete Ansichten. Immer wieder mussten wir feststellen, dass die altersbedingte Abnahme von bestimmten körperlichen Leistungsmerkmalen – Muskelkraft, geringeres Lungenvolumen, schlechteres Sehen und so weiter – auf die Leistungsfähigkeit insgesamt verallgemeinert wird.

Es lassen sich einige Regeln für den produktiven Umgang mit älteren Belegschaftsmitgliedern ableiten, beispielsweise:

- mehr Vertrauen in die Leistungsfähigkeit;
- höchste Anerkennung des Erfahrungswissens;
- verstärkte Aus- und Weiterbildung mit entsprechender altersgerechter Didaktik, die den individuellen Lernmustern Älterer Rechnung trägt;
- mehr Herausforderungen durch die Arbeitsinhalte;
- Abbau von quantitativen Überforderungen und qualitativen Unterforderungen sowie
- altersgerechte Arbeitszeiten (Vermeidung von Nachtarbeit) und Arbeitsorganisation.

Management und Gesundheitsförderung –
zwei unterschiedliche Paradigmen

Die Handlungen der betrieblichen Gesundheitsförderung und die Handlungen des Managements folgen unterschiedlichen Logiken. Betriebliche Gesundheitsförderung soll eingreifen, bevor die Probleme entstehen, das Management wartet meist, bis das Problem reif ist. Dies kann zu Schwierigkeiten führen, weil weder die Reife eines Problems noch der Effekt von betrieblicher Gesundheitsförderung leicht mit harten Daten nachgewiesen werden können. Wie kann ich – außer mit Kontrollgruppen oder Benchmarks – nachweisen, dass diese Maßnahme und nur diese Maßnahme dazu geführt hat, dass keine Probleme aufgetaucht sind?

Interventionen der betrieblichen Gesundheitsförderung verbinden Bekanntes mit Unbekanntem – Lernüberforderungen und Zeitmangel im

Unternehmen: Betriebliche Gesundheitsförderung betritt immer auch unbekannten Boden. Plan und Ergebnis stimmen nicht immer überein, erfordern ständiges Überprüfen, gegebenenfalls Anpassung oder auch einen völlig neuen Ansatz. Diese Lernprozesse fordern das Personal und vor allem auch Zeit. Doch daran mangelt es häufig, oft auch mit der Folge eines noch größeren Zeitaufwandes für die Korrektur zu spät erkannter Chancen.

Neue Führungskarrieren und nachhaltige Gesundheitsförderung

Die Unternehmenskulturen stehen unter Druck, nicht zuletzt auch aufgrund der verkürzten Halbwertszeit des modernen Managers. Wir sind also immer wieder darauf angewiesen, uns der Realität des Wandels zuzuwenden. Anerkennender Erfahrungsaustausch ist gerade in Zeiten des ständigen Wandels und der sich oft selbst überholenden Organisationsreformen eine Chance der offensiven Bewältigung der schmerzhaften und immer auch chancenreichen Veränderungen. In diesem Sinne keine rosarote Brille, die den Blick der Führungskraft ausschließlich auf das Gute, Positive und Schöne (ab)lenkt. Anerkennender Erfahrungsaustausch ist eine sinnvolle und sinnstiftende Alternative zu den krankmachenden Monologen der Angstinszenierung, ohne Zukunftsängste zu verleugnen, und des Krank-Redens, ohne Krankheitsursachen zu übersehen. Anerkennender Erfahrungsaustausch ist die Option für einen dauerhaften und gesundheitsförderlichen Dialog zwischen Führung und Belegschaft und damit ein Katalysator für gesundheitsförderliche Führung im Unternehmen.

Die Gesund(et)en – eine unerkannte Wirtschaftskraft

Ein Szenario der üblichen Art: Fast alle sind da, und niemand sieht sie. Das ist die übliche Sicht auf Belegschaften. Gesehen wird, wer nicht da ist. Und was hören operative Führungskräfte in den Fehlzeitengesprächen? Sie hören in Gesprächen mit auffälligen Kranken – also mit kleinen Minderheiten – regelmäßig gleichlautende Erklärungen für Krankheitsursachen. Der Erkenntnisgewinn aus Fehlzeitengesprächen bezüglich der wirklichen Schwächen des Unternehmens ist gering, bezüglich der Ressourcen und Stärken des Unternehmens wird er gänzlich ausgeblendet.

Ein gesünderes Szenario: Fast alle sind da, das wird gesehen, anerkannt, und mit allen wird geredet. So könnte es sein, wenn Anerkennender Erfahrungsaustausch im Rahmen einer umfassenden Gesprächsstrategie »Gesunde Gespräche« praktiziert wird. Das lenkt den Blick weg von der mangelnden Produktivität der Abwesenden hin zur Produktivität der Anwesenden, insbesondere der Gesundeten und Gesunden, die (fast) immer zur Arbeit erscheinen.

Wir plädieren für eine 95-Prozent-Ergänzung der durchschnittlichen 5-Prozent-Fehlzeitenorientierung: also raus aus der Fehlzeitenfalle, hin zu einer Orientierung über die Fehlzeiten hinaus. Hin zu einer Strategie, die das Selbstverständnis des Unternehmens erhöht, weil operative Führung das Ohr an den Leistungsträgern hat, die verlässlich Auskunft über die Stärken des Unternehmens und Ressourcen der Arbeit geben können.

Darüber hinaus bilden Gesund(et)e auch ein Frühwarnsystem für Auswirkungen veränderter Arbeitsbedingungen, das heißt hier kann profundes Erfahrungswissen abgeschöpft werden, ohne jeweils aufwändig nachmessen, nachfragen, nachforschen zu müssen.

Die Wettbewerbsfähigkeit des Unternehmens ist sichergestellt, wenn Mehrheiten wirklich gefragt sind und gefragt werden. Dann sind die Gesund(et)en wirklich eine Wirtschaftskraft.

1.3 Anerkennender Erfahrungsaustausch mit Gesund(et)en: Das Führungsinstrument zum Managen von Produktivität und Ressourcen

Wir empfehlen Dialoge mit allen Mitarbeitern, mit den Gesund(et)en, den Unstabilen, den zyklisch Fehlenden und den gesundheitlich Gefährdeten und (Langzeit-)Erkrankten. Hier die jeweiligen Schwerpunkte der verschiedenen Gesprächstypen aus Sicht der operativen Führungskräfte im Überblick:

Die Haltung der operativen Führungskräfte bei der Durchführung des Anerkennenden Erfahrungsaustauschs ist »Wir wollen uns Zeit nehmen, mit dieser Person zu sprechen, um insbesondere von ihr zu lernen.«

Bezüglich der Stabilisierungsgespräche formulieren operative Führungskräfte »Wir wollen gegenseitige Erwartungen abgleichen, um insbesondere mit dieser Orientierung die Person wieder für das Unternehmen gewinnen.«

Nach Einschätzung der operativen Führungskräfte ist ihr Ziel im Arbeitsbewältigungsgespräch (gegebenenfalls unter Hinzuziehung des Arbeitsmediziners) »Wir wollen diese Person nach Möglichkeit (voll umfänglich) in ihre Tätigkeit integrieren. Falls dieses aus gesundheitlichen Gründen nicht mehr möglich ist, helfen wir bei einem vernünftigen Ausstieg aus dem Berufsleben.«

Vorsatz beziehungsweise Ziel der operativen Führungskräfte für das Fehlzeitengespräch ist »Wir wollen eine Verhaltensänderung der Person erreichen. Falls das nicht möglich ist, wollen wir das Arbeitsverhältnis auflösen.«

Vorbildliche Führung

Die Implementierung der umfassenden gesundheitsbezogenen Gesprächsstrategie in ein Unternehmens- und Führungssystem hat dann hohe Erfolgschancen, wenn sich die Führungsspitze damit identifiziert. Dies umfasst drei Ebenen: Die Unternehmensleitung begünstigt (oder behindert) die Gesunden Gespräche in dem Maße, wie sie selbst einen Denkrichtungswandel (mit-)vollzieht und den betrieblichen Meinungsbildungsprozess in Richtung umfassender Gesundheitspolitik in der Führung und der Unternehmensleitung samt Belegschaftsvertretung fördert (siehe Kapitel 2.7.). Weiter steht und fällt das Konzept mit der Einsicht in die neue Gesprächsstrategie und der Klarheit der damit verbundenen Zielsetzungen. Eine umfassende Information der Belegschaft verhindert Missverständnisse. Und nicht zuletzt ist die Führungsspitze gefordert, diese Dialoge und insbesondere den Anerkennenden Erfahrungsaustausch selbst mit ihren gesunden und gesundeten Führungskräften zu praktizieren. Aus dem Vorbild wächst Klarheit über Ziel und Wirkung. Operative Führungskräfte fordern diese wertschätzende Haltung auch von ihren direkten Vorgesetzten nach dem Motto »Was von uns verlangt wird, erwarten wir auch von unserer Führungskraft.«

Es kann also ein Stolperstein werden, wenn die Geschäftsführungsebene dieser Gesprächsstrategie nicht die volle Aufmerksamkeit schenkt oder sich dazu nicht eindeutig fördernd verhält. Dennoch können, wie Beispiele belegen, einzelne Führungskräfte in ihrem Verantwortungsbereich mit der Gesprächsstrategie des Anerkennenden Erfahrungsaustauschs mit Gesund(et)en ergänzend zu den bereits vereinbarten und geregelten Gesprächen starten und diese Führungspraxis in Nischen- und Insellösungen praktizieren. Anerkennender Erfahrungsaustausch unter dem Motto »Von den Gesund(et)en lernen« ist eine Wertschätzung, die (zumindest) im individuellen Gespräch zwischen Führungskraft und Mitarbeiter ihre Wirkung entfaltet. Die personenunabhängige Auswertung gibt der Führungskraft eine Orientierungshilfe, an welchen wirksamen Stärken sie sich ausrichten und an welchen geäußerten Schwächen sie sich abarbeiten sollte. Die kollektive und unternehmensdynamische Qualität des Anerkennenden Erfahrungsaustauschs bleibt eher im Hintergrund, wenn die betriebliche Ausstrahlung und Kommunikation aufgrund des verborgenen Nischendaseins nicht voll zum Tragen kommen.

Diese Projekte der Führungskräfte können auch zu Meilensteinen der Unternehmensentwicklung werden. Die gesammelten Erfahrungen, wenn sie nicht aus betrieblichen Gründen gestoppt werden, bergen auch bestechende Beweise für Betriebsklimawechsel, Stärkung der Verbundenheit der Belegschaft mit dem Unternehmen oder sind die Substanz für die Stabilisierung hoher Anwesenheitsquoten. Damit einhergehen können kleine Triumphe von Führungskräften der zweiten Führungsebene oder einzelnen direkten Führungskräften, wenn ihre Beziehungsebenen zu den Mitarbeitern gefestigt, gepflegt und bereichert werden.

Beteiligung und Einbindung des Betriebs- oder Personalrats

Der Betriebsrat hat nach Betriebsverfassungsgesetz Paragraf 87 Mitbestimmungsrechte in Angelegenheiten, die »Fragen der Ordnung des Betriebes und des Verhaltens der Arbeitnehmer im Betrieb« (Paragraf 87 Absatz 1 Nummer 1 BetrVG) betrifft. Abgesehen von weiteren detaillierter beschriebenen betrieblichen sozialen Angelegenheiten ist dieser erste Punkt im betreffenden Paragrafen ein ausreichender Grund für das Engagement der Belegschaftsvertretung im Zusammenhang mit der ergänzenden gesundheitsbezogenen Gesprächskonzeption. Gegebenenfalls bestehen schon weitere Betriebsvereinbarungen, die formalisierte und systematische Führungsinstrumente betreffen. Das ist dann spätestens der Anlass, frühzeitig und umfassend den Betriebs-/Personalrat in die Einführung des Anerkennenden Erfahrungsaustauschs mit gesunden und gesundeten Mitarbeitern einzubinden.

Sofern nicht der Betriebsrat selbst eine Initiative zur Ergänzung der

Fehlzeitengesprächsstrategie im Unternehmen einbringt, stehen die Chancen für die positive Begutachtung und Begleitung der umfassenden Gesprächsstrategie durch die Betriebsratskörperschaft gut. Gewerkschaften stehen den ausschließlichen Gesprächen zur Reduktion von krankheitsbedingten Fehlzeiten berechtigterweise sehr skeptisch gegenüber. Rückkehr- oder Willkommensgespräche nach längerer Abwesenheit des Arbeitnehmers haben auch eine arbeitsorganisatorische Bedeutung, weil Neuerungen und Veränderungen während dieser Zeit dem Mitarbeiter persönlich bekanntgegeben werden. Nach dem Standardmodell der fehlzeitenbezogenen Gespräche können weitere abgestufte Fehlzeitengespräche mit Zielvereinbarung und Zielerreichungskontrolle folgen. Krankenrückkehrgespräche sind in der Regel eher vorbereitende Maßnahmen für das Ausscheiden aus dem Betrieb als unterstützende Maßnahmen für eine Wiedereingliederung in den Betrieb.

Damit werden die Bedenken von Betriebsräten deutlich. Die mindestens ergänzenden gesundheitsbezogenen Dialoge mit Mitarbeitern, vom Anerkennendem Erfahrungsaustausch mit Gesunden und Gesundeten über stabilisierende Dialoge bis hin zu Arbeitsbewältigungsgesprächen, verlassen die befürchtete repressive Einbahnstraße des alleinigen Fehlzeitengesprächs und der Betriebsklimaverschlechterung.

Ein umfassendes gesundheitsbezogenes Gesprächsmodell ermöglicht der Führungskraft mehr Spielraum, dem Mitarbeiter im Laufe des Gesprächs ganz andere Unterstützung, Wertschätzung oder Hilfestellung zu geben. Damit kann der Enttäuschung einer Person vorgebeugt werden, die nach längerer Abwesenheit zum Krankenrückkehrgespräch zu ihrem direkten Vorgesetzten eingeladen wird. Enttäuscht ist sie deshalb, weil sie trotz überwundener Lungenentzündung und der Tatsache, dass sie sich in den Jahre vor der Erkrankung aufgrund von Nullabwesenheiten zu den Gesunden und Engagierten im Unternehmen zählte, zum Krankenrückkehrgespräch muss.

Die Argumente für die Einbindung von Betriebs- beziehungsweise Personalrat liegen auf der Hand: Fehlzeitengespräche sind betriebswirtschaftlich sinnvoll, aber eher nicht individuell und kollektiv gesundheitsförderlich. Gesundheitsthemen werden vertieft in den drei weiteren wertschätzenden Dialogen. Eine ausschließliche Fehlzeitengesprächsstrategie verstellt den Blick auf Gesundheit sowie gesundheitlich Gefährdete und Kranke und sieht schon gar nicht die gesund(et)e Mehrheit in der Belegschaft.

In jedem Fall kann die mangelnde Einbindung des Betriebsrats zum

Stolperstein bei der Einführung des Anerkennenden Erfahrungsaustauschs werden. Eine zu späte Information des Betriebsrats hat in einem Unternehmen dazu geführt, dass dieser wenige Tage vor der geplanten und vorbereiteten Fortbildung der operativen Führungskräfte im Modell und Verfahren des Anerkennenden Erfahrungsaustauschs über die Mitbestimmungsrechte die Ausbildung über ein Jahr verschoben hat. Dies ist nicht nur ein Ärgernis, sondern eine vergebene Chance.

Die Mitstreiter auf der mittleren und unteren Führungsebene

Ein Großteil der erfolgreichen Umsetzung des Anerkennenden Erfahrungsaustauschs liegt bei den Akteuren der mittleren und unteren Führungsebene. Dort ist jedoch einige Skepsis bezüglich dieses neuen Führungsinstruments vorhanden. Operative Führungskräfte sind über Jahre zur Fehlzeitenreduktion angehalten worden. Ihre Skepsis drückt sich aus in der Frage »Was soll die Anerkennung für Gesunde und Gesundete dazu beitragen? Wahrscheinlich verbirgt sich nicht mehr dahinter als die positive Bezeichnung des klassischen Krankenrückkehrgespräches.« Dies macht schon deutlich, dass man Mitstreiter auf der mittleren und unteren Führungsebene nur dann als Verbündete erreicht, wenn sie die Hintergründe der Initiative erkennen, den Prozess und das Vorgehen mitgestalten und auch Ängste und Bedenken äußern können sowie eine geeignete Ausbildung erhalten (siehe Kapitel 2.3.).

Die Umsetzung der ersten Gesprächsphase im eigenen Haus durch einen Ansprechpartner für die Gesprächsstrategie zu begleiten ist wichtig. Die ersten Erfahrungen und die ersten Gesprächsnotizen sind die Grundlage für den Auswertungsworkshop mit den ersten für die Führungskräfte und die Gesprächspartner sichtbaren Ergebnissen. Eine Überwachung des ersten Auswertungsworkshops ist zu empfehlen. Mit fachlicher Moderation der Auswertung, Interpretation und des Schlussfolgerns bleibt noch ausreichend Raum, um gegebenenfalls in einigen Punkten ein unternehmensspezifisches Re-Design abzustimmen (siehe Kapitel 2.4.).

Ein zweites Hindernis ist die Sorge der operativen Führungskräfte, dass mit dem Anerkennenden Erfahrungsaustausch mit Gesunden und Gesundeten ein neuerlicher Zeitdruck und Zeitnotstand auf sie zukommt. Es ist ein ernst zu nehmendes Problem, dass operative Führungskräfte strukturell oder persönlich in zeitliche Bedrängnis kommen, wenn sie zusätzliche

Aufgaben mitsamt Vor- und Nachbereitung übernehmen sollen. Lösungen sind hier offensiv zu besprechen und zu erarbeiten. Operative Führungskräfte leiden oftmals an grundlegenden Zeitmanagementproblemen. Ihre Aufgaben teilen sich in Sach- und Beziehungsaufgaben. Die üblicherweise vereinbarten Einteilungen halten oftmals der Realität im Betriebsgeschehen nicht stand. Das Zeitmanagement der operativen Führungskräfte muss gerade deswegen fixe Gesprächszeiten vorsehen, damit die Führungskraft ihre Beziehungs- und Fürsorgeaufgaben nicht aus dem Auge verliert. Der Zeitaufwand der operativen Führungskräfte hat sich meist in der Praxis nach kurzer Zeit wieder amortisiert: Ein erfolgreich geführter Anerkennender Erfahrungsaustausch oder ein Stabilisierungsgespräch kann dazu beitragen, dass die operative Führungskraft einen Mitarbeiter (wieder) für einen Einsatz bei betrieblichen Engpässen gewinnt.

Zum Schluss noch ein wichtiges Argument, das nicht nur von Skeptikern in die Diskussion geworfen wird: Wie können Überschneidungen des Anerkennenden Erfahrungsaustauschs mit anderen an der Basis eingesetzten Mitarbeitergesprächen vermieden werden? Die diversen Regelgespräche, meist durch Probleme veranlasst oder leistungsbezogen, veranlassen operative Führungskräfte zu der Überlegung, welche Gesprächstermine nun noch sinnvoll in den Jahresplan eingetragen werden können. Der Anerkennende Erfahrungsaustausch mit Gesunden und Gesundeten erscheint dabei als ein Gespräch, dass aufgrund der geringen Dringlichkeit leichter vernachlässigt werden kann oder in ein schon vereinbartes Gespräch zu integrieren ist. Weit gefehlt. Hier liegt ja das Dilemma der gesunden und gesundeten Mitarbeiter. Sie sind jene, auf die zuletzt zugegangen wird, weil sie ja kein Problem darstellen oder verursachen. Auch die Integration des Anerkennenden Erfahrungsaustauschs ist wohl zu überlegen. Es wird schnell offensichtlich, dass der Anerkennende Erfahrungsaustausch, bei dem man sich in offenen Fragestellungen nach den Stärken- und Schwächeneinschätzungen des Mitarbeiters an Arbeit und Unternehmen erkundigt, nicht zu vermischen ist mit dem leistungsbezogenen Personaljahresgespräch oder gar einem Beurteilungsgespräch (siehe Kapitel 2.1).

Wie berechenbar ist gesundheitsförderliche Führung?

Betriebliche Gesundheitsförderung beruht auf drei Säulen, nämlich der Verhältnisprävention, der Verhaltensprävention sowie insbesondere der gesundheitsförderlichen Führung mit ihren gesundheitsförderlichen Gesprächsstrategien. Mit der Anwendung der in der Literatur beschriebenen vorhandenen Evaluationsmodelle können plausible Zusammenhänge von Maßnahmebündeln und deren Wirkung dargestellt werden. In Einzelfällen können auch bestimmte Auswirkungen plausibel auf bestimmte Maßnahmen zurückgeführt werden. Eine konkrete Zielsetzung erleichtert die Beurteilung, inwieweit das gesetzte Ziel erreicht wurde.

Hansmann hat in seinem Win-Win-Modell (Übersicht 4) konkret beschrieben, welche Gewinne die Organisation, die Führungskräfte und auch die Beschäftigten realisieren, wenn Unternehmen mit dieser neuen Dialogstrategie arbeiten. Ein ursächlicher Zusammenhang zwischen einer einzelnen durchgeführten Maßnahme aus den Bereichen Verhaltens- oder Verhältnisprävention kann in der Regel nicht nachgewiesen werden, da in der Praxis eine Vielzahl von internen Einflussfaktoren – beispielsweise andere Projekte im Unternehmen, aktuelle betriebliche Umstrukturierungen – sowie externen Einflussfaktoren wie zum Beispiel die gesamtwirtschaftliche konjunkturelle Lage ebenfalls wirken.

Umfassende Evaluationsmodelle dienen der Erfolgs- und Wirksamkeitsmessung und können den betriebenen Aufwand der betrieblichen Gesundheitsförderung rechtfertigen. Der Aufwand für eine umfassende Evaluation ist jedoch nicht unerheblich und überfordert zumindest manches kleine oder mittelständische Unternehmen.

Die Messbarkeit des Nutzens und der Wirkungen der Aktivitäten aus den vier präferierten Gesprächsformen – dem Fehlzeitengespräch, dem Arbeitsbewältigungsgespräch, dem Stabilisierungsgespräch sowie insbesondere dem Anerkennenden Erfahrungsaustausch – ist dagegen einfach. Die Gespräche sind so angelegt, dass die Wirksamkeit nicht mit komplizierten Berechnungsmodellen erkannt werden muss, sondern vom operativen Manager schon während des Gespräches oder unmittelbar im Anschluss daran beschreibbar ist.

Was bleibt, um den Gesamterfolg beurteilen zu können, ist eine systematische Zusammenführung aller Dialogergebnisse und aller vereinbarter Maßnahmen sowie die Bewertungen der Wichtigkeit der gewonnenen Erkenntnisse. Bei konsequenter und stetiger Umsetzung der Gesprächsstrategie wird die Wirkung unter anderem auch darin zu erkennen sein, dass etwa behäbige Verbesserungsvorschlagswesen-Systeme oder schriftliche Mitarbeiterbefragungen überflüssig geworden sind.

Übersicht 4: Win-Win-Modell nach Hansmann[14]

Gewinner	Gewinn (Auswahl)
Organisation	• Information über von der Mehrheit der Mitarbeiter wahrgenommene organisationale Stärken und Schwächen • Information über »funktionierende« Gesundheitsmodelle der organisationalen Leistungsträger, deren Sinnbeziehungen in der Arbeit sowie andere positive Parameter • Information über vorhandene Ressourcen, Kompetenzen und Lösungsansätze • Information über die Akzeptanz organisationaler Veränderungen (Arbeitsbedingungen, Arbeitsabläufe) bei den Leistungsträgern • Ermöglichen stärkenorientierter Managemententscheidungen • Ermöglichen einer ganzheitlichen Entscheidungsgrundlage für gesundheitsförderliche Personalführung und Organisationspolitik • Positiver Beitrag auf dem Weg zur Lernenden Organisation • Positiver Beitrag auf dem Weg zu einer gesundheitsförderlichen Organisationskultur (insbesondere Führung)
Führungskräfte	• Ermöglichen von durchweg als »angenehm« erlebten Mitarbeitergesprächen • Etablieren/Intensivieren der sozialen Beziehung zwischen Führungskraft und Mitarbeiter (Vertrauensstärkung) • (Positives) Feedback hinsichtlich des von den Leistungsträgern wahrgenommenen eigenen Führungsverhaltens • Gewinnen von internen Beratern aus dem Mitarbeiterkreis bezüglich gesundheitswirksamer Faktoren
Mitarbeiter	• Wertschätzung und Anerkennung für die eigene Person, die persönlichen Leistungen, das eigene Engagement • Würdigung für das, »was gut ist« (Bestärkung des Arbeitsstolzes), der individuell funktionierenden Gesundheitsmodelle und Sinnbeziehungen (Motivatoren) • Aufwertung (zum internen Berater): »Mein Vorgesetzter legt Wert auf meine Einschätzungen, meine Erfahrungen, meine Sichtweisen und Lösungsansätze.« • Beeinflussung der Handlungen jener Mitarbeiter, die (noch) nicht als Leistungsträger wahrgenommen werden (systemische Perspektive)

2 Handreichungen aus der Praxis des Anerkennenden Erfahrungsaustauschs

Überblick: Im Jahr 2000 hat das Projekt »Von den Gesund(et)en lernen« in drei Hamburger Unternehmen des öffentlichen Personennahverkehrs den Anerkennenden Erfahrungsaustausch ins Rollen gebracht. Während das Ursprungsprojekt noch von externen Beratern durchgeführt wurde, war eines der Hauptergebnisse, dass dieses Vorgehen in die alltägliche Praxis der Führungskräfte gehört. Von da an stand die Beratung zur Einführung des Anerkennenden Erfahrungsaustauschs als Werkzeug der Selbstorganisation in Unternehmen im Vordergrund. Seit 2001 haben die Autorinnen und Autoren in 16 Unternehmen aus neun unterschiedlichen Branchen (siehe Übersicht 5) die Einführung des Anerkennenden Erfahrungsaustauschs beziehungsweise die Strategie gesunder, wertschätzender Dialoge begleitet. Die Praxiserfahrungen aus diesen Pionierunternehmen dienen als Basis für die Ausführungen und die Handreichungen in diesem Kapitel.

Übersicht 5: Branchen, in denen der Anerkennende Erfahrungsaustausch praktiziert wird

Öffentlicher Personennahverkehr	7
Dienstleistung, Call-Center	1
Abfallwirtschaft (privatgewerblich und öffentlich)	2
Energiewirtschaft, Verwaltung und Gewerbe	1
Produktion, Kunststoffverarbeitung	1
Gesundheitswesen, Pflege, Medizin und Service	1
Bauwirtschaft	1
Dienstleistung, Verwaltung	1
Gastronomie	1

Als Auskunftspersonen in diesen Unternehmen standen Geschäftsführungen, operative Führungskräfte, Interessenvertretungen, Betriebsärzte, Berater und last but not least Beschäftigte zur Verfügung, die den Anerkennenden Erfahrungsaustausch erfahren haben. Initiativen für die Einführung des Anerkennenden Erfahrungsaustauschs in diesen Unternehmen gingen vom Management, Intermediären, von betriebsärztlichen Diensten und von Belegschaftsvertretungen aus. Auch die unterschiedlichen Motive und Nutzenerwartungen der verschiedenen Initiatoren werden in diesem Kapitel dargestellt.

2.1 Initiativen, Motive und Nutzenerwartungen

2.1.1 Initiativen

Von wem gehen Initiativen für den Anerkennenden Erfahrungsaustausch aus? Hier sollen die Personen in ihren Funktionen benannt werden, die auf den Anerkennenden Erfahrungsaustausch aufmerksam geworden sind und das Thema im Betrieb ins Rollen gebracht haben.

In den Pionierunternehmen gehen die Initiativen überwiegend von der Geschäfts- oder Personalleitung beziehungsweise der Personalentwicklung aus, gefolgt von Intermediären der betrieblichen Gesundheitsförderung. Erst dann kommen Belegschaftsvertretung und betriebsärztlicher Dienst als Initiatoren (siehe Abbildung 3).

Abbildung 3: Die Initiatoren des Anerkennenden Erfahrungsaustauschs

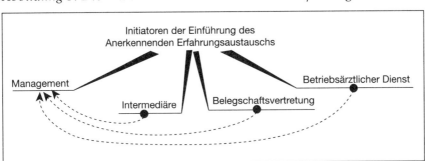

Managementinitiativen

Initiativen des Managements kamen von der Unternehmens- beziehungsweise Geschäftsleitung selbst; gefolgt von der Personalleitung und gleich häufig von der Personalentwicklung (siehe Abbildung 4). Ein Pilotprojekt startete durch die Initiative einer operativen Führungskraft.

Abbildung 4: Managementinitiativen und ihre Motive

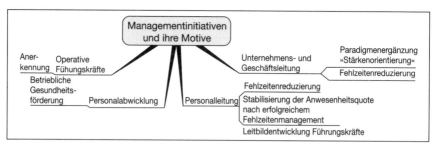

Das Interesse von Unternehmens- und Geschäftsleitung am Anerkennenden Erfahrungsaustausch wird auffällig durch die Möglichkeit zur ganzheitlichen Betrachtung des Unternehmens und die explizite Stärken- neben der üblichen Schwächenorientierung geweckt. Das drückt sich aus in Aussagen wie »Schluss mit dem ständigen Lamentieren! Lasst uns schauen, was gut läuft« oder »Wir wollen von der stillen, oftmals unauffälligen Mehrheit unserer Belegschaft hören, wie es bei uns im Unternehmen läuft«. Betriebsleiter integrierten spontan die Leitfragen für den Anerkennenden Erfahrungsaustausch in ihren Personalgesprächsalltag. Ein Pilotunternehmen griff während eines umfassenden Prozesses zur Führungsleitbildentwicklung das immer wieder auftauchende Thema »Anerkennung für Führungskräfte« beziehungsweise »Anerkennung durch Führungskräfte« auf und suchte nach entsprechenden Werkzeugen, die halfen, dies in den Führungsalltag zu integrieren. Ein weiterer Anlass für Unternehmens- beziehungsweise Geschäftsleitungen zur Einführung des Anerkennenden Erfahrungsaustauschs ist der Auftrag zur betrieblichen Fehlzeitenreduktion.

Personalleitungen haben einen anderen Zugang zum Anerkennenden Erfahrungsaustausch: Hier taucht besonders der Auftrag zur Fehlzeitenreduktion beziehungsweise die Stabilisierung der Ergebnisse des erfolgreich absolvierten Fehlzeitenmanagements nach dem Motto »95 Prozent

Anwesenheit – und was nun?!« auf. Ein weiteres Motiv ist, den Anerkennenden Erfahrungsaustausch als Einstieg in die erstmalige oder neuerliche Einführung von Mitarbeitergesprächen allgemein nutzen zu wollen.

Die Unternehmenseinheit »Personalentwicklung« ist meist im Personalmanagement integriert, dennoch sollen die Initiativen der Personalentwicklung für den Anerkennenden Erfahrungsaustausch separat genannt werden. Personalentwickler sind meist mit einem laufenden Projekt unter anderem zur Einführung von Fehlzeitengesprächen oder mit Programmen der betrieblichen Gesundheitsförderung beschäftigt. In diesem Zusammenhang entdecken sie das Werkzeug des Anerkennender Erfahrungsaustauschs. In einem Pilotunternehmen wurde das ursprüngliche Vorhaben der Einführung von Krankenrückkehrgesprächen durch den Anerkennenden Erfahrungsaustausch für die neu wahrgenommene Zielgruppe der Gesund(et)en ersetzt. In einem anderen Unternehmen wurde die laufende Einführung von Gesprächen mit auffällig Abwesenden durch den Anerkennenden Erfahrungsaustausch ergänzt, um den Führungskräften parallel dazu die Möglichkeit einer positiven Gesprächsform zu eröffnen. Im Rahmen der Programme zur betrieblichen Gesundheitsförderung stieß die Personalentwicklung – meist in Personalunion auch die Projektleitung der betrieblichen Gesundheitsförderung – auf den Anerkennenden Erfahrungsaustausch als gesundheitswirksames Führungsinstrument.

In einem Betrieb ging die Initiative von einer operativen Führungskraft aus. Angeregt durch den Fachartikel über das Hamburger Projekt »Von den Gesund(et)en lernen« startete sie mit anerkennenden Fragestellungen bei ihren auffällig anwesenden Beschäftigten und gleichzeitig bei ihren Familienangehörigen. Die Erkenntnisse und die zwischenmenschliche Wirkung dieser Dialoge überraschten die Führungskraft. Sie leitete das Konzept dem Management weiter. Die erste Reaktion war, diese erfolgversprechenden Fragestellungen in die schriftliche Mitarbeiterbefragung aufzunehmen. Erst die Bedenken der operativen Führungskraft und des Betriebsarztes, dass der Vieraugendialog seine Wirkung hat, ließen den Anerkennenden Dialog zwischen Beschäftigten und Führungskraft wieder zum Zug kommen.

Abgesehen von der operativen Führungskraft waren die oben genannten Initiatoren auch die Auftraggeber für die Einführung des Anerkennenden Erfahrungsaustauschs. Es handelte sich meist um eine Erweiterung oder einen Wechsel der diesbezüglichen Unternehmensstrategie. Die Einführung basierte in diesen Fällen meist auf einer Begleitberatung von der Erkundung der Unternehmensbedingungen über das Training der Führungskräfte im Umgang mit dem Dialogwerkzeug bis zur Unterstützung und Überwachung der Ergebnisauswertung und Maßnahmenentwicklung.

Initiativen von Intermediären

Intermediäre sind Organisationen beziehungsweise Personen, die im Rahmen eines Gemeinschaftsauftrags verschiedene Themen an ihre Zielorganisationen vermitteln (siehe Abbildung 5). In den Pionierprojekten des Anerkennenden Erfahrungsaustauschs tauchen zwei inhaltlich unterschiedliche Intermediäre auf: einerseits Berater eines öffentlich geförderten Programms zur betrieblichen Gesundheitsförderung für kleine und mittelgroße Unternehmen und andererseits eine Verbundorganisation kleiner Unternehmen einer Branche. Hier gibt es eine Abteilung, die sich unter anderem um überbetriebliche Hilfestellungen bei der Personal- und Organisationsentwicklung in den Mitgliedsorganisationen kümmert.

Abbildung 5: Initiativen der Intermediäre und ihre Motive

In dem Förderprogramm für betriebliche Gesundheitsförderung für kleine und mittelgroße Unternehmen wird ein Augenmerk auf die Führung als Schlüsselpersonen für Wohlbefinden und Arbeitsfähigkeit der Beschäftigten gelegt. (Populär-)wissenschaftliche Beiträge sind voll mit Analysen darüber, dass Führungskräfte Beschäftigte krank machen (können). Kommunikative Schwächen aufseiten der Führungskräfte führen zu einem Demotivierungrisiko für die Belegschaft. Dieser Befund bleibt erschütternd, egal ob die Ursachen in einem bewussten oder überforderten oder gering qualifizierten Führungsverhalten zu suchen sind. Nach diesen Analyseergebnissen ist die Frage, wie Führungskräfte die betrieblichen

Sozialbeziehungen positiv beeinflussen können, von zentraler Bedeutung. Die Berater des Förderprogramms integrierten in ihren Maßnahmenkatalog für die Kooperationsunternehmen Trainingsangebote zum Thema »gesundheitsfördernde Führung« und vermittelten als diesbezügliches Werkzeug den Anerkennenden Erfahrungsaustausch. In diesem Fall erfolgte die Strategieeinführung im Rahmen überbetrieblicher Veranstaltungen mit mehreren Vertretern aus unterschiedlichen Unternehmen. Die Beratungsbegleitung endete nach den durchgeführten Trainings. Die teilnehmenden Führungskräfte waren auf ihre Selbstorganisationskraft angewiesen, als sie in ihren Betriebsalltag zurückkehrten.

Im Fall der Serviceorganisation unter anderem bei der Personal- und Organisationsentwicklung für Mitgliedsbetriebe schlugen die Fachberater den Anerkennenden Erfahrungsaustausch aufgrund von Anlassfällen vor. In diesen Betrieben wurden Programme der betrieblichen Gesundheitsförderung mit mitarbeiterorientierten Gesundheitszirkeln durchgeführt. Dort verdichteten sich die Hinweise auf mangelnde Anerkennung der Beschäftigten durch die Führung. Die innerbetrieblichen Lösungsvorschläge, andere Führungsstile zu wählen, blieben eher Appelle. Konkrete und einfache Führungswerkzeuge wurden nachgefragt und von den Fachberatern organisiert. Auch hier handelte es sich um ein einmaliges Training der Führungskräfte mehrerer Mitgliedsbetriebe.

Diese Art der Initiative ist typischerweise in kleineren Unternehmen angesiedelt. Sie versteht sich als kostenoptimales und vertrauensvolles Serviceangebot. Das Anliegen zum Paradigmenwechsel wächst aber nicht unmittelbar aus dieser Initiative. Meist stellt es einen ersten Impuls beziehungsweise eine erste Sensibilisierung von Unternehmensvertretern für das Thema dar. Sowohl diese Initiativgruppe, die Vermittler zwischen mehreren Parteien ist, als auch die Art des kostengünstigen Vorgehens können zu Stolpersteinen für die nachhaltige Einführung des Anerkennenden Erfahrungsaustauschs werden.

Initiative der Belegschaftsvertretung

Zum Aufgabenbereich der Belegschaftsvertretung gehört das Thema Gesundheit. In Deutschland bestehen in Fragen des Gesundheitsschutzes auch ein Initiativrecht des Betriebsrats beziehungsweise starke Mitbestimmungsrechte bei Veränderungen der Arbeitsbedingungen, die »den gesicherten arbeitswissenschaftlichen Erkenntnissen über die menschengerechte Gestaltung der Arbeit offensichtlich widersprechen«[15].

Die Initiativen der Belegschaftsvertretung zur Einführung des Anerkennenden Erfahrungsaustauschs (siehe Abbildung 6) haben in der Praxis einen konkreten betrieblichen Ausgangspunkt: einerseits die Revidierung einer Betriebsvereinbarung zu Krankenrückkehrgesprächen und andererseits den Start eines betrieblichen Gesundheitsförderungsprogramms durch die Geschäftsführung, wie die folgenden Beispiele zeigen.

In einem Pionierunternehmen bestand seit Jahren eine Betriebsvereinbarung zur Durchführung von Rückkehrgesprächen. Mit der nüchternen Nachfrage des Betriebsrats:»Was haben die Jahre mit Rückkehrgesprächen gebracht?«, wurde in einer neuerlichen Betriebsvereinbarung zum Thema Gesundheitsförderung die bisherige Gesprächsstrategie verändert. Die bisherigen Rückkehrgespräche bei Beschäftigten mit längerer Abwesenheit sollten dazu dienen, Arbeitsbedingungen zu erkennen, die eventuell ursächlich für die Krankheit der Beschäftigten sind. Die Erträge und Erkenntnisse aus diesen Gesprächen waren nach Einschätzung des Betriebsrats gering. Auch konnte eine positive Entwicklung der Krankenstandsquote im Durchführungszeitraum nicht festgestellt werden. In der neuen Betriebsvereinbarung wurden diese Rückkehrgespräche ersetzt durch sogenannte Willkommensgespräche für alle Personen mit einer betrieblichen Abwesenheit aus welchen Gründen auch immer, das heißt also nicht nur aus Anlass von Krankheit. Das Ziel der Willkommensgespräche ist die Verbesserung der Kommunikation zwischen Vorgesetzten und Beschäftigen, die die Arbeitszufriedenheit steigern und damit zur Gesundheit und zum Wohlbefinden aller beitragen soll. Gleichzeitig wurde als ergänzender Dialog der Anerkennende Erfahrungsaustausch mit Gesunden und Gesundeten »zur Stabilisierung von positiven Leistungen und zur Früherkennung von demotivierenden Arbeitsbedingungen und Unternehmensentscheidungen eingeführt«, so der Betriebsrat.

Das zweite Pionierunternehmen startete ein klassisches betriebliches Gesundheitsförderungsprojekt mit Einsatz von mitarbeiterorientierten Gesundheitszirkeln. Die Belegschaftsvertretung stand diesem betrieblichen Vorhaben positiv gegenüber und brachte sich als Mitgestaltender ein. In der Einschätzung des Betriebsrats konzentrieren sich Gesundheitszirkel sinnvollerweise auf die Schwachstellen und Belastungsfaktoren der Arbeitswelt. Die Mitglieder in diesen Gesundheitszirkeln wurden daher im Besonderen unter dem Aspekt ausgewählt, dass sie arbeitsbedingte gesundheitliche Probleme aus eigener Erfahrung kennen. Mit dieser Schwerpunktsetzung der Gesundheitszirkel drohte der Gesamtblick auf die Arbeitsbedingungen und die Belegschaft zu verschwinden. Der Betriebsrat, der den Anerkennenden Erfahrungsaustausch schon aus einem Schwesterunternehmen kannte, entschloss sich zu einem Erweiterungsvorschlag für das betriebliche Gesundheitsförderungsprojekt. Die parallele Durchführung von Gesundheitszirkeln in allen Abteilungen und von Anerkennendem Erfahrungsaustausch zwischen allen Vorgesetzten und ihren gesunden Beschäftigten wurde daraufhin beschlossen.

Der Anerkennende Erfahrungsaustausch als ein gesundheitsfördernder Dialog tritt in das Bewusstsein der Belegschaftsvertretung. Über Anlässe wie betriebliche Gesundheitsförderungsprogramme oder auch Betriebsvereinbarungen zu gesundheits- beziehungsweise krankheitsbezogenen Personalgesprächen erhalten Belegschaftsvertretungen die Möglichkeit mitzubestimmen beziehungsweise mitzugestalten. In beiden Fällen haben die Belegschaftsvertretungen eine Erweiterung der gesundheitsbezogenen Instrumentarien im Betrieb erreicht.

Es gibt aber auch ein Beispiel dafür, dass die Belegschaftsvertretung mit der Belegschaftstypologie und dem differenziellen Zugang zu den Gesundheitsbelangen der verschiedenen Belegschaftsgruppen Probleme hat. Es kann hinderlich für die Einführung des Anerkennenden Erfahrungsaustauschs seinn, wenn die Belegschaftsvertretung zielgruppenspezifisches Führungsverhalten und differenzierte Mitarbeiterdialoge als un-

Abbildung 6: Initiativen der Belegschaftsvertretung und ihre Motive

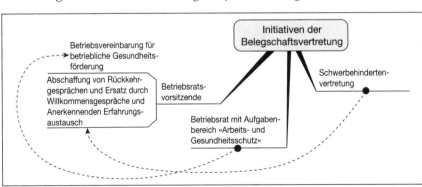

gerecht einstuft. So blockierte der Betriebsrat eines anderen interessierten Unternehmens den Anerkennenden Erfahrungsaustausch für auffällig Anwesende aus Sorge um auffällig Abwesende. Interessanterweise war dagegen diese Belegschaftsvertretung gegenüber dem Modell der Anwesenheitsprämie eher aufgeschlossen.[16]

Initiative des betriebsärztlichen Dienstes

Betriebsärztliche Dienste erfüllen im Unternehmen Beratungsaufgaben, die im nationalen Arbeitsschutzrecht definiert und vorgeschrieben sind. Das Aufgabenfeld von Betriebsärzten beziehungsweise Arbeitsmedizinern ist die Verhütung von Berufskrankheiten und arbeitsbedingten Erkrankungen sowie die Verhinderung von Arbeitsunfällen. Betriebsärzte sind Berater für Führung, Belegschaftsvertretung und Beschäftigte in allen präventiven Angelegenheiten in Bezug auf Arbeit und Gesundheit am Arbeitsplatz. In diesem Zusammenhang werden manche Arbeitsmediziner Promotoren für betriebliche Gesundheitsförderung und gesundheitsbezogene Fragestellungen von Führung und Unternehmensentwicklung. In zwei Pionierunternehmen waren die dortigen Arbeitsmediziner die Initiatoren für die Einführung des Anerkennenden Erfahrungsaustauschs (siehe Abbildung 7). Sie stellten das Werkzeug für gesundheitsfördernde Führung bei Geschäfts- und Personalleitung vor. In einem Fall wurde der Vorschlag des Arbeitsmediziners mit dem Anliegen, wieder Mitarbeitergespräche einzuführen, kombiniert und umgesetzt. Das Ziel der Arbeitsmediziner, den bedeutsamen Einflussfaktor »Führungsverhalten« auf die Gesundheit, das Wohlbefinden und die Arbeitsfähigkeit der Beschäftigten gesundheitswirksam zu entwickeln, konnte damit umgesetzt werden.

Gesundheitswissenschaftliche Überlegungen und der Wunsch nach Erweiterung des Beratungsfeldes der Arbeitsmedizin von den klassischen Präventionsthemen hin zu Gesundheitsförderungsthemen sind die Anlässe für die Beschäftigung mit dem Anerkennenden Erfahrungsaustausch durch Arbeitsmediziner.

In den Unternehmen, in denen die Beratungsbeziehung zwischen Unternehmen und Arbeitsmedizinern gelingt, haben die Arbeitsmediziner ein gewichtiges Wort bei der Einführung von gesundheitsbezogenen Innovationen mitzureden.

Abbildung 7: Initiativen des betriebsärztlichen Dienstes und ihre Motive

2.1.2 Motive und Nutzenerwartungen

Managementvertreter, die die größte Gruppe der Initiatoren für den Anerkennenden Erfahrungsaustausch darstellen, spricht das Instrument vor allem aufgrund seiner Stärkenorientierung an. Die Initiatoren wollen vorhandene Ressourcen im Unternehmen kennen lernen, diese den bekannten und meist viel diskutierten Problemen und Schwächen gegenüberstellen und darauf ihre Strategien aufbauen.

Ein weiteres wichtiges Motiv, den Anerkennenden Erfahrungsaustausch einzuführen, ist die Führungskräfteentwicklung beziehungsweise die Entwicklung von gesundheitsförderndem Führungsverhalten, gefolgt von der Motivation und dem Auftrag zur Fehlzeitenreduktion oder zur Stabilisierung der erreichten Anwesenheitsquote. Das nächsthäufig genannte Motiv ist die Durchführung betrieblicher Gesundheitsförderung sowie die Einführung von Mitarbeitergesprächen sowie die allgemeine Neugier an den Einschätzungen der Mitarbeiter. Nur in drei Beispielunternehmen wurde als Motiv zur Einführung des Anerkennenden Erfahrungsaustauschs explizit der Faktor »Anerkennung« genannt. Nur in einem Unternehmen war die Mitarbeitermotivation der Anlass.

Überfällige Stärkenorientierung

Heute problematisieren viele Führungskräfte die gängige Führungslogik: Namen haben vor allem Personen, die als Problemfälle wahrgenommen werden: »Wir, operative Führungskräfte, können nicht die Namen der gesamten Belegschaft kennen, aber wir kennen alle Beschäftigten per Namen, die Fehlzeiten haben oder Betriebsprobleme schaffen.« Diese einseitige Betrachtung begünstigt einen Tunnelblick auf die Belegschaft und die Betriebswirklichkeit, der gleichzeitig die Handlungs- und insbesondere die Gestaltungsfelder von Führung einschränkt. Unbemerkt kann sich bei den operativen Führungskräften auch ein einseitiges gefühlsmäßiges Erleben einstellen, dass ihr Betriebsalltag nur daraus bestünde, Probleme zu erkennen und nach Möglichkeit zu lösen. Der Wunsch nach Ergänzung und ganzheitlicher Betrachtung wächst spürbar in Führungskreisen.

Die Stärkenorientierung hat schon lange in die personalwirtschaftliche Debatte Eingang gefunden. So kritisiert das Malik Management Zentrum St. Gallen, wie sehr wir alle auf Schwächen fixiert sind: »Wenn man Menschen fragt: ›Erzählen Sie doch ein bisschen von Ihren Mitarbeitern. Was haben Sie für Leute? Was haben Sie für Kollegen und was für einen Chef?‹. Als ob man Schleusen geöffnet hätte, sprudelt es nur so heraus – über die Defizite und Schwächen;...«[17] Die Empfehlung der Unternehmensberatung lautet, die vorhandenen Stärken der Beschäftigten erkennen und diese »Stärken mit Aufgaben zur Deckung bringen«. Diese wertvolle und wertschätzende Orientierung an den Stärken der Beschäftigten ist aber nur eine Seite der Medaille, die betrieblichen Nutzen erwarten lässt. Der Anerkennende Erfahrungsaustausch konzentriert sich weniger auf die Stärken der Gesprächspartner. Vielmehr wird im Anerkennenden Erfahrungsaustausch nach jenen gelungenen Arbeits- und Unternehmenskonstellationen gefahndet, die es augenscheinlich den gesund(et)en Mitarbeitern ermöglichen, ihre Arbeit gut und mehrheitlich gerne auszuführen und sich dabei oder vielleicht dadurch gesund zu erhalten.

Das Management erwartet sich dementsprechend Nutzen und mindestens folgenden Erkenntnisgewinn: »Man bekommt ein sehr gutes Bild darüber, was der Arbeitgeber, vielleicht auch unbewusst, heute schon richtig macht, und wo nachgesteuert werden müsste und wo nicht. Auch ein Frühwarnsystem ist mit dieser Zielgruppe möglich, weil sie die Mehrheit beschreiben (...) und nicht den einzelnen Nörgler repräsentieren.«[18]

Führungskräfteentwicklung im Zeichen von Gesundheit und Wohlbefinden

»Führungskräfte empfinden es durchaus als sehr angenehm, wenn sie nicht nur ›böse‹ Fehlzeitengespräche führen müssen, sondern – schlauerweise am Freitagnachmittag – mit angenehmen, gesund(et)en Kollegen die Arbeitswoche ausklingen lassen. Dann fühlen sie sich selbst besser damit, auch weil sie ein Bewusstsein dafür entwickeln – fast als ›Abfallprodukt‹ – dass sie mit Gesund(et)en eine Mehrheit im Visier haben. Dann glauben sie wieder an eine Kraft im Unternehmen.«[19] Mit diesen oder ähnlichen Gedanken entschlossen sich einige Personalverantwortliche, diesen wertschätzenden Dialog ihren operativen Führungskräften als Ergänzung zu ihren Aufgaben des Problemeansprechens nahezulegen.

Die Erhaltung der Arbeitsfähigkeit der Führungskräfte selbst steht hier im Mittelpunkt der Nutzenerwartungen, sehr wohl auch mit indirekten Auswirkungen auf das Betriebsklima und die Arbeitsfähigkeit der Belegschaft.

Fehlzeitenquote reduzieren

Die betrieblichen Fehlzeiten erregten in Zusammenhang mit der Lohnfortzahlung in Zeiten steigenden Wettbewerbsdrucks mehr betriebliche Aufmerksamkeit. Seit den achtziger Jahren ist eine Antwort auf die Frage »Wie können die betrieblichen Fehlzeitenkosten minimiert werden« die Anwendung des Fehlzeitenmanagements und verstärkter Arbeits- und Gesundheitsschutz. Besondere Aktualität erhielt in diesem Zusammenhang die Fehlzeitenquote, die sowohl betrieblich als auch gesellschaftlich als Vergleichskennzahl herangezogen wird. Eine Schwierigkeit ist, dass sich die Hinweise aus der Fehlzeitenquote auf etwas schon Geschehenes und nicht mehr Beeinflussbares beziehen. Dennoch verliert diese betriebliche Kennzahl nicht ihre Faszination für das Management. Gleichzeitig rückt der wesentlich größere Ergänzungsanteil – die Arbeitsfähigen und Anwesenden – in den Hintergrund. Dies, obwohl die Personengruppe, die beispielsweise keine Arbeitsunfähigkeitstage im Jahr 2005 aufwies, 48 Prozent aller AOK-Versicherten ausgemacht hat. Eine Ergänzung des klassischen Fehlzeitenmanagements verspricht Nachhaltigkeit auch im Sinne von Vorbeugung potenzieller künftiger Fehlzeiten.

In einigen der Beispielunternehmen wurden oder werden Fehlzeiten- und Krankenrückkehrgespräche zur Regulierung der Fehlzeitenquote eingeführt. Die Projektverantwortlichen interessierten sich für einen ganzheitlichen Zugang und suchten nach Instrumenten, um die ergänzende und meist deutlich größere Belegschaftsgruppe, die Anwesenden und Arbeitsfähigen, nicht aus dem Auge zu verlieren.

Ein anderer Personalleiter stellte sich nach erfolgreich absolviertem Fehlzeitenmanagment in den neunziger Jahren die nachdenkliche Frage

»Wir haben eine Anwesenheitsquote von 95 Prozent. Was nun?!«. Aus seiner Sicht zeigen sich genau zu diesem Zeitpunkt die Grenzen des Fehlzeitenmanagements in Bezug auf Erhaltung der Gesundheit und der Arbeitsfähigkeit. Er suchte nach Instrumenten, um gezielt die Anwesenden in ihrem Anwesenheitsverhalten zu unterstützen.

Betriebliche Gesundheitsförderung – von Gesund(et)en lernen

Seit Gründung des Europäischen Netzwerks und seiner nationalen Ableger Mitte der neunziger Jahre ist die betriebliche Gesundheitsförderung ein gesellschaftlich und wirtschaftlich bekannter Begriff. Zahlreiche erfolgreiche Unternehmensbeispiele und die dokumentierte Wirkung dieser Programme regen zur Fortsetzung an. Frühe betriebliche Gesundheitsförderungsprojekte richteten sich stark an der Verhaltensprävention aus und konzentrierten sich auf verschiedenste Gesundheitsangebote im Betrieb für einen gesundheitsgerechten Lebens- und Arbeitsstil. Der Fokus liegt hierbei auf dem Erkennen von Belastungsfaktoren und in weiterer Folge auf der Beseitigung oder Verminderung dieser Gesundheitsrisiken. Nicht nur gesundheitswissenschaftliche Erkenntnisse, sondern auch die persönliche Wahrnehmung der Praxis zeigen, dass das Freisein von Fehlbelastungen und Risikofaktoren die Erkrankungswahrscheinlichkeit vermindert, aber damit alleine noch nicht Gesundheit, Wohlbefinden und Arbeitsfähigkeit gefördert werden. Hinweise auf innere und äußere Ressourcen und Konstellationen für Gesundheitserhaltung, Wohlbefindensförderung und positive Arbeitsbewältigung kann man in jedem erfolgreichen Modell eines gesund(et)en Mitarbeiters finden. So haben in der betrieblichen Gesundheitsförderung der salutogenetische Ansatz »Von Gesund(et)en lernen« und die Orientierung auf – meist weiche – Gesundheitsressourcen wie Kommunikation, Kooperation und Anerkennung an Bedeutung gewonnen. Projektleitungen der betrieblichen Gesundheitsförderung setzen daher auf Interventionen, die dieses Erfahrungswissen miteinbeziehen.

Ein weiteres Motiv für die Einführung des Anerkennenden Erfahrungsaustauschs liegt in der Schlüsselrolle der Führungskräfte in Zusammenhang mit der Mitarbeitergesundheit. Badura verweist darauf: »Ein Vorgesetzter, der in erster Linie aufgaben- und sachorientiert führt, ohne auf die zwischenmenschlichen Beziehungen zu achten beziehungsweise um die Schaffung eines angenehmen Arbeitsklimas bemüht ist, hat bei seinen Mitarbeitern mit einer erhöhten Fehlzeitenrate zu rechnen.«[20] Will man nun dieses potenzielle Gesundheitsrisiko einer nicht gelingenden Vorgesetzten-Mitarbeiter-Beziehung ansetzen, braucht es nicht vorrangig neue Führungspersönlichkeiten mit Sach- und Beziehungskompetenz, sondern entsprechende praktische Handlungsanleitungen, die der Diversität der Beschäftigten Rechnung tragen. Projektleitungen greifen nun auf den Anerkennenden Erfahrungsaustausch (und auf die weiteren wertschätzenden Dialoge) zurück, um den Führungskräften ein systematisches Werkzeug an die Hand zu geben, das gesundheits- und wohlbefindensfördernd wirkt.

Mitarbeitergespräche

Das wichtigste und zentrale Mittel von Führung in allen Unternehmen und auf allen Ebenen ist der Dialog zwischen Beschäftigten und Führungskraft. Eine Vielzahl an Mitarbeitergesprächsmodellen (Zielvereinbarungsgespräch, Feedbackgespräch, Entwicklungsgespräch, Karrieregespräch, Rückkehrgespräch oder einfach nur Mitarbeitergespräch) hat in mehr oder weniger formalisierter Form in die betriebliche Praxis Eingang gefunden. Die praktische Umsetzung der Mitarbeitergespräche ist vielfältig und hängt stark von der vorhandenen Unternehmenskultur und der jeweiligen Führungspersönlichkeit ab. Gemeinsam scheint den oben dargestellten Mitarbeitergesprächen, dass neben dem Dialog auch die (Beurteilungs-)Rückmeldung und die Vermittlung von Unternehmensvorgaben eine zentrale Rolle im Gespräch einnimmt. Führungskräfte sind also aufgefordert, entsprechende Statements und Aussagen an die Beschäftigten zu vermitteln. Dies liegt trotz Schulung nicht jeder Führungskraft und ist neben dem allgegenwärtigen Zeitknappheitsargument ein weiterer Grund für die nicht durchgängige und regelmäßige Umsetzung von Mitarbeitergesprächen. Der Anerkennende Erfahrungsaustausch erscheint in diesem Zusammenhang als einfacheres, leichter umsetzbares Werkzeug:

- Im Mittelpunkt stehen Beschäftigte mit hoher Arbeitsfähigkeit.
- Der Anlass ist Anerkennung der Person und ihres Engagements im Betrieb.
- Die Haltung ist, mehr von diesem Beschäftigten zu erfahren und von ihm zu lernen.

- Der Dialog basiert auf der fragenden (und nicht unmittelbar sagenden) Methode.

So entschloss sich der Personalleiter eines Unternehmens nach einer vor Jahren fehlgeschlagenen Einführung von Mitarbeitergesprächen zu einem neuen Start. Der Ansatz Gesundheitsförderung und die systematische, strukturierte und unkomplizierte Dialogart gab den Ausschlag für den Anerkennenden Erfahrungsaustausch. Hinzu kommt, dass durch den Anerkennenden Erfahrungsaustausch die Stärken und Schwächen des Unternehmens und der Arbeitstätigkeit thematisiert werden und nicht – wie in den üblichen Mitarbeitergesprächen – die Stärken und Schwächen der Person.

2.1.3 Der Faktor Anerkennung

Der Faktor Anerkennung ist neben der Mitarbeitermotivation eines der letzten Motive, die Entscheider in Unternehmen zur Einführung des Anerkennenden Erfahrungsaustauschs bewogen haben.

Die Motivation zur Integration des Anerkennenden Erfahrungsaustauschs entstand in einem Praxisunternehmen im Rahmen des Prozesses zur Entwicklung eines Führungsleitbildes. Bei der Abfrage der Werte aus Sicht der Führungskräfte nahm der Faktor »Anerkennung« für sie selbst als auch für die Beschäftigten einen großen Stellenwert ein. Zur Verwirklichung und Realisierung wurden entsprechende Führungsinstrumente gesucht und in den wertschätzenden Dialogen beziehungsweise im Anerkennenden Erfahrungsaustausch gefunden.

In einem anderen Fall reflektierte der Projektverantwortliche: »Anerkennung an sich ist in unserer Kultur nicht unbedingt ausgeprägt, mithin im Bewusstsein als aktives Tun eher nicht nahegelegt. Um so größer der Erfolg, wenn Anerkennung die Gefühls- beziehungsweise die Beziehungsebene unterstützt. Das ist nachhaltiger und kostet, wenn man so will, lediglich Arbeitszeit.« Bisher geführte Anerkennungsgespräche zeigen, dass sich die investierte Zeit rentieren kann, zum Beispiel wenn ein Gesunder, der früher nicht zu Mehrleistungen bereit war, nach einem Anerkennungsgespräch für Mehrleistungen ansprechbar geworden ist und sich jetzt sogar anbietet und damit gerade bei personellen Engpässen den Organisationsaufwand senkt.

2.2. Vorbereitung des Anerkennenden Erfahrungsaustauschs im Unternehmen

Überblick: In der Vorbereitungsphase für die Einführung des Anerkennenden Erfahrungsaustauschs sollten vor allem die folgenden fünf Ziele umgesetzt werden:

- Schlüsselpersonen ins Boot holen und einen Unternehmensbeschluss fassen,
- einen Paradigmenwechsel hin zu den Gesund(et)en einläuten ,
- Betriebsöffentlichkeit herstellen,
- einen Projektverantwortlichen finden und
- das Projekt organisieren und budgetieren.

Dafür gibt es unterschiedliche Vorgehensweisen: Entscheidungfindungsworkshops mit Führungskräften und Betriebsrat, Erkundungsgespräche mit ausgewählten Gesund(et)en und Führungskräften, Informationsveranstaltungen für Führungskräfte und Betriebsrat, Betriebsversammlungen mit und ohne Beteiligung der externen Beratergruppe, Zukunftswerkstatt mit Gesund(et)en, operativen Führungskräften, Management und Betriebsrat oder auch Betriebsvereinbarungen zum Anerkennenden Erfahrungsaustausch (und zu anderen Gesunden Dialogen).

Darüber hinaus werden bisherige Erfahrungen mit der Vorbereitung des Anerkennenden Erfahrungsaustauschs in Unternehmen hinsichtlich der Chancen und Hindernisse beschrieben und häufig gestellte Fragen diskutiert, so beispielsweise:

- »Wir haben keine Zeit für Gespräche.«
- »Brauchen wir eine Zukunftswerkstatt? Das verursacht doch wieder nur Kosten schon im Vorfeld, vor der Entscheidung.«
- »Warum nur die Gesunden? Wir vernachlässigen ja die anderen Beschäftigten, und das ist ungerecht.« Oder: »Der Anerkennende Erfahrungsaustausch spaltet die Belegschaft.«
- »Sollen die operativen Führungskräfte auch einen Anerkennenden Erfahrungstausch oder einen anderen Gesunden Dialog bekommen?«

2.2.1 Ziele der Vorbereitung

Bevor wir in die Thematik einsteigen, wollen wir Sie zu einem Selbsttest einladen: Was sehen Sie bei den Rechnungen in Übersicht 6? (Auflösung folgt weiter unten)

Übersicht 6: Selbsttest

Was sehen Sie?
3 + 4 =7
4 + 1 = 5
5 + 3 = 8
6 + 3 = 9
2 + 2 = 5

In der Vorbereitungsphase für die Einführung des Anerkennenden Erfahrungsaustauschs sollten vor allem die oben genannten fünf Ziele umgesetzt werden:

- *Alle Schlüsselpersonen ins Boot holen und einen Unternehmensbeschluss fassen*: Vorstand und Geschäftsführung sollen in Absprache mit dem Betriebsrat im Projekt »Anerkennender Erfahrungsaustausch« an einem Strang ziehen, einen entsprechenden Beschluss fassen und/oder auch eine Betriebsvereinbarung abschließen.
- *Paradigmenwechsel einläuten*: Management und Betriebsrat haben den erklärten Willen, sich systematisch mit Mehrheiten der Belegschaft, mit den Gesunden und Gesundeten, zu beschäftigen, ohne andere Teile der Belegschaft zu vernachlässigen (vergleiche Kapitel 3).
- *Betriebsöffentlichkeit herstellen*: Der gemeinsame sozialpartnerschaftliche Wille ist entsprechend zu kommunizieren.
- *Projektverantwortlichen finden*: Es hat sich als Erfolgskriterium herausgestellt, dass es eine Projektverantwortlichkeit für den Anerkennenden Erfahrungsaustausch gibt, weil Führungsarbeit, insbesondere im operativen Bereich, zu Recht immer auch Krisenmanagement bedeutet und damit die systematische Beschäftigung mit weniger dringlich erscheinenden Aufgaben aus dem Blick gerät.

- *Projekt organisieren und budgetieren*: Es ist sinnvoll, nicht nur die unmittelbaren Kosten für internen Personalaufwand, externe Trainings für die Führungskräfte und die Erstauswertung zu kalkulieren, sondern auch ein Rahmenbudget für zusätzliche interne Kommunikation und schnell umzusetzende Maßnahmen vorzuhalten.

In den folgenden Beispielen werden unterschiedliche Vorgehensweisen zur Umsetzung der Ziele in dieser Vorbereitungsphase beschrieben.

2.2.2 Beispiele für die Vorgehensweise in der Vorbereitung

Bisher gibt es folgende betriebliche Vorgehensweisen zur Entscheidung, Unterstützung und Konkretisierung der Vorbereitung für das Projekt »Anerkennender Erfahrungsaustausch«:

- Entscheidungsfindungsworkshops mit Führungskräften und Betriebsrat,
- Erkundungsgespräche mit ausgewählten Gesund(et)en und Führungskräften,
- Informationsveranstaltungen für Führungskräfte und Betriebsrat,
- Betriebsversammlungen mit und ohne Beteiligung der externen Beratergruppe,
- Zukunftswerkstatt mit Gesund(et)en, operativen Führungskräften, Management und Betriebsrat,
- Betriebsvereinbarung zum Anerkennenden Erfahrungsaustausch (und zu anderen Gesunden Dialogen).

Der Entscheidungsfindungsworkshop mit Führungskräften eignet sich dann, wenn es noch keine prinzipielle sozialpartnerschaftliche Einigung auf Unternehmensebene gibt. In diesem Workshop werden die gesundheitswissenschaftlichen Grundlagen und der psychologische Arbeitsvertrag vorgestellt, die Belegschaftstypologie (vergleiche Kapitel 1) konkret erarbeitet sowie ein Anerkennender Erfahrungsaustausch im Rollenspiel erprobt und in Gesprächsnotizen dokumentiert. Anschließend wird anhand dieser Gesprächsnotizen eine Stärkenliste erstellt (siehe Kapitel 2.5). Die Diskussion konkreter Szenarien der betrieblichen Umsetzung rundet den Workshop ab. Nach dem Workshop haben die Beteiligten konkretere Verhandlungs- oder Entscheidungsgrundlagen. Erkundungsgespräche der externen Berater mit ausgewählten Gesund(et)en und Führungskräften zur Ermittlung der betrieblichen Realität und Beratungsvorbereitung sind ein weiteres Vorbereitungsbeispiel. Ziel der Erkundung ist das vertiefte – und damit nicht repräsentative – Kennenlernen der Besonderheiten des Unternehmens zur betriebsspezifischen Gestaltung der Seminare und der Einführung des Anerkennenden Erfahrungsaustauschs oder der Strategie »Gesunde Gespräche«. Anhand der Ergebnisse kann den Entscheidungsträgern die unternehmensspezifische Ergebnisqualität des Anerkennenden Erfahrungsaustauschs deutlich gemacht werden (vergleiche Übersicht 8).

Übersicht 7: Auflösung des Selbsttests

	Was sehen Sie?	
0,9 % sehen vier richtige Gleichungen	3 + 4 = 7	Nur **0,1 %** sehen vier richtige und eine falsche Gleichung (oder umgekehrt)
	4 + 1 = 5	
	5 + 3 = 8	
	6 + 3 = 9	
99 % sehen eine falsche	2 + 2 = 5	

Möglicherweise gehören Sie als Leser zu den wenigen Menschen, die wie folgt hierauf antworten würden: Ich sehe vier richtige und eine falsche Gleichung. Die große Mehrzahl der Befragten antwortete jedoch: Die fünfte Gleichung ist falsch. An diesem Beispiel wird unsere vornehmliche Sichtweise deutlich: Gesehen wird zuerst, was falsch ist. Die gleiche, vornehmliche Sichtweise, übertragen auf die Beschäftigten in Unternehmen, bedeutet: Gesehen wird, wer Probleme macht, wer arbeitsunfähig abwesend ist. Mit dieser Sichtweise fokussiert Gesundheitsförderung nur auf die Kranken und vergisst dabei die Gesund(et)en. Eine ganzheitliche Sicht hingegen fokussiert auf alle Beschäftigten.

Executive-Summary für die Geschäftsführung (Anonymisiert)

Das Erkundungsgespräch (10./11. Oktober 2005) wurde insgesamt mit zehn Personen, davon acht gesund(et)e Mitarbeiter und zwei Führungskräfte, geführt.

Übersicht 8: Executive-Summary von zehn Gesprächen (anonymisisert): Stärken – Schwächen – Schlussfolgerungen

Stärken des Unternehmens aus Sicht der Befragten:

Leistungen für Arbeitssicherheit und Gesundheitsschutz	Dies ist das herausragende Thema, das anerkennend von nahezu allen Gesprächspartnern genannt wird. Mit einer gewissen Einschränkung wird es in den Bereichen mit stark körperlichen Anforderungen (Abteilung A, B und C), wo nach Automatisierungen Arbeitsplatzrationalisierungen folgen, genannt. Gleichzeitig werden ausreichende beziehungsweise entsprechende Maßnahmen für Ältere und Leistungsgewandelte vermisst.
Gute Zusammenarbeit und Kollegialität (nur) in kleineren Arbeitseinheiten	Kollegialität wird von einer deutlichen Mehrheit der Gesprächspartner hervorgehoben. Diese Kollegialität und Zusammenarbeit wird gefördert durch: • fixe Teams, • langjährige Kollegenschaft, • vertrauensvolle Führung, die die Expertenschaft der Beschäftigtengruppe zulässt. Die Zusammenarbeit dürfte derzeit durch Umstellungen (wie z. B. in der Abteilung D) aufgrund vereinzelter Arbeitspläne, isolierter Arbeitseinsätze und Übernahme von Arbeit durch Erkrankte in Veränderung begriffen sein.
Arbeitsfreude und Arbeitsstolz	Dies wird durchgängig anhand verschiedener Facetten erwähnt: • selbstständiges Arbeiten, • Handlungsspielraum in der Abwicklung der Arbeitsaufträge,

- sinnvolle Arbeit,
- vertrauensvolle Zusammenarbeit,
- Arbeiten mit Qualifizierung und Weiterqualifizierungsmöglichkeiten (sowohl off the Job als auch on the Job),
- mehrmals wird erwähnt, dass man die Firma wie seine eigene empfindet.

Eine Ausnahme bilden Personen mit massiven Gesundheitsbeeinträchtigungen und keiner Entlastungsperspektive bei der Arbeit (nicht ausreichend Schonarbeitsplätze oder Wunschorientierung bei Arbeits-, Zeiteinteilung).

Schwächen des Unternehmens aus Sicht der Befragten:

| Betriebsklima im Unternehmen insgesamt | Abgesehen von der gruppenbezogenen Kollegialität herrscht teilweise ein unzufriedenheitauslösendes Klima vor beziehungsweise wird kommuniziert. Hintergründe dafür dürften sein:

- Beschäftigte werden immer häufiger (ausschließlich) als Kostenfaktoren erwähnt (Betriebsversammlungen, interne Öffentlichkeitsarbeit). Das Gefühl, dass Mitarbeiter gebraucht werden und dass sie auch »kostbar« sind, geht verloren.
- Willkürlich werden Teams von Meistern/Vorgesetzten/Vorarbeitern/Sachbearbeitern auseinandergerissen. »Damit vertraut keiner mehr keinem.«
- Keine ehrliche Kommunikationskultur, in der das Gefühl entstehen kann, dass man an den Beschäftigten interessiert ist.
- Kein Interesse an Expertise, Beteiligung und Wünschen der Beschäftigten.
- Keine rechtzeitige Information von Vorgesetzten, weil befürchtet wird, dass aufgrund dieser Informationen Mitarbeiter in den Krankenstand gehen und den Betriebsablauf stören.
- Keine lern- und menschenfreundliche Fehlerkultur, sondern langfristige Stigmatisierung von |

	Personen, die einmal einen Fehler begangen haben. • Sachbearbeiter, die Vorschläge von »ihren Sklaven« als Störfaktor sehen. • Es wird gegeneinander gehetzt. • Kümmern bei Krankheit ist gut, kann aber auch zu einem Leistungs- und Gesund-Verhalten-Müssen führen. • Mehrheitlich Anordnungspolitik und Arbeitsplanausgabe, wodurch »Dienst nach Vorschrift« entsteht oder das Ablehnungsargument aufkommt »Das steht nicht auf meinem Plan – und damit Schluss«. • Keine Beschäftigtenorientierung (von Verbesserungsvorschlägen über Wünsche der Beschäftigten bis hin zu partizipativen Planungen). • Erfahrungen damit, dass »es (außer Personalabteilung) keinen interessiert, wie es mir gesundheitlich geht.«
Gute Zusammenarbeit und Kollegialität (nur) in kleineren Arbeitseinheiten	Kollegialität wird von einer deutlichen Mehrheit der Gesprächspartner hervorgehoben. Diese Kollegialität und Zusammenarbeit wird gefördert durch: • fixe Teams, • langjährige Kollegenschaft, • vertrauensvolle Führung, die die Expertenschaft der Beschäftigtengruppe zulässt. Die Zusammenarbeit dürfte derzeit durch Umstellungen (wie z. B. in der Abteilung D) aufgrund vereinzelter Arbeitspläne, isolierter Arbeitseinsätze und Übernahme von Arbeit durch Erkrankte in Veränderung begriffen sein. Die Zusammenarbeit und Kollegialität ist darüber hinaus eingeschränkt durch • »ungerechte« Arbeitszuweisungen (unterschiedliches Tourenausmaß). Kein Aushelfen mehr bei jemandem mit Panne, wenn er eine leichtere Tour im Außendienst hat. • eine Kluft zwischen Verwaltung und gewerblichen Bereichen:

	- unterschiedliche und als ungerecht eingeschätzte Einsparungsstrategien (Samstagsarbeit, Personalaufstockung vs. keine Nachbesetzungen, ...); - keine Serviceorientierung der Verwaltung gegenüber den gewerblichen Mitarbeitern (»Wenn wir in die Mittagspause gehen, machen auch die Sachbearbeiter gerade Mittag«); - keine Beteiligung oder transparente Mitarbeiterorientierung bei Planungen (Urlaub bis Touren); - kein Interesse an den Verbesserungsvorschlägen der Belegschaft; diese werden eher als Störfaktor gesehen.
Informationspolitik	Die Hintergründe der Kritik an der Informationspolitik liegen in • versäumter Information der Belegschaft. Es kommt vor, dass die Kunden Informationen beispielsweise zu geänderten Serviceangeboten des Unternehmens früher erhalten als die Beschäftigten; • verabsäumter rechtzeitiger Information durch Vorgesetzte, weil sonst Mitarbeiter krank werden würden; • nicht ausreichend guter Information für die Erfüllung der Arbeitsaufgaben, wodurch Fehler entstehen.
Vorschlags- & Verbesserungswesen wie Beteiligung der Mitarbeiter	In der Mehrheit der Fälle wird dies als Störfaktor empfunden, abgetan und ignoriert. Interne Potenziale bleiben eher ungesehen und ungenutzt. »Der Prophet im eigenen Land gilt nichts«.
Orientierung an den Wünschen der Beschäftigten	Dies wird nur personenbezogen, aber nicht regelorientiert praktiziert, wodurch bei nicht gewährten (Kurz-)Urlauben dann Fehlzeiten entstehen können. Kurzurlaube würden zum Großteil von Beschäftigten deshalb gewünscht, weil sie körperlich erschöpft sind; der nicht gewährte Kurzurlaub wird dann zum Krankenstand. »Beschäftigte fehlen weniger, wenn sie zufriedener sein könnten.«

Führungskultur	Führung wird – personenbezogen – unterschiedlich positiv eingeschätzt. Als Stärke wird das Vertrauen in die Arbeit der Gruppe genannt, aber auch der Vorteil von klaren Ansagen zur Ausführung der zu leistenden Arbeit. Aber in Zusammenhang mit Kommunikations- und Informationspolitik fielen überwiegend kritische Bemerkungen: • Führung nicht spür- und sichtbar, • derzeit vorrangig ausschließlich kritisierendes und problematisierendes Führungsverhalten → Wunsch nach Interesse an Personen und positiven Führungsinstrumenten.
Zukunftsunsicherheit	Es finden keine Innovationen statt, und die Ungewissheit des Eigenbetriebsstatus vor einer Übernahme spielt hier eine Rolle. Nur die Minderheit der Gesprächspartner würde derzeit das Unternehmen als Arbeitsplatz empfehlen.
Altersgerechtes Arbeiten	Mehrmals wird auf das Durchschnittsalter in einzelnen Abteilungen und die – auch auf Umstrukturierungen und Optimierungen zurückzuführenden – mangelnden entlastenden Tätigkeiten hingewiesen. Kreative Entlastungsangebote fehlen und werden nicht diskutiert.

Schlussfolgerungen für Gesunde Gespräche und insbesondere den Anerkennenden Erfahrungsaustausch:

Anerkennender Erfahrungsaustausch	Der Anerkennende Erfahrungsaustausch wird mehrheitlich begrüßt. Ausnahmen und Einschränkungen sind, wenn • man kein Vertrauen zur Führungskraft hat, dann nur im Sechsaugengespräch; • nur wenn es ernst gemeint ist und man mit dem Gesagten auch von der Seite der Führung weiterarbeiten möchte; • nur wenn es keine bloße Belobigung ist, weil man selbst weiß, wenn man die Arbeit gut gemacht hat.

Informationsveranstaltungen für Führungskräfte und Betriebsrat finden meist im Rahmen von regulären Sitzungen – etwa des Führungskreises 1 – statt, auf denen das externe Beratungsunternehmen mögliche Vorgehensweisen für das Projekt »Anerkennender Erfahrungsaustausch« vorstellt und diskutiert. Das kann schon zu Beschlüssen führen oder zu weiteren vorbereitenden Aktivitäten, wie sie in diesem Abschnitt beschrieben sind.

Betriebsversammlungen zur Vorbereitung des Anerkennenden Erfahrungsaustauschs finden in zwei unterschiedlichen Varianten statt: Entweder als rein interne Veranstaltungen, auf denen die Geschäftsführung das geplante Projekt vorstellt, oder unter Beteiligung des externen Beratungsunternehmens. Dabei kann es vorkommen, dass Geschäftsführung und Betriebsrat eine unterschiedliche Motivation für die Einbeziehung Externer haben: Die Geschäftsführung möchte durch die externe Beteiligung den Beschäftigten verdeutlichen, dass es allen doch wirklich gut geht im Unternehmen, während der Betriebsrat darauf setzt, dass auch die Gesund(et)en, also die Leistungsträger, tatsächlich etwas Kritikwürdiges finden und natürlich, dass diese anerkannt werden. Insoweit kennt diese Betriebsversammlung nur einen Tagesordnungspunkt: den Anerkennenden Erfahrungsaustausch.

Die Zukunftswerkstatt mit Gesund(et)en, Management, operativen Führungskräften und Betriebsrat ist eine partizipative Möglichkeit, auch die Gesund(et)en und die operativen Führungskräfte in die Entscheidungsfindung einzubeziehen. Die eintägigen Zukunftswerkstätten (vergleiche Übersicht 9) würdigen in homogenen Arbeitsgruppen kritisch die Vergangenheit bezüglich Gesundheit und Arbeit, beschäftigen sich mit den aktuellen Herausforderungen aus Sicht aller Teilnehmenden und entwickeln in maximal durchmischten Arbeitsgruppen Visionen für die nähere Zukunft.

Eine Betriebsvereinbarung zum Anerkennenden Erfahrungsaustausch (und zu anderen Gesunden Dialogen) ist schon ausgearbeitet worden (siehe Musterbetriebsvereinbarung am Ende von Kapitel 3) und beinhaltet das Vorgehen, die Auswahlkriterien für den Anerkennenden Erfahrungsaustausch (und gegebenenfalls auch die anderen Dialoge), die Dokumentation sowie die Ableitung und Überprüfung von Maßnahmen.

2.2.3 Chancen und Erfolge

Unternehmen, die Zukunftswerkstätten durchführten, machten die Erfahrung, dass diese zu einer Aufbruchstimmung bei den Gesund(et)en führten, weil diese (meist) erstmals anerkannt wurden und weil sie sich – als häufig ungesehene, weil keine Probleme verursachende Mehrheit – in betriebliche Entscheidungsprozesse einbringen konnten.

Übersicht 9: Programm einer Zukunftswerkstatt

Zukunftswerkstatt:
»Von den Gesund(et)en lernen«
Programmablauf

9.00	Begrüßung und Vorstellung
9.15	Einführung in die Vorhaben des Unternehmens *Gemeinsame Zukunft: Gesundheit und Wettbewerbsfähigkeit* *(Geschäftsführung)*
9.30	Einleitung durch den Moderator: *Was heißt »Von Gesundeten und Gesunden lernen«?*
10.00	Arbeitsgruppen I (homogene Gruppen): *Unser betriebliches Gesundheitsbarometer:* *Hochs und Tiefs in der Vergangenheit* Kurzpräsentation von 3 Minuten
10.45	Pause
11.15	Arbeiten im Plenum: Erstellung einer gemeinsamen Gedankenlandkarte/Mind-Map: *Sammlung aktueller Trends im und rund um das Unternehmen,* *die die Gesundheit der Beschäftigten beeinflussen* Bewertung der Trends
12.30	Gemeinsames Mittagessen
13.30	Arbeitsgruppen II (gemischte Gruppen): *Vision Gesundheitsquote 2010 – Wie haben wir die tollen* *Erfolge für Mitarbeiter und Mitarbeiterinnen und Unternehmen* *erreicht?* Kurzpräsentation von 3 Minuten

14.30	Arbeitsgruppen III (gemischte Gruppen):
	Die drei wichtigsten Visionen beziehungsweise Maßnahmen aus allen genannten
	Kurzpräsentation von 1 Minute
15.00	Zusammenfassung und Ausblick (Geschäftsführung)
15.30	Ende der Werkstatt

Mit dem Anerkennenden Erfahrungsaustausch werden Gesundheit und Wohlbefinden als ein verbindendes Thema zum Nutzen der Beschäftigten und des Unternehmens etabliert und können Grundlage zur Einführung einer neuen Unternehmensstrategie werden, wenn das Projekt »Anerkennender Erfahrungsaustausch« in die Unternehmensprozesse (vergleiche Kapitel 2.7.) integriert wird und aus dem Projektleiter ein Prozesseigner wird.

Durch die Beschäftigung der (operativen) Führung mit Gesundheit und gesundheitsfördernder Führung entwickeln sich ein neues Verständnis von Gesundheit und Dimensionen von Gesundheit im Unternehmen: Es gibt keine Entscheidung in Unternehmen, die nicht unmittelbar oder mittelbar auf die Gesundheit der Beschäftigten Einfluss hat. Das reicht von Arbeitsabläufen und Arbeitszeiten über Arbeitsstoffe und Arbeitsinhalte bis zu Entlohnungsformen, Räumlichkeiten oder Kundenbeziehungen.

Die systematische Anerkennung der Gesund(et)en lenkt den Blick auf Mehrheiten und fördert durch den Aufbau wertschätzender und anerkennender Beziehungen zwischen Führungskraft und den Gesund(et)en die Arbeitsfähigkeit der Beschäftigten, wie Studien aus Finnland nachgewiesen haben: Anerkennung durch Vorgesetzte ist der bedeutendste Faktor für die Verbesserung der Arbeitsfähigkeit insbesondere der älteren Beschäftigten.[21] Umgekehrt schwächt fehlende Anerkennung durch Vorgesetzte die Arbeitsfähigkeit der Beschäftigten am stärksten, deutlich stärker als abnehmende sportliche Aktivitäten in der Freizeit, abnehmende Arbeitszufriedenheit oder erhöhtes monotones Stehen am Arbeitsplatz.[22]

Betriebliche Gesundheitsförderung kann auch die überbetriebliche Öffentlichkeitsarbeit fördern: Umfassende Projekte eignen sich beispielsweise auch für Einreichung bei Gesundheitspreisen oder anderen öffentlichen Ereignissen, bei denen die Beschäftigten im Mittelpunkt stehen. In Zeiten wachsenden Lehrlings- und Fachkräftemangels können Gesundheitsförderungsaktivitäten auch die Attraktivität des Unternehmens und damit die Akquisitionsmöglichkeit für neue Beschäftigte erhöhen.

2.2.4 Hindernisse und Stolpersteine

Folgende Hindernisse und Stolpersteine können sich auf dem Weg zur Umsetzung des Anerkennenden Erfahrungsaustausches ergeben:

Der Betriebsrat oder auch die Personalabteilung lehnen die Beschäftigtentypologie ab und möchten keine besonderen Gespräche mit häufig anwesenden Gesund(et)en führen, weil man eine Stigmatisierung der Personen mit höheren Fehlzeiten befürchtet. In einem Unternehmen wurden deshalb vier Fragen des Anerkennenden Erfahrungsaustauschs aus dem Dialogleitfaden (vergleiche Kapitel 1) ausgewählt und in angepasster Form in das jährliche Mitarbeitergespräch integriert.

Mit einer Ablehnung der Beschäftigtentypologie vergeben Unternehmen die Chance, die Gesund(et)en systematisch anzuerkennen und diese besondere Gruppe als interne Beratungsinstanz bezüglich der Stärken und Schwächen des Unternehmens und der Arbeitsbedingungen zu nutzen.

Die Personalabteilung will den Anerkennenden Erfahrungsaustausch einführen und beteiligt den Betriebsrat nicht aktiv, sondern informiert ihn nur über die Führungsentscheidung. Die Nichteinbeziehung des Betriebsrats führt dann zur Verzögerung des Führungskräftetrainings um ein Jahr, weil der Betriebsrat die Beschickung der geplanten Seminare aufgrund seiner Mitbestimmungsrechte verhindert.

»Wir haben keine Zeit für Gespräche« – so äußern sich insbesondere operative Führungskräfte auch schon in der Vorbereitungsphase. Daraus ergeben sich mehrere Fragen, die das Unternehmen beantworten muss:

- Haben die operativen Führungskräfte genug Zeit für ihre Führungsaufgaben?
- Welches Verständnis von »Führung« haben die operativen Führungskräfte?
- Wie wurden die operativen Führungskräfte für ihre Führungsaufgaben qualifiziert, oder wurden sie nur aufgrund fachlicher Kriterien zu Vorgesetzten?

Nach den Führungskräftetrainings zum Anerkennenden Erfahrungsaustausch kam entsprechend oft die Rückmeldung, dass sich die operativen Führungskräfte zu wenig für ihre Aufgaben qualifiziert fühlen, dass sie zu wenig Zeit für ihre Führungstätigkeit zur Verfügung haben und dass ihnen die Orientierung »Wer fragt, der führt« neu war.

2.2.5 Häufig gestellte Fragen aus Unternehmen

»Brauchen wir eine Zukunftswerkstatt? Das verursacht doch wieder nur Kosten schon im Vorfeld, vor der Entscheidung?« – Die Zukunftskonferenz hat schon einen Wert an sich, auch wenn es anschließend nicht zu einer Umsetzung der Gesunden Dialoge im Unternehmen kommt (siehe Kapitel 2.2.3), weil die Gesund(et)en und damit Mehrheiten ins Blickfeld gerückt werden.

»Warum nur die Gesunden? Wir vernachlässigen ja die anderen Beschäftigten, und das ist ungerecht.« Oder: »Der Anerkennende Erfahrungsaustausch spaltet die Belegschaft«. – Alle Gesund(et)en sind »Models of successful Practice«, die bei den gleichen Arbeitsbedingungen ein hohes Anwesenheitsverhalten zeigen und sich (zum Teil trotz Grunderkrankungen) in ihrer Arbeitstätigkeit wohlfühlen und über gute Bewältigungsressourcen verfügen. Das Unternehmen kann also von Gesund(et)en lernen. Darüber hinaus bedeutet der Anerkennende Erfahrungsaustausch Gesundheitsförderung durch Anerkennung der Gesund(et)en.

Die auffällig Anwesenden sind die Mehrheit, aber gleichzeitig eine unerkannte Gruppe nicht nur für die Gesundheitsförderung. Die auffällig Abwesenden werden in Unternehmen eher wahrgenommen. Im Rahmen der Gesunden Dialoge zur Stabilisierung, zur Arbeitsbewältigung, aber auch zu den Fehlzeiten (vergleiche Kapitel 3) wird auch mit diesen (häufig) Abwesenden systematisch gesprochen – die Gesunden Dialoge decken also alle Beschäftigtengruppen ab.

Der Anerkennende Erfahrungsaustausch ist (fast immer) erstmals der Ausgleich einer üblicherweise vorherrschenden Benachteiligung der Gesund(et)en: Der Fokus liegt üblicherweise auf Personengruppen, die im Betriebsablauf Probleme aufwerfen, also beispielsweise Fehlzeiten, Kundenbeschwerden oder Unfälle haben.

»Sollen die operativen Führungskräfte auch einen Anerkennenden Erfahrungstausch oder andere Gesunden Dialog bekommen?« – Ja, denn erfahrungsgemäß sind der Anerkennende Erfahrungsaustausch oder die anderen Dialoge dann am besten im Unternehmen verankert, wenn die Gespräche zuerst auf der Führungsebene laufen. Außerdem ergeben sich dann interessante Vergleiche in den unterschiedlichen Wirklichkeiten der Führung und der anderen Beschäftigten, insbesondere was die Reihung und Gewichtung von Stärken und Schwächen des Unternehmens betrifft. So war beispielsweise gesunden Straßenbahnfahrern das Führen der neuen, hochmodernen und teuren Straßenbahngarnituren wichtiger als die Lohnhöhe; die Führungskräfte hatten die Reihenfolge umgekehrt eingeschätzt.

2.3 Aufbau und Inhalte eines Führungskräftetrainings zum Anerkennenden Erfahrungsaustausch

Überblick: Ein typisches Eintagestraining zum Anerkennenden Erfahrungsaustausch soll in diesem Kapitel in seinen Abläufen dargestellt werden. Bewährt hat sich in den Unternehmen, in denen ein Betriebs- oder Personalrat existiert, dass Vertreter dieser Gremien auch an dem Training teilgenommen haben. Führungskräfte sind es erfahrungsgemäß mehr gewohnt, Seminare oder Trainings zu eher problemorientierten Themen wie zum Beispiel Konfliktmanagement, Fehlzeitengesprächen, Kündigungsgesprächen, Versetzungsgesprächen zu besuchen. Sie erleben diesen Tag als durchweg positiv anregend und empfinden die ergänzende Sichtweise – den Paradigmenwechsel – als bereichernd. Dadurch, dass die Führungskräfte den Anerkennenden Erfahrungsaustausch im Training selber erproben und damit spürbar erfahren, *wie es sich anfühlt,* ist die Bereitschaft, sofort mit den Dialogen zu beginnen, recht hoch. Unsere jahrelangen betrieblichen Erfahrungen mit diesem Thema fließen im Weiteren ein. Wir zeigen Chancen und Erfolge, aber auch (selbst-)kritisch Hindernisse und Stolpersteine rund um die Ausbildung der Führungskräfte auf. Wir berichten über Rückmeldungen von Führungskräften. Wir geben Antworten auf häufig gestellte Fragen aus den Unternehmen wie zum Beispiel: »Warum werden nur Führungskräfte ausgebildet? Warum nicht auch zum Beispiel Betriebsräte?« »Welche Führungskräfte sollen überhaupt ausgebildet werden? Alle,

> auch der Vorstand?« »Der Betriebsrat möchte bei allen Gesprächen dabei sein. Ist das okay?« »Wie lange dauert denn so ein Anerkennender Erfahrungsaustausch im Schnitt?« »Wie geht es denen, die nicht zum Anerkennenden Erfahrungsaustausch eingeladen werden?« »Welche Aussagen, Wünsche der Mitarbeiter tauchen im Anerkennenden Erfahrungsaustausch auf? Sind sie realistisch, machbar?«

Teilgenommen an Trainings zum Anerkennenden Erfahrungsaustausch haben in den vergangenen Jahren hauptsächlich Führungskräfte, aber auch Interessenvertreter und sonstige interessierte Menschen aus den Unternehmen. Ein typisches Eintagestraining (vergleiche Übersicht 10) zum Anerkennenden Erfahrungsaustausch soll in diesem Abschnitt in seinen Abläufen dargestellt werden. Unsere jahrelangen betrieblichen Erfahrungen mit diesem Thema fließen im Weiteren ein, indem wir Chancen und Erfolge, aber auch (selbst-)kritisch Hindernisse und Stolpersteine aufzeigen. Rückmeldungen von Trainingsteilnehmerinnen und -teilnehmern und häufig gestellte Fragen aus den Unternehmen sowie Antworten beziehungsweise Empfehlungen der Autoren zu diesen Fragen zeigen wir am Ende dieses Abschnitts.

Wir arbeiten in diesen Trainings zum Anerkennenden Erfahrungsaustausch ausschließlich mit zwei Beratern. Das hat gute Gründe: So kann man an dem Aufbau des Trainings gut erkennen, dass wir mit eher weniger Input arbeiten, dafür die Teilnehmer interaktiv aufwändig mit einbeziehen. Das Motto »Anerkennender Erfahrungsaustausch – drei Teile Input, fünf Teile interaktives Arbeiten der Teilnehmer« zieht sich als Leitgedanke natürlich auch durch unsere Trainings. Dieses Vorgehen erfordert aus Gründen der Qualität der Arbeit und der begrenzten Zeit von einem Tag zwingend zwei erfahrene Berater.

2.3.1 Reaktionen von Teilnehmern

Ein wichtiger Teil in den Trainings zum Anerkennenden Erfahrungsaustausch ist die – zum ersten Mal – wechselseitige Erprobung des Dialoges. In der Regel bekommen die Teilnehmer dafür zweimal 20 Minuten Zeit. Das ist wenig, wenn man bedenkt, dass in der realen Praxis Dialoge

Übersicht 10: Ablauf eines eintägigen Trainings zum Anerkennenden Erfahrungsaustausch

09.00	Begrüßung – Vorstellung – Ablauf	
	Arbeiten im Plenum • Erfahrungsaustausch: Was macht krank? Was erhält gesund?	siehe Kapitel 1
	Information 1 und Diskussion • Der juristische Arbeitsvertrag ist bekannt. Daneben existiert immer auch der sogenannte psychologische Arbeitsvertrag. Eine Typologie der Beschäftigen – das Modell.	siehe Kapitel 1
	Arbeiten in Kleingruppen • Eigene anonymisierte betriebliche Beispiele für psychologische Arbeitsverträge • Präsentation der Ergebnisse	siehe Kapitel 2
	Information 2 und Diskussion • Von den Gesund(et)en lernen – Anerkennender Erfahrungsaustausch – Mitarbeiter als interne Berater der Führung – Werkzeug – Gesprächsnotiz	siehe Kapitel 2
12.30	Mittag	
	Gesunde Führung im Dialog • Wechselseitige Erprobung des Anerkennenden Erfahrungsaustauschs mit einem Partner • Reflexion der individuellen Erfahrungen	siehe Kapitel 2
	Arbeiten im Plenum • Erstellen einer betrieblichen Stärken- und Schwächenliste aus Sicht der Führungskräfte	siehe Kapitel 2
	Information 3 und Diskussion • Wie können Stärken gestärkt werden? Wie Schwächen verringert beziehungsweise abgeschafft? – Beispiele aus der betrieblichen Praxis	siehe Kapitel 2
	Arbeiten im Plenum • Sie wollen morgen mit dem neuen Dialog Anerkennender Erfahrungsaustausch beginnen. Was brauchen Sie zur Unterstützung? • Inhalte und Zeitplan für das weitere Vorgehen	siehe Text am Ende des Kapitels 2
17.30	**Schlussfolgerungen aus dem Training**	

zum Anerkennenden Erfahrungsaustausch im Schnitt zwischen 30 und 90 Minuten andauern. Insoweit herrscht ein gewisser Zeitdruck bei einem neuen, noch unbekannten Dialog vor. Gleichwohl möchten wir exemplarisch einige wiederum typische Aussagen von Führungskräften zeigen, die im Rahmen einer Reflexion des Dialoges genannt wurden:

- »Hat sich gut angefühlt, die Eröffnung war gut.«
- »Besteht nicht auch die Gefahr, dass der Dialog Anerkennender Erfahrungsaustausch künstlich wirkt?«
- »Macht Spaß, meinem Mitarbeiter zu sagen, dass er toll ist.«
- »Gesprächsnotizen doch besser nach dem Gespräch machen? Der Zettel wirkt zu formal, zu unübersichtlich.«
- »War gut, sich einmal selber klar zu machen, warum man gerne zur Arbeit kommt.«
- »Zeitmanagement! Meine Prioritäten sehe ich dann doch eher bei Kranken als bei Gesunden.«
- »Anerkennender Erfahrungsaustausch taugt bestimmt auch im normalen Alltag, auch nur mal die eine oder andere Frage.«
- »Ich will gelobt werden. Stärken angucken finde ich super.«
- »Der psychologische Arbeitsvertrag ist wichtig. Das hat Hand und Fuß. Ich glaube, ich bin unstabil.«
- »Ich will Zeit für Gesunde haben.«
- »Die Fragen sind gut. Ich glaube aber, dass sie nicht für jeden Mitarbeitertypen passen, weil nicht jeder den Sinn verstehen wird. Man müsste die Fragen umformulieren.«
- »Es sind Themenleitfragen, die man selbst in einem lockeren Gespräch einbaut.«
- »Mitarbeiter sind es nicht gewohnt, dass etwas Positives mit ihnen passiert. Es könnte zu Anfang Misstrauen geben.«

2.3.2 Inhalte und Zeitplan für das weitere Vorgehen

Am Ende des eintägigen Trainings fragen wir dann die Teilnehmer: »Sie wollen morgen mit dem neuen Dialog Anerkennender Erfahrungsaustausch beginnen. Was brauchen Sie zur Unterstützung?«

Die Antworten notieren wir auf einem Flip-Chart. Typischerweise sieht ein so beschriebenes Flip-Chart wie folgt aus:

- Zeit für diese Gespräche erforderlich;
- Räumlichkeiten für diese Gespräche (insbesondere wenn es sich nicht um typische Büroarbeitsplätze handelt, wie zum Beispiel in der Werkstatt);
- Zeitplan für Gespräche und Auswertung der Gespräche festlegen und einhalten;
- geeignete Bekanntmachung der Gespräche: Der Betriebrat bietet der Geschäftsführung die Möglichkeit, das Thema »Anerkennender Erfahrungsaustausch« auf der nächsten Betriebsversammlung im Januar vorzustellen;
- erste moderierte, gemeinsame Auswertung, Vorschlag im Herbst;
- Freiwilligkeit des Gesprächs;
- Zielgruppe Gesunde und Gesundete definieren;
- Abstimmung: Wie lade ich Mitarbeiter zum Anerkennenden Erfahrungsaustausch ein? (Vorschlag: schriftlich);
- Abstimmung: Wer darf/soll das Gespräch führen?
- Gesprächsnotiz kommt nicht in die Personalakte;
- Feedback an die Mitarbeiter nach Auswertung der Stärken und Schwächen sicherstellen;
- Verhandler dieser Punkte mit der Geschäftsführung ist zu bestimmen, gegebenenfalls Unterstützung vom Berater.

2.3.3 Chancen und Erfolgsfaktoren

Wie oben bereits erwähnt, hat es sich in den Unternehmen, in denen ein Betriebs- oder Personalrat existiert, bewährt, dass Vertreter dieser Gremien auch an dem Training teilgenommen haben. Dafür gibt es zuerst einmal einen eher formalen Grund: Sobald das Unternehmen beschließt, den Anerkennenden Erfahrungsaustausch systematisch einzuführen, greift das Mitbestimmungsrecht der Arbeitnehmervertretung. Es macht also Sinn, dass die Arbeitnehmervertretung sich auch inhaltlich ein genaues Bild von den Themen machen kann, über die sie gegebenenfalls zeitnah mitzubestimmen hat.

Als vorteilhaft hat sich auch erwiesen, wenn die Teilnehmer im Vorfeld bereits durch eine geeignete Unternehmenskommunikation für das Thema getaktet waren (siehe dazu Kapitel 2.2). Die gefühlte Bereitschaft, mitzumachen, war in aller Regel hoch, und die Neugier auf diesen Tag war dementsprechend groß.

Nachdem die Führungskräfte im Training selber den Anerkennenden Erfahrungsaustausch erprobt haben, ist die Bereitschaft, sofort mit dem Erlernten zu beginnen, sehr hoch. Sie merken nun, dass es ihnen selber guttut, quasi als Ausgleich zu den meist konfliktbeladenen Mitarbeitergesprächen.

2.3.4 Hindernisse und Stolpersteine

Als eher nicht lernförderlich haben sich Trainings erwiesen, die in zwar gut ausgestatteten, aber eigenen Räumen des Unternehmens stattgefunden haben. Zu groß war die Verführung oder auch der Arbeitsdruck, in den Pausen eben noch die E-Mails zu lesen oder ein paar Telefonate zu erledigen. Auch kam es nicht selten vor, dass die Sekretärin hereinschaute und eine Führungskraft mit freundlichen Worten aufforderte: »Der Chef braucht Sie mal zehn Minuten...« Man konnte gelegentlich den Eindruck einer fehlenden Wertschätzung für das Training gewinnen.

2.3.5 Häufig gestellte Fragen aus Unternehmen

»Warum werden nur Führungskräfte ausgebildet? Warum nicht auch zum Beispiel Betriebsräte?« – Es werden regelmäßig auch Betriebs- und Personalräte ausgebildet. In zwei Unternehmen ist es sogar vorgekommen, dass der Vorsitzende dieses Gremiums mit allen Mitgliedern selbst den Anerkennenden Erfahrungsaustausch durchgeführt hat. Mit dem Ergebnis, dass die Arbeitnehmervertretung ein wirkliches Gefühl für dieses Führungsinstrument bekommen und dafür plädiert hat, die Gruppe der Gesund(et)en möglichst großzügig zu definieren.

»Welche Führungskräfte sollen überhaupt ausgebildet werden? Alle, auch der Vorstand?« – Wir empfehlen tatsächlich, alle Führungskräfte auszubilden, beginnend bei der Geschäftsführung beziehungsweise dem Vorstand. Schließlich handelt es sich bei der Einführung dieses Dialogs nicht um ein einmaliges Projekt, sondern um eine strategische Unternehmensentscheidung. Die allermeisten Führungskräfte sind dazu in einer klassischen Sandwich-Position. Das bedeutet, dass sie immer auch einen Vorgesetzten über sich und selber Mitarbeiter zu führen haben. Die Erfahrung lehrt, dass Führungskräfte in Sandwich-Positionen den Anerkennenden Erfahrungsaustausch umso bereitwilliger selber mit ihren Mitarbeitern durchführen, als sie selber in den Genuss eines Anerkennenden Erfahrungsaustauschs gekommen sind.

Ein weiterer Aspekt, der für die Ausbildung sämtlicher Führungskräfte spricht, ist der Umstand, dass selbst Führungskräfte, beispielsweise auf der unteren Führungsebene, die durch ihr Wirken und ihr Tun bisher eher weniger als Führungskräfte von ihren Mitarbeitern wahrgenommen wurden, durch den Anerkennenden Erfahrungsaustausch sehr viel eher als solche angesehen werden. Die Erklärung ist beinahe banal, aber elementar. Es gilt der Grundsatz »Wer fragt, der führt!« Eine operative Führungskraft wusste beispielsweise davon zu berichten, dass es insbesondere bei älteren Mitarbeitern vorgekommen ist, dass diese während des Anerkennenden Erfahrungsaustauschs von der eher kumpelhaften Duform in eine respektvollere Sieform gewechselt haben. Diese Führungskraft erklärte die veränderte Anrede während des Anerkennenden Erfahrungsaustauschs mit der Art und Weise des Dialogs, dass nämlich Fragen an den Mitarbeiter gestellt werden und der Mitarbeiter das berechtigte Gefühl bekommt, der Vorgesetzte ist an ihm als Person und seinen Einschätzungen aufrichtig interessiert.

»Der Betriebsrat möchte bei allen Gesprächen dabei sein. Ist das okay?« – Nein. Der Anerkennende Erfahrungsaustausch ist ein Vieraugendialog, der seine anerkennende und damit gesundheitsförderliche Wirkung genau auf dieser Beziehungsebene entfalten kann. Die Frage von einigen Betriebsräten war eher aus einem Kontrollgedanken heraus motiviert. Eine Kontrolle ist aber leicht möglich, indem der Betriebsrat die Mitarbeiter, die an einem Anerkennenden Erfahrungsaustausch teilgenommen haben, danach einfach befragt. Schließlich bekommt auch der Betriebsrat – in der Regel anonymisiert – eine dezidierte Stärken- und Schwächenauswertung der Dialoge zum Anerkennenden Erfahrungsaustausch zu sehen.

»Wie funktioniert die Zuordnung der Mitarbeiter zur Belegschaftstypologie in der Praxis?« – Sehr unterschiedlich, wie die Rückmeldungen aus den Unternehmen zeigen. So gab es beispielsweise Unternehmen, die strikt die Krankenstatistik bemüht haben und all diejenigen zum Anerkennenden Erfahrungsaustausch eingeladen haben, die zum Beispiel in den letzten drei Jahren weniger als zehn Arbeitstage Krankenstand (ohne Arbeits- und Wegeunfälle) aufwiesen. Einen völlig anderen Weg hat ein anderer Betrieb gewählt: Dort haben die operativen Führungskräfte mit einer relativ hohen Führungsspanne von eins zu 80 Mitarbeitern einzig ihre Personallisten zur Hand genommen und sich selbst gefragt: Wer von meiner Belegschaft sagt mir eigentlich gar nichts, und wen von meiner Belegschaft kenne ich eigentlich schon sehr lange und weiß doch nichts von ihm? Beide Verfahren werden praktiziert. Sie unterscheiden sich dadurch, dass in einem Fall einzig das Kriterium des Krankenstandes herangezogen wird und in dem anderen Fall einzig das Kriterium des psychologischen Arbeitsvertrages. Wir empfehlen in unseren Trainings, beide Kriterien heranzuziehen, wobei das Kriterium des psychologischen Arbeitsvertrages mehr Gewichtung haben sollte. Ansonsten kann es beispielsweise geschehen, dass ein Gesunder, der lange im Krankenstand gewesen ist, nicht zum Anerkennenden Erfahrungsaustausch eingeladen wird, obwohl von der Führungskraft plausibel ein geschlossener psychologischer Arbeitsvertrag beschrieben wird. Das Kriterium Krankenstand wird in der Praxis gerne genommen, weil es ein einfaches, überprüfbares und leicht kommunizierbares Kriterium ist. Das gewichtigere Kriterium des psychologischen Arbeitsvertrages muss dagegen im Zweifel stets und aufwändig gegenüber Dritten begründet werden.

»Ist der Anerkennende Erfahrungsaustausch auch für Unstabile geeignet?« – Das Modell der Belegschaftstypologie sieht Gesunde Dialoge mit allen Mitarbeitern vor. Im Rahmen einer betrieblichen Diskussion hinsichtlich einer Zuordnung der gesamten Belegschaft auf die vier Gruppen dieses Modells können Führungskräfte natürlich auf die Größe (Quantität) der jeweiligen Gruppen Einfluss nehmen. Beispielsweise ist es vorgekommen, dass die Kriterien für die Gruppe der Gesund(et)en sehr großzügig angewandt wurden. Das heißt, sowohl der Krankenstand durfte bis 30 Arbeitstage pro Jahr betragen als auch, dass die Wahrnehmung hinsichtlich eines geschlossenen psychologischen Arbeitsvertrages eher vernachlässigt wurde. Dies hatte zur Folge, dass die Gruppe der Gesund(et)en fast 95 Prozent der Beschäftigten einer Belegschaft ausmachte. Es gab mithin kaum beziehungsweise nur noch in Ausnahmen Unstabile. Das wäre eine Möglichkeit, die wir in dieser krassen Form nicht empfehlen würden. Besser ist es, mit Unstabilen ein Stabilisierungsgespräch zu führen. Die Chance, dass ein Stabilisierungsgespräch erfolgreich ist, ist umso höher, je mehr die Führungskraft davon überzeugt ist, dass der betroffene Mitarbeiter ein Unstabiler ist. Dann kann die Führungskraft in diesem Dialog authentisch sein. Letztlich sei hier – im Vorgriff auf Kapitel 3 – auch schon gesagt, dass die Gruppe der Unstabilen eindeutig keine Problemgruppe darstellt. Im Gegenteil: Stabilisierungsgespräche werden mit den besten Absichten geführt mit Personen, die wir als Potenzialgruppe beschreiben werden.

»Wie geht es denen, die nicht zum Anerkennenden Erfahrungsaustausch eingeladen werden?« – Rückmeldungen aus den Unternehmen brachten darüber Hinweise. So berichtete ein Mitarbeiter, dass im Kollegenkreis durchaus über den Anerkennenden Erfahrungsaustausch diskutiert wurde. Manche Kollegen hatten sich offensichtlich mokiert; denen hätte er nur gesagt, dass sie eben nicht zu den Besten gehörten und sie deswegen nicht eingeladen würden. Ein Betriebsrat wusste im gleichen Zusammenhang zu berichten, dass Kollegen bei ihm in der Tür standen und ihn fragten: »Warum ich nicht?« Dann konnte der Betriebsrat sehen, ob dieser Kollege noch auf der Liste stand oder nicht. Einigen wenigen Kollegen, die nicht auf der Liste standen, war – nach Auskunft des Betriebsrates – alles sowieso schon völlig egal.

»Welche Aussagen, Wünsche der Mitarbeiter tauchen im Anerkennenden Erfahrungsaustausch auf? Sind sie realistisch, machbar?« – Hinter dieser Frage verbirgt sich die Sorge einiger Führungskräfte, ob man denn nicht doch schlafende Hunde weckt. Tatsächlich ist die Sorge erklärbar unberechtigt. Der Anerkennende Erfahrungsaustausch wendet sich ja gerade an die Gruppe der Beschäftigten in einem Unternehmen, die einen geschlossenen psychologischen Arbeitsvertrag haben und keinen oder nur einen sehr geringen Krankenstand über einen längeren Zeitraum aufweisen. Gerade diese wissen regelmäßig mehr über Stärken als über Schwächen der Organisation zu berichten. Hinzu kommt, dass es bei der Nennung von Schwächen – im Gegensatz zu den Nennungen der Stärken – oft viele einzelne Schwächen gibt und wenige Schwächen mit einer auffälligen Mehrfachnennung. Beispiele aus der Praxis hierfür sind in Kapitel 2.4 beschrieben.

»Wie lange dauert denn so ein Anerkennender Erfahrungsaustausch im Schnitt?« – Die Erfahrungen zeigen, dass der Anerkennende Erfahrungsaustausch im Extremfall von nur 15 Minuten bis über zwei Stunden dauerte. Die Regeldauer liegt bei 30 bis 60 Minuten.

2.4 Anerkennender Erfahrungsaustausch: Die erste Dialogrunde

Überblick: Der Anerkennende Erfahrungsaustausch geht in die erste Bewährungsprobe.

Die Vorbereitungen zur ersten Dialogrunde bringen Fragen auf die Tagesordnung, auf die eine unternehmensspezifische Antwort gefunden werden muss:

- Belegschaftsinformation zur Dialogstrategie,
- Festlegung und Abstimmung der Zielgruppe nach den Kriterien der Anwesenheit und des psychologischen Arbeitsvertrages,
- Einladung der Mitarbeiter zum Anerkennenden Erfahrungsaustausch,
- der Dialog selbst,
- der Umgang mit den Gesprächsnotizen.

Den Dialog selbst kann man in drei Phasen einteilen, die in diesem Kapitel dargestellt werden:

1. Dialogeröffnung,
2. Dialogisches Fragen und Verstehen,
3. Hinweise in der Dialognotiz für beide Gesprächspartner festhalten.

Dieser Abschnitt beschreibt die praktischen Erfahrungen und Erlebnisse der Führungskräfte aus dem ersten Durchgang des Anerkennenden Erfahrungsaustauschs, Chancen und Erfolgsfaktoren für diese erste Dialogphase, aber auch die Stolpersteine und Hindernisse wie

- fehlendes Zeitmanagement der Führungskraft;
- fehlende anerkennende Haltung der Führungskraft;
- Führungskräfte glauben nicht, dass sie mit dem Anerkennenden Erfahrungsaustausch Gesundheit fördern können;
- Sprachbarrieren.

Abschließend wird zu häufig gestellten Fragen aus Unternehmen Stellung genommen, zum Beispiel:

- »Wie lange dauert der Anerkennende Erfahrungsaustausch?«

- »Kann aus Zeitgründen der Anerkennende Erfahrungsaustausch im Gruppengespräch stattfinden?«
- »Ist der Anerkennende Erfahrungsaustausch mit Gesund(et)en auch als Fragebogenerhebung durchzuführen?«
- »Sind die Leitfragen des Anerkennenden Erfahrungsaustauschs in andere Mitarbeitergespräche integrierbar?«

Nach Abschluss der Führungskräftetrainings geht der Anerkennende Erfahrungsaustausch in die erste Bewährungsprobe. Meist geht eine Mehrheit der Führungskräfte von sich aus in die erste Dialogrunde mit ihren erkannten gesunden und gesundeten Beschäftigten. Zweifellos bleibt auch eine Gruppe an Zweiflern und Skeptikern zurück. Schon aus diesem Grund ist es notwendig, ein betriebliches Startzeichen für die Pilotphase von Managementseite zu geben und eine zeitliche Frist für die Zwischenbilanz festzulegen. Eine zeitnahe Umsetzung nach den Führungskräftetrainings ist empfehlenswert. Auch wenn nicht alle Unternehmensbereiche aus betrieblichen Gründen zeitgleich beginnen können, sollten die Aktivisten nicht gebremst werden. Hingegen sollte das Zieldatum so gewählt sein, dass alle ihre Dialogvorhaben umsetzen können und eine gemeinsame Auswertung und Schlussfolgerung aus den Hinweisen aus dem Anerkennenden Erfahrungsaustausch erfolgen kann. Der zeitlich verschobene Start kann eine interessante Dynamik im Unternehmen entwickeln, sodass durch Mundpropaganda das Thema in den Abteilungen Neugierde weckt und Gesprächsthema wird.

In dieser Phase bewährt sich neuerlich eine Projektleitung aus dem Management oder aus der Gruppe der operativen Führungskräfte, die als Ansprech- und Vermittlungspartner und als Erinnerungsgarant für die Umsetzung der wertschätzenden Dialogstrategie wirkt.

Das Ziel ist die praktische Umsetzung und das Sammeln von Praxiserfahrungen für beide Seiten.

2.4.1 Die Einführung

Ein idealtypischer Ablauf des Pilotprojektes (Übersicht 11) in einem mittelgroßen Unternehmen mit 140 Beschäftigten in vier Abteilungen ist in unserem Beispiel beschrieben. Insgesamt beteiligten sich fünf operative Führungskräfte und ihre 47 gesunden und gesundeten Beschäftigten am Pilotprojekt.

Übersicht 11: Zeitplan Pilotprojekt Anerkennender Erfahrungsaustausch

Erstgespräch zwischen Berater und Geschäftsleitung zur Orientierung über die Dialogstrategie	(November 2005)
Unternehmensentscheidung und Beratungsauftrag	nach 2 Monaten (Januar 2006)
Erkundungsgespräche zur unternehmensspezifischen Abstimmung der Dialogstrategie mit Personalleitung, operativen Führungskräften und gesund(et)en Beschäftigten	nach 1 1/2 Monaten (März 2006)
Ausbildungstraining mit allen operativen Führungskräften, Führungskräftenachwuchs, Management für Personal, Arbeitsschutz und Qualität sowie Geschäftsleitung	nach 1 1/2 Monaten (April 2006)
Im Training vereinbartes Vorgehen in der Pilotphase:	
• Belegschaftsinformation und persönliche Einladung der Gesprächspartner	nach 2 Wochen (Mai 2006)
• Durchführung des Anerkennenden Erfahrungsaustauschs mit der Zielgruppe (49 Personen insgesamt, 47 Personen haben daran teilgenommen, 2 Personen haben dankend abgelehnt)	im Rahmen von 3 Monaten (bis Juli 2006)
• Auswertungsworkshops mit allen dialogführenden Führungskräften und anschließende Verdichtung zu betrieblichen Stärken- und Schwächenlisten	nach 2 Monaten (September 2006)
• Präsentations- und Schlussfolgerungsworkshop in der Runde von Geschäftsleitung, Management, operativen Führungskräften, Belegschaftsvertretung und Arbeits- und Gesundheitsschutzmanagement	nach 2 Wochen (Oktober 2006)
Mitarbeiterinformation über die Ergebnisse	nach 2 Wochen (Oktober 2006)
Umsetzung der Maßnamen	laufend

Die oben skizzierte Einführung bis zur Unternehmensentscheidung zur Integration und Weiterführung der Dialogstrategie dauerte insgesamt ein Jahr, die Pilotphase konzentrierte sich auf sechs Monate.

2.4.2 Die Belegschaftsinformation zur Dialogstrategie

Zweck der Belegschaftsinformation ist die Bekanntgabe der Dialogstrategie und die Schaffung eines transparenten Vorgehens. Die Mittel sind je nach Unternehmen unterschiedlich. Es werden die schon bisher gut bewährten Kommunikationswege gewählt. Das kann im einen Fall die Bekanntgabe in einer Betriebsversammlung sein und im anderen Fall der Bericht in hausinternen, mitarbeiterbezogenen Nachrichten. In jedem Fall sollte die Information folgende Aspekte enthalten:

- Ziel und Zweck der Dialogstrategie,
- Zielgruppe und Kriterien,
- Ablauf.

Das Musterbeispiel in Übersicht 12 zeigt, wie eine schriftlichen Belegschaftsinformation aussehen kann.

2.4.3 Auswahl der Personengruppe für den Anerkennenden Erfahrungsaustausch

Prinzipiell erfolgt die Festlegung der Zielgruppe des Anerkennenden Erfahrungsaustauschs nach den Kriterien der Anwesenheit oder/und des psychologischen Arbeitsvertrages. Meist wird, als überschaubare und leicht zu kommunizierende Möglichkeit, ein bestimmtes Höchstmaß an Abwesenheit festgelegt. Dafür gibt es sehr unterschiedliche Modelle, die vor allem von der unternehmensspezfischen Anwesenheitsquote abhängen. Bisher kennen wir folgende Modelle:

- nicht mehr als fünf Krankenstandstage im Jahr,
- nicht mehr als 30 Krankenstandstage im Jahr,
- nicht mehr als sieben Krankenstandstage im Jahr in den letzten drei Jahren,

Übersicht 12: Beispiel für Belegschaftsinformation

Gesunde, wertschätzende Dialoge bei der Firma xy

Werte Mitarbeiterinnen und Mitarbeiter,

unser betriebliches Gesundheitsförderungsprogramm kümmert sich um Gesunde/Gesundete und gesundheitlich Gefährdete. Mit verschiedenen Angeboten versuchen wir, die Gesundheit und Arbeitsbewältigung der Beschäftigten zu erhalten und zu fördern.

Unsere Führungskräfte wollen verstärkt ein offenes Ohr für diese Anliegen haben. Dabei sollen gerade auch die auffällig anwesenden MitarbeiterInnen nicht übersehen werden. Ganz im Gegenteil: Der Betrieb will von diesen MitarbeiterInnen, den augenscheinlich Gesunden und Gesundeten, die nahezu tagtäglich im Dienst sind, lernen, wie sie ihre Gesundheit und Arbeitsbewältigung erhalten. Sie können für uns so etwas wie »interne BeraterInnen in Sachen Arbeit und Gesundheit« werden. Davon kann der Betrieb für die gesamte Belegschaft und für künftige Gesundheitsförderungsprogramme lernen. Und selbstverständlich gilt es auch, die Gesundheit dieser Belegschaftsgruppe gezielt zu unterstützen.

In den nächsten Wochen werden die Führungskräfte zum »Anerkennenden Erfahrungsaustausch mit Gesund(et)en« in angenehmer Atmosphäre einladen. Es geht um Ihre Meinung, Einschätzung und Ideen zum Thema Arbeit und Gesundheit bei der xy.

Keineswegs wollen wir auf Dauer die Kolleginnen und Kollegen unberücksichtigt lassen, die gesundheitlich schon angeschlagen sind. Auch mit Ihnen werden nach und nach Gespräche geführt werden, um gegebenenfalls die Arbeitsbedingungen an das veränderte Arbeitsvermögen anzupassen.

Wir freuen uns auf Sie und Ihre Hinweise,

Betriebsleiter   Betriebsrat

- nicht mehr als zehn Krankenstandstage im Jahr in den letzten drei Jahren oder einmalig bis 30 Tage am Stück.

Das letzte Modell ist das flexibelste, weil es auch eine längere Abwesenheit toleriert, wenn die anderen Jahre ohne Abwesenheit waren. Wir empfehlen sogar eine noch größere Flexibilität, weil etwa bei einem Unfall sehr hohe Fehlzeiten anfallen können, aber – und hier kommt das zweite Kriterium ins Spiel – der psychologische Arbeitsvertrag mit dem Unternehmen besteht. Dieses zweite Kriterium wird erfahrungsgemäß seltener angewendet, es gibt aber auch dafür Beispiele:

- Mit allen Personen, von denen die Führungskraft denkt, dass sie einen funktionierenden psychologischen Arbeitsvertrages haben, und mit allen, die die Führungskraft nicht kennt, wird der Anerkennende Erfahrungsaustausch durchgeführt.
- In einem Unternehmen, das alle Gesunden Dialoge eingeführt hat: Führungskraft und Betriebsrat gehen alle Beschäftigten durch und besprechen den Dialog, der infrage kommen kann. Im Falle einer Nichteinigung wird der »bessere« Dialog geführt, also beispielsweise erhalten Personen, die die Führungskraft für ein Fehlzeitengespräch vorgeschlagen hat, nach begründetem Einspruch des Betriebsrats ein Stabilisierungsgespräch.

Mit diesen Beispielen zur Auswahl der Personen für den Anerkennenden Erfahrungsaustausch wird schon deutlich, dass es neben unterschiedlichen Kriterien auch unterschiedliche Verfahren zur Festlegung der Kriterien gibt:

- Die Geschäftsführung bestimmt die Kriterien.
- Eine sozialpartnerschaftlich zusammengesetzte Arbeitsgruppe bespricht die Kriterien.
- Die Kriterien werden in einer Betriebsvereinbarung zum Anerkennenden Erfahrungsaustausch festgelegt.
- Die Kriterien werden im Arbeitskreis Gesundheit besprochen.

2.4.4 Die Einladung zum Anerkennenden Erfahrungsaustausch

Die Einladung dient einerseits zur verlässlichen Organisation des Dialogtermins mit den jeweilgen gesund(et)en Beschäftigten. Andererseits kann die Art und Weise, wie zum Anerkennenden Erfahrungsaustausch eingeladen wird, Wertschätzung zum Ausdruck bringen. Dabei spielt es keine Rolle, ob die Einladung schriftlich und/oder mündlich ausgesprochen wird. In beiden Fällen sollten die betriebsüblichen und bewährten Kommunikationswege gewählt werden. Vielmehr geht es um die folgenden Inhalte:

- Wer spricht die Einladung aus beziehungsweise zeichnet die schriftliche Einladung ab?
- Aus welchem Anlass findet der Dialog statt (erste Würdigung der hohen Anwesenheit und des geschlossenen psyochologischen Arbeitsvertrages)?
- Welchen Zweck verfolgt der Anerkennende Erfahrungsaustausch?
- Wann, wie lange etwa und wo wird der Anerkennende Erfahrungsaustausch stattfinden?
- Abklärung, ob dieses Dialogangebot vom Beschäftigten wahrgenommen wird.

Mit einem Einladungsschreiben oder einer mündlichen Einladung soll in erster Linie der positive, wertschätzende und gesundheits- wie wohlbefindenfördernde Charakter des Dialogs für die konkrete Person verdeutlicht werden. Wenn diesem Aspekt zu wenig Aufmerksamkeit geschenkt wird und es bisher im Unternehmen nur anlassbezogene und damit meist problembezogene Kontaktaufnahmen vom Vorgesetzten zu den Beschäftigten gab, dann könnte unbeabsichtigt beim gesund(et)en Mitarbeiter ein irrtümlicher Eindruck entstehen: »Oje, ich muss zum Chef. Was ist passiert?«

Gleichzeitig wird und muss durch die Einladung nicht jede Frage oder Unklarheit aus dem Wege geräumt sein. Dazu wird es bei der Dialogeinleitung noch ausreichend Zeit geben.

Der Charakter des Anerkennenden Erfahrungsaustauschs legt schon nahe, dass es sich hier um ein Dialogangebot handelt, dass auf Freiwilligkeit beruht. Eine Zwangsbeglückung würde der Absicht der Wertschätzung und Anerkennung der Person widersprechen. Die bisherigen Praxiserfahrungen zeigen, dass sich die Anzahl der Personen, die dankend das Angebot ablehnen, zwischen 1 bis 3 Prozent der Zielgruppe bewegt.

In Übersicht 13 finden Sie ein Musterbeispiel einer schriftlichen Einladung zum Dialog. Hier wurden die Leitfragen des Anerkennenden

Erfahrungsaustauschs mit aufgenommen. Damit wurde der Inhalt des Dialogs greifbarer, und manche Gesprächspartner sind daraufhin sogar »vorbereitet« zum Gespräch gekommen, was einerseits der prinzipiellen Offenheit und Spontaneität des Gesprächs keinen Abbruch bereitete, aber andererseits auch zu mehr fundierten und konkreten Hinweisen führte.

Übersicht 13: Mustereinladung zum Dialog

Gesundheit und Wettbewerb bei der »ABC«

Einladung

Sehr geehrte(r) Kollege/-in,

wer tagtäglich zum Dienst erscheint, fällt in der Regel seinem Vorgesetzten nicht auf. Anders hier Ihre »ABC«. »Von den Gesunden und Gesundeten lernen« spiegelt daher unseren Ansatz wider, insbesondere die Erfahrungen und das Wissen sowohl von Kolleginnen und Kollegen mit sehr wenigen krankheitsbedingten Fehltagen als auch ehemals Langzeitkranken, die wieder im vollen Umfang arbeitsfähig sind, zu nutzen: Welche Stärken sehen Gesunde und Gesundete bei der »ABC«? Wie erhalten sie sich ihre Gesundheit und Motivation, was machen sie anders? Aber auch: Welche Schwächen sieht diese Gruppe unserer Kolleginnen und Kollegen bei der »ABC«?

Hierüber wollen wir sehr gerne mit Ihnen, sehr geehrte Kollegin, sehr geehrter Kollege, in einer angenehmen Atmosphäre sprechen. Wir möchten Ihnen zum einen Anerkennung für Ihre geleistete Arbeit zollen und zum anderen von Ihnen lernen: Ihre Meinung, Einschätzungen und Ideen zu den Themen Arbeit und Gesundheit bei der »ABC« werden in den Mittelpunkt dieses Gespräches gestellt. Bitte vereinbaren Sie persönlich oder telefonisch (0xxx-xxxx) einen Termin mit dem Unterzeichner. Das Anerkennungsgespräch mit Ihnen wird als Arbeitszeit vergütet und dauert etwa 90 Minuten. Der Betriebsrat unterstützt dieses für die Gesunderhaltung wichtige Projekt.

Wir freuen uns sehr auf Sie.
Ihre »ABC«

In einem anderen Unternehmen wurde der Anerkennende Erfahrungsaustausch noch klarer beschrieben, weil hier im Einladungstext die konkreten Fragen (vgl. Kapitel 1) aufgelistet wurden.

2.4.5 Der Dialog selbst

Das Modell des Anerkennenden Erfahrungsaustauschs mit Gesund(et)en wurde schon im ersten Kapitel vertieft. Hier sollen die Werkzeuge der gesprächsführenden Führungskraft vertieft dargestellt werden. Die Besonderheit liegt in der einfachen Anwendbarkeit, was ausreichend Raum für das Gespräch, das Zuhören und damit die Beziehungspflege zulässt. Der Charakter wird bestimmt durch den Grundsatz »Wer fragt, der führt«: Das bedeutet einerseits, dass Führungskräfte im gesunden Dialog nicht aufgefordert sind, dem Mitarbeiter eine berufsbezogene Rückmeldung geben oder eine betriebliche Entscheidung bekanntgeben zu müssen, und andererseits trotzdem in der Führungsrolle bleiben, weil sie durch die Vorgabe der Leitthemen zum spezifischen Nachdenken des Mitarbeiters anleiten.

Wie oben bereits erwähnt, kann man den Dialog in drei Phasen einteilen:

1. Dialogeröffnung,
2. dialogisches Fragen und Verstehen,
3. Hinweise in der Dialognotiz für beide Gesprächspartner festhalten.

Dialogeröffnung

Die Dialogeröffnung ist die einzige Phase, in der die Führungskraft eine aktiv-sagende Rolle einnimmt. Hier wird nochmals der Anlass (hohe Anwesenheit und geschlossener Arbeitsvertrag) gewürdigt. Es wird eine Botschaft vermittelt, die sich sprachlich unterschiedlich je nach Betrieb und Gesprächsführenden darstellen kann. Im Grundtenor spiegelt die Botschaft wider, dass der Betrieb und die Führungskraft die Person selbst und ihre Leistungen erkennt und als bedeutsam anerkennt. Einige Führungskräfte schließen auch ein explizites Dankeschön dafür an.

Die Botschaften können wie folgt aussehen:

- »Frau Mayer, ich und unser Betrieb möchten Ihnen für Ihr Engagement danken. Es ist keine Selbstverständlichkeit, dass Sie auf Ihre Arbeit und Gesundheit achten. Wir wollen von Ihnen, von Gesund(et)en, lernen, damit es für Sie auch in Zukunft so bleibt. Vielleicht gibt es auch den einen oder anderen Punkt, den Sie ansprechen möchten und der dann ein wichtiger Hinweis für die Gesunderhaltung der ganzen Belegschaft sein kann.«
- »Herr Müller, vielen Dank für die Teilnahme an unserem folgenden Gespräch, für das ich mir viel Zeit nehmen werde. Uns ist aufgefallen, dass Sie in den letzten zwölf Jahren nur einmal abwesend waren, obwohl Sie auch Spät- und Nachtschichten machen. Ihre hohe Anwesenheit ist wichtig für die Wettbewerbsfähigkeit unseres Unternehmens. Von Ihrer hohen Anwesenheit wollen wir lernen, weil Sie einer unserer besten internen Berater für die Frage nach »Arbeit und Gesundheit« sind.«

Dialogleitfragen

Der Anerkennende Erfahrungsaustausch konzentriert sich auf fünf Leitfragen oder -themen, wie sie in Übersicht 14 dargestellt sind. Nur eine Frage beschäftigt sich explizit mit Gesundheit. Dennoch berühren alle anderen Fragestellungen Lebens- und Arbeitskonstellationen, die das Wohlbefinden und die Arbeitsbewältigung beeinflussen und damit Voraussetzungen darstellen, die Gesundheit direkt oder indirekt erhalten oder beeinträchtigen.

Für jede Leitfrage wird man dem offenen Dialog Zeit einräumen, dennoch bewährt sich abschließend für jede Leitfrage eine zusammenfassende Priorisierung in dem Sinne, was am wichtigsten ist oder was die größte Rolle spielt. Damit kann die Führungskraft aus mehreren Hinweisen den für den Gesprächspartner bedeutsamsten Faktor (zum Beispiel in der Dialognotiz) festhalten.

Beim dialogischen Fragen handelt es sich nicht um ein Frage-und-Antwort-Spiel. Vielmehr werden die Themen gemeinsam durchleuchtet, sodass abschließend für beide Gesprächspartner klar wird, was den gesund(et)en Mitarbeiter bewegt. Das Verstehen steht im Vordergrund.

Übersicht 14: Leitfragen und Leitthemen

Leitfragen/-themen	
Was gefällt Ihnen am meisten bei der Arbeit?	Eine zentrale Ressource für Wohlbefinden, Arbeitsbewältigung und Gesundheit stellt die Möglichkeit dar, die Arbeit, die Arbeitsaufgabe, die Arbeitsbeziehungen etc. als bedeutsam zu erleben. Die Antwort muss sich nicht zwangsläufig darin erschöpfen, dass der Gesprächspartner (wahrscheinlich bei Gesun(et)en) sehr häufig sagt: »Die Arbeit macht mir Freude und bereitet mir Spaß«, sondern es lohnt sich, hier noch genauer nachzufragen, von welchen Aspekten dies abhängt. Aktives Zuhören ist wichtig, um auch hin und wieder durch Wiederholen der Antworten das Weiterdenken und -formulieren anzuregen. Je mehr alle Beteiligten erfahren, welche Faktoren und Konstellationen hier zu fördern sind, umso mehr können diese Stärken bewahrt und ausgebaut werden.
Was stört und belastet Sie am meisten?	Gesund(et)e stehen in denselben Berufen wie gesundheitlich gefährdete Kollegen. Also kennen sie die einen oder anderen Stör- und Belastungsfaktoren der Arbeit und im Betrieb. Die Praxiserfahrungen haben gezeigt, dass die Gesund(et)en diese Faktoren mit weniger Bedenken benennen können, als dies vielleicht Beschäftigte tun würden, die Sorge haben, dass sie mit größeren Abwesenheiten im Unternehmen auffallen. Neben den Hinweisen über Störfaktoren und Belastungen erhält man gleichzeitig im einen oder anderen Fall Erklärungen dafür, wie man Probleme lösen kann. Somit können hier nicht nur Schwächen sichtbar werden, sondern vielleicht auch die eine oder andere Bewältigungsressource und damit Stärke.

Wenn Sie in meiner Position wären, was würden Sie als Erstes weiter verbessern?	Diese zirkuläre Frage fokussiert nochmals, ebenso wie die vorhergehende, Schwächen der Arbeit und im Unternehmen, aber diesmal mit der Bitte an den Gesprächspartner, die Dringlichkeit und Lösbarkeit aus der Position einer Führungskraft zu bewerten.
Auf was sind Sie besonders stolz als Mitarbeiter unseres Unternehmens?	Den zwei schwächenorientierten Vorfragen folgt nun nochmals eine potenzielle Stärkenorientierung. Die Frage, auf was man stolz im Unternehmen ist, ist für einige Gesprächspartner neu und ungewohnt. Es kann ein Stocken eintreten, was aber vorerst nur einmal bedeutet, dass der Gesprächspartner nachdenkt. Sowohl die erste als auch diese Leitfrage können natürlich nicht nur Stärken zur Sprache bringen, sondern beim Fehlen diesbezüglicher Ressourcen auch Schwächen zutage fördern.
Was unternimmt aus Ihrer Sicht das Unternehmen für die Gesundheit der Beschäftigten?	Den Abschluss bildet die spezifische Gesundheitsfrage, die bei den meisten Gesprächspartnern zum Nachdenken über die klassischen körperlichen und z. T. seelischen Aspekte des Wohlbefindens und der Gesundheit und die diesbezügliche Vorsorge dafür im Unternehmen führt. Hier verstecken sich gegebenenfalls wieder sowohl Hinweise auf Stärken als auch auf Schwächen.

Durch das zunehmende Bewusstsein über den demografischen Wandel in der Gesellschaft wird »längeres Arbeitsleben und Vorsorge für den dritten Lebensabschnitt« bei den Betrieben, ihren Führungskräften und auch den Beschäftigten ein Thema von Gesprächen. Das hat auch den Anerkennenden Erfahrungsaustausch mit Gesund(et)en aller Altersgruppen erreicht. Es wurde in jüngster Zeit eine zusätzliche Frage mit aufgenommen. Allerdings haben wir für eine Ergebnisdarstellung heute noch zu wenig Datenmaterial.

> Angenommen, Ihr bester Freund ist Mitarbeiter in unserer Abteilung. Würde er unter den bestehende Arbeitsbedingungen bis 65 arbeiten wollen? – Wenn nein: Was genau müsste sich ändern, damit er gut und gerne bis 65 seine Arbeit machen kann?

Dialognotiz

Die Dialognotiz (siehe Übersicht 15) verhindert das Verlorengehen von Hinweisen und Einschätzungen im Laufe des Gesprächs und insbesondere dann für die folgende Zeit bis zur Auswertung beziehungsweise auch bis zum wiederholten Dialog in zwei bis drei Jahren. Diese Notizen können für beide Gesprächspartner von Bedeutung sein: Einerseits bleibt die Notiz in den Händen der gesprächsführenden Führungskraft, andererseits wird der Gesprächspartner aber gefragt, ob er eine Kopie der Notiz mitnehmen möchte.

Übersicht 15: Dialognotiz zum Anerkennenden Erfahrungsaustausch

Name:	Datum:	Dauer in Minuten:
	Dialogergebnisse	
Stärken des Unternehmens/ der Arbeit: • Was gefällt bei der Arbeit? • Stolz, im Unternehmen zu sein? • Was macht das Unternehmen für die Gesundheit?		
Schwächen des Unternehmens/der Arbeit: • Was stört bei der Arbeit? • Was als Erstes verbessern?		
Arbeiten bis 65?		
Sonstiges		

Die Dialognotiz sieht eine einfache Dokumentationsart vor, bei der die einzelnen Antworten möglichst wortgenau aus Sicht des Mitarbeiters entweder in der Stärken- oder der Schwächenzeile festgehalten werden.

Innovative Idee aus der Praxis

Führungskräfte eines Unternehmens, die den Anerkennenden Erfahrungsaustausch durchgeführt haben, haben den am Anerkennenden Erfahrungsaustausch teilnehmenden Mitarbeitern am Ende des Dialogs eine eigens für diesen Anlass erstellte Urkunde überreicht. Diese innovative Idee wurde nach Berichten der Führungskräfte von den Mitarbeitern als äußerst angenehm empfunden.

2.4.6 Reaktionen von Mitarbeitern und Führungskräften

Im unmittelbaren Rückblick bewerten die operativen Führungskräfte die Eindrücke der Belegschaft vom Anerkennder Erfahrungsaustausch gegebenenfalls nach einer gewissen Anfangsskepsis als durchweg positiv. In Übersicht 16 sind diese Eindrücke zusammengefasst.

Übersicht 16: Eindrücke der Belegschaft aus Sicht der Führungskräfte

Eindrücke vom Anerkennenden Erfahrungsaustausch	Details
Unsichtbares wird (endlich) sichtbar	• Anwesenheit wird gesehen und erkannt. • Überraschung bei Gesund(et)en in mehrfacher Hinsicht: Einerseits handelt es sich um eine Aktion, die es bisher in der Form nicht gab (das Unternehmen nimmt die hohe Anwesenheit der Beschäftigten wahr), und andererseits machen sich die Gesund(et)en keine oder wenig Gedanken darüber, wie oft sie arbeitsfähig oder krank sind; auch dies wird zur Selbstverständlichkeit. • Erstaunen über das Gesprächsangebot, »weil ich doch nicht krank bin«. Irritationen traten auf, weil die Gesprächspartner meinten, jetzt sollten sie

	erklären, warum sie jeden Tag zur Arbeit kommen (»das ist doch unser Job, unser tägliches Brot«). Viele fanden es keine herausragende Leistung, über einen längeren Zeitraum nicht krank zu sein, »weil das ja normal ist«.
Praktizierte Fürsorge auch für Gesund(et)e	• Das Unternehmen kümmert sich, auch wenn es keine Fehlzeiten gibt. Manche hatten das Gefühl, als ob sich »das Herz öffnet und die Seele entlastet wird auch von Problemen«.
Gesund(et)e als Experten in eigener Sache angefragt und eingebunden	• Die Meinung der Mitarbeiter ist gefragt. Es kamen viele Ideen und Vorschläge. Es wurde das Bedürfnis geäußert, dass, wenn man schon etwas anspricht, dann mehr als nur die Auswertung erfolgen muss, also Taten gesetzt werden müssen. Die Erwartungshaltung an den Dialog ist entsprechend hoch. • Gemischtes Gefühl bei den Gesund(et)en: »Es ist gut – aber nur dann, wenn auch etwas dabei herauskommt.« »So etwas gab es in der einen oder anderen Weise schon, und aus den Hinweisen wurde nichts gemacht«. – Die skeptischen Gefühle tauchten auch eher bei langjährigen Belegschaftsmitgliedern auf und weniger bei den jungen. Es ist unbedingt erforderlich, das Ergebnis sichtbar zu machen. • Führungskräfte berichten durchweg positiv, dass die Mitarbeiter sehr offen in diesen Gesprächen waren.
Zeit exklusiv für Beziehungspflege, die im Alltag untergeht	• Gesund(et)e erwähnen, das Gespräch sei toll, weil sonst die Zeit fehle, sich auszutauschen. Sie äußerten Freude darüber, einmal mit dem unmittelbaren Vorgesetzten ein ruhiges, persönliches Gespräch führen zu können. Aussagen wie »endlich hat mal jemand mit mir/uns gesprochen« waren häufig. • Obwohl schon rege Teambeziehungen bestehen, war der Anerkennende Erfahrungsaustausch ein besonderes und anderes Gespräch als im Arbeitsalltag.
Wechselseitige Wertschätzung	• Am Ende haben sich fast alle für das Gespräch bedankt.

Neuerung in der Mitarbeiterführung vorerst skeptisch wahrgenommen	• Manche waren misstrauisch gegenüber dem Angebot, weil es so etwas noch nie gab; niemand kannte es. • Einige waren zu Beginn reserviert und skeptisch, erst nach Erläuterung (»Wir führen ein positives Gespräch, lass heraus, was dir am Herzen liegt!«) sprachen sie offen. • Bei einigen Gesprächspartnern gab es verhaltenes Abwarten nach dem Motto: »Was kommt jetzt schon wieder?« (»Jetzt sollen wir gesalbt werden.«) • Skepsis gegenüber den Fragen unter dem Aspekt, was das Ganze dem Betrieb überhaupt bringen soll. • Trotz verschiedener betrieblicher Vorinformationen wurde die Frage gestellt, um was es eigentlich geht. Ausführliche Erläuterungen zum Gesprächsbeginn waren erforderlich. • Es bewährte sich, dass die Fragen vor dem Gespräch bekanntgegeben wurden: Manche kamen vorbereitet, andere antworteten »spontan« vorbereitet.
Erfahrungen der Vergangenheit bestimmen den ersten Eindruck vom Anerkennenden Erfahrungsaustausch	• Anfängliche Verunsicherung hat sich schnell gelöst. Gesprächspartner waren zum Großteil locker. Trotz vielfältiger Kommunikation stellte sich bei einigen Gesprächspartnern so etwas wie Sorge ein, weil man zum Chef musste. Nach den ersten Sätzen und der Gesprächseinleitung war dann jedoch klar, um was es ging, und fast alle waren nach dem Gespräch positiv überrascht.
Keine hundertprozentige Garantie, jeden glücklich zu machen	• Von elf Gesprächspartnern waren neun sehr positiv angetan, und zwei zeigten sich emotionslos und unberührt durch den Anerkennenden Erfahrungsaustausch.

Führungskräfte aus Unternehmen, die sich für die Einführung des Anerkennenden Erfahrungsaustauschs – oftmals in Ergänzung zu ihren bisherigen Fehlzeitengesprächen – entschließen, äußern zu Beginn die Sorge, wie die Exklusivität des Anerkennenden Erfahrungsaustauschs für die sogenannten

Gesunden und Gesundeten von der Restbelegschaft aufgenommen wird. Die Rückmeldungen aus der Belegschaft in Übersicht 17 zerstreuen die Bedenken.

Übersicht 17: Rückmeldungen aus der Belegschaft

Reaktionen in der Belegschaft	Details
Plausibilität der Zielgruppe für Anerkennenden Erfahrungsaustausch	Insgesamt wurden wenige kritische Reaktionen an die Führungskräfte herangetragen: »Keine Beanstandungen wegen der Zielgruppe.«
Bedeutsamkeit, in der Zielgruppe zu sein	• Nichteingeladene fragten: »Warum nicht auch ich?« • Aufforderung an die Personalleitung, die Arbeitsunfähigkeitsdaten nochmals zu überprüfen. Wenige Personen zeigten sich überrascht und enttäuscht, dass sie nicht in der Zielgruppe waren. Auswahlkriterien wurden erklärt, Nichteingeladene haben selbst nachgerechnet. Das zeigt, dass es ihnen nicht einerlei war. Aber letztendlich verursachte es keine Irritationen. • Bei den Gesprächspartnern konnte sich dadurch ein Gefühl von Stolz entwickeln, in der Zielgruppe zu sein.
Gesprächsthema in der Belegschaft	• Sowohl die Dialogstrategie allgemein als auch die Erfahrungen aus den einzelnen Gesprächen kursierten in der Kollegenschaft. • Der Anerkennende Erfahrungsaustausch kann auch für Aufsehen im Unternehmen sorgen.

Nicht zuletzt soll die wertschätzende Dialogstrategie mit den gesunde(et)en Beschäftigten positiv und bereichernd oder in Bezug auf problembezogene Gesprächsanlässe wenigstens ausgleichend auf die Führungskräfte wirken. Führungskräfte machten unterschiedliche Erfahrungen im Pilotprojekt, wie Übersicht 18 zeigt. Ein Großteil empfand den ersten Durchlauf trotz hohen Zeitaufwands ertragreich und angenehm, sodass einige Führungskräfte die Gesprächsinvestition nicht bereut haben. Andere bekannten freiheraus, dass sie das Gespräch nur geführt haben, weil es von oben vorgeschrieben wurde, und fanden wenig produktive Anknüpfungspunkte in den Gesprächen.

Übersicht 18: Eindrücke von Führungskräften

Eindrücke vom Anerkennenden Erfahrungsaustausch	Details
Betriebliche Freistellung für die Beziehungsaufgabe	• Es wurde als angenehm empfunden, dass man sich freistellen konnte für das Gespräch mit den Mitarbeitern, was sonst zeitlich oder inhaltlich kaum möglich ist. • »Ich habe mich auf jeden Anerkennenden Erfahrungsaustausch gefreut, weil sonst problem- und anlassbezogene Gespräche vorherrschen.«
Neue Erkenntnisse	• Der Stellenwert gewisser – auch an sich bekannter – Dinge für die Mitarbeiter wurde erst durch das Gespräch klar. • Durch die reservierte Zeit kommt man im Gespräch auch auf störende Kleinigkeiten zu sprechen, die sonst unter den Tisch fallen. Diese sind dann auch oftmals leicht und schnell zu verändern: Die Führungskraft muss nur davon erfahren. • Erstaunen: »Ich hätte es manchen Beschäftigten nicht zugetraut, dass sie so über das Unternehmen nachdenken und reden.« • Es findet ein gemeinsamer Gedankenaustausch statt, der zu einem gemeinsamen Erkenntnisgewinn führt. Dadurch kommen Themen zur Sprache, die nie im klassischen Mitarbeitergespräch erwähnt wurden. • Interessante Erkenntnisse über die individuellen Unterschiede und Erkenntnisse, die zum Verständnis der alltäglichen Arbeit der Mitarbeiter Auskünfte geben.

»Wertschaffende« Beziehungspflege	• Den einen oder anderen Mitarbeiter lernt man im Gespräch näher kennen, oder es fällt ein ganz neues Licht auf den Beschäftigten. Das sind wertvolle Erträge für die Führungskraft. • »Es hat sich gut angefühlt, weil es schlicht eine schöne Sache ist, über positive Dinge zu sprechen.« • Es sind lockere und unkomplizierte Gespräche. • »Wenn man Lorbeeren verteilt, braucht man über die Antworten nicht überrascht sein.« • Einige Führungskräfte berichten, dass sich die Beziehung zu Beschäftigten nach dem Anerkennenden Erfahrungsaustausch deutlich verbessert hat. Das hat auch dazu geführt, dass Beurteilungsgespräche später viel leichter geführt werden konnten. • Die Gespräche waren stimulierend und angenehm, sodass der zusätzliche Arbeitsaufwand gerne betrieben wurde.
Anfangsschwierigkeiten überwinden	• Es ist eine Frage der Glaubwürdigkeit, dass man zuerst einmal seine persönliche Linie im Anerkennenden Erfahrungsaustausch finden musste. • Zu Beginn ist es ungewohnt, dass man sich mit dem Vorsatz zusammensetzt, ein positives Gespräch zu führen. • Der Anfang des Gesprächs war holprig. Oft ist das Eis gebrochen, wenn man sagte: »Ich brauche Ihren Rat«.
Gesprächsschwierigkeiten	• Einige Gesprächspartner finden keine (schnelle) Antwort auf Leitfragen, weil es sich um Selbstverständliches handelt. Es braucht hin und wieder Anstöße durch die Führungskraft. Man weiß aber nicht, wie sehr man den Gesprächspartner dadurch beeinflusst. • Die Gespräche sind zeitintensiv oder finden dann doch unter zeitlichem Druck statt, weil die normalen turnusmäßigen Arbeiten zu erledigen sind.

2.4.7 Chancen und Erfolgsfaktoren

Als Erfolgsfaktoren bei der Einführung des Anerkennenden Erfahrungsaustauschs haben sich folgende erwiesen:

a) Der Anerkennende Erfahrungsaustausch ist von den Führungskräften als einfach zu handhabendes Werkzeug beurteilt worden, das strukturiert und ergebnisorientiert funktionieren kann und dem Grundsatz folgt »Wer fragt, der führt«. Fragen ist Führen durch Themenvorgabe, und es erlaubt entspanntes Zuhören.

b) Niemand hat nach der ersten Dialogrunde gefragt, wie das Gespräch eigentlich funktioniert.

c) Konkrete Rahmenbedingungen und ein Umsetzungsverantwortlicher für die Pilotphase helfen, zeitnah, kompakt und ergebnisorientiert die wertschätzende Dialogstrategie umzusetzen. Die Information der Belegschaft ist das Startzeichen. Der vereinbarte Auswertungsworkshop begrenzt die Zeitspanne für den ersten Durchlauf des Anerkennenden Erfahrungsaustauschs und legt den Zeitpunkt fest, zu dem über das Pilotprojekt und seine Wirkung Zwischenbilanz gezogen werden soll. Üblicherweise wird man etwa sechs Monate für die Pilotphase veranschlagen. Eine deutlich längere Pilotphase erhöht das Risiko, dass die wertschätzende Dialogsstrategie und ihre Wirkung im Sande verlaufen.

Die Chancen der ersten Dialogrunde liegen in der persönlichen und betrieblichen Sammlung von konkreten Gesprächserlebnissen. Erst das praktische Tun zeitigt Wirkung bei den Gesprächspartnern und insbesondere auch bei der Führungskraft selbst. Die positiven Wirkungen sind

a) aufseiten der gesund(et)en Beschäftigten:
- ein Überraschungsgefühl, dass Anwesenheit und Arbeitsfähigkeit betrieblich wahrgenommen und gewürdigt werden;
- das Gefühl, als Experte oder sogar als Berater für den Betrieb angefragt zu werden;
- die Chance und Gelegenheit für den Beschäftigten, sich dem Vorgesetzten neu beziehungsweise neuerlich positiv in Erinnerung zu rufen und diese Beziehung zu pflegen.

b) aufseiten der Führungskräfte:
- ein Ausgleich zumeist problem- oder anlassbezogenen Personalgesprächen;
- neue Erkenntnisse über Sichtweisen oder die unterschiedliche Bedeutung von betrieblichen Aspekten für die gesund(et)en Mitarbeiter;
- die Chance und die Gelegenheit für die Erneuerung der zwischenmenschlichen Beziehung zum Mitarbeiter.

2.4.8 Hindernisse und Stolpersteine

Im Folgenden wollen wir einige Stolpersteine und Hindernisse thematisieren, die in dieser ersten praktischen Phase des Anerkennenden Erfahrungsaustauchs, in der Dialogphase, aufgetreten sind:

- Fehlendes Zeitmanagement der Führungskraft: Es ist erstaunlich, wie häufig Führungskräfte mit einer Führungsspanne von (nur) acht bis 15 Personen erklären, dass es für sie zeitlich schwierig ist, einmal im Jahr mit ihren Mitarbeitern den Anerkennenden Erfahrungsaustausch durchzuführen. Wenn es nicht möglich ist, im Laufe eines Jahres fünf bis zehn Stunden in anerkennende Beziehungsarbeit zu investieren, dann können diese operativen Führungskräfte ihren Führungsaufgaben wahrscheinlich auch in anderen Bereichen nicht nachkommen, weil sie von ihren Vorgesetzten zu wenig Zeit oder auch Ausbildung für ihre Führungstätigkeit bekommen. Beide Probleme – Zeit und Qualifizierung – sind zu besprechen.
- Fehlende anerkennende Haltung der Führungskraft: Manchmal verfallen die Führungskräfte ins Loben und damit ins Sagen. Der Anerkennende Erfahrungsaustausch hat nach der Einleitung des Dialogs als Grundmuster jedoch das Fragen (vergleiche Kapitel 1.2.2). Nur durch das Fragen können die Gesund(et)en zu Beratern in Fragen der Arbeit und Gesundheit werden.
- Führungskräfte glauben nicht, dass sie mit dem Anerkennenden Erfahrungsaustausch Gesundheit fördern, aber sie spüren nach dem Gespräch, dass sie bei den Gesund(et)en das Wohlbefinden erhöht haben. Einerseits gehören Wohlbefinden und Gesundheit zusammen, andererseits ist mittlerweile vielfach nachgewiesen, dass Anerkennung durch

Vorgesetzte die Arbeitsfähigkeit der Beschäftigten fördert. Umgekehrt stellt fehlende Anerkennung (bei hoher Verausgabungsbereitschaft), also eine sogenannte Gratifikationskrise (Siegrist), ein hohes Krankheitsrisiko in vielen Bereichen dar, insbesondere bei Herz-Kreislauf-Erkrankungen, Depressionen, Diabetes II oder psychosomatischen Erkankungen.[23]

- Sprachbarrieren: In der ersten Dialogrunde des Anerkennenden Erfahrungsaustauschs wurde immer wieder deutlich, dass es insbesondere in Produktionsbereichen oder in Bereichen mit nieder qualifizierter Arbeit Sprachbarrieren zwischen den inländischen Vorgesetzten und den nicht deutschsprachigen Ausländern gibt. Diese Sprachbarrieren tauchen oft erst in qualifizierten Dialogen auf.

2.4.9 Häufig gestellte Fragen aus Unternehmen

»Wie lange dauert der Anerkennende Erfahrungsaustausch?« – Die Erstgespräche, wenn also der Anerkennende Erfahrungsaustausch erstmals in einem Unternehmen praktiziert wird, können sehr lange dauern, weil kulturelle Veränderungen immer Zeit brauchen. Nach Rückmeldungen von Führungskräften kann ein Gespräch 15 Minuten bis zwei Stunden dauern. Es ist sinnvoll, durchschnittlich eine halbe Stunde bis Stunde für den Anerkennenden Erfahrungsaustausch zu veranschlagen. Bei Erstgesprächen im Unternehmen kann es jedoch durchaus länger dauern, da es Mitarbeiter gibt, die nach jahrzentelanger Tätigkeit im Unternehmen zum ersten Mal in einem persönlichen Gespräch systematisch und anerkennend nach ihrer Meinung gefragt werden.

»Kann der Anerkennende Erfahrungsaustausch aus Zeitgründen im Gruppengespräch stattfinden?« – Nein. Unsere Erfahrungen zeigen, dass die Zahl genannter Stärken und Schwächen im Gruppengespräch deutlich geringer ist als in einem Vier-Augen-Dialog. Außerdem wird das Gruppengespräch von den Gesund(et)en weniger als Anerkennung empfunden als ein Vieraugengespräch. Die »Kaffeerunde« der Beschäftigten ohne Fehltage mit der Führungskraft fällt in die Kategorie Lob, aber nicht in die Kategorie Anerkennung.

»Ist der Anerkennende Erfahrungsaustausch mit Gesund(et)en auch als Fragebogenerhebung durchzuführen?« – Die tragenden Säulen des

Anerkennenden Erfahrungsaustauschs sind einerseits der Dialog zur Beziehungspflege zwischen Vorgesetzten und Beschäftigten und andererseits der Dialog zum Verstehen der Stärken und Schwächen bei der Arbeit und im Unternehmen in den Augen der Gesund(et)en. Der Anerkennende Erfahrungsaustausch ist dementsprechend ein spezifisches Dialoginstrument in den Händen von Führungskräften. Die gewünschte gesunderhaltende und wohlbefindenfördernde Wirkung ist nur auf diesem Wege zu erreichen.

Theoretisch sind die Leitfragen des Anerkennenden Erfahrungsaustauschs auch in eine schriftliche Fragebogenerhebung zu integrieren. Diesbezügliche Ergebnisse entsprechen einer Meinungserhebung, die in diesem Fall kein Nachfragen zum besseren Verstehen erlaubt oder möglicherweise nicht ausreichend Anreize für die Befragten bietet, die Fragen ausführlich zu beantworten. In diesem Sinne ist zu prüfen, ob sich dann der wohl geringere Aufwand im Vergleich zu den mehrfachen Dialogen rechnet.

»Sind die Leitfragen des Anerkennenden Erfahrungsaustauschs in andere Mitarbeitergespräche integrierbar?« – Grundsätzlich handelt es sich beim Anerkennenden Erfahrungsaustausch mit Gesund(et)en um ein spezifisches gesundheitsbezogenes Mitarbeitergespräch. Die Frage drängt sich daher zwangsläufig in Unternehmen auf, die ein entsprechendes Modell oder gar mehrere diesbezügliche Mitarbeitergespräche praktizieren. Daher soll ernsthaft über die Integrationsmöglichkeiten des wertschätzenden Gesunden Dialogs nachgedacht werden, wobei hier zwei Aspekte zu berücksichtigen sind:

- Ist jede Gesprächsform geeignet?
- Sind die Leitfragen für jeden Beschäftigten geeignet?

Die Leitfragen des Anerkennenden Erfahrungsaustauschs vertragen sich mit allen Mitarbeitergesprächen, die einen offenen und beziehungspflegenden Charakter haben. Dies sind zum Beispiel Jahresmitarbeitergespräche. Hingegen stehen der Anerkennende Erfahrungsaustausch und das Zielvereinbarungsgespräch oder das Beurteilungsgespräch in gewissem Widerspruch zueinander. Der Anerkennende Erfahrungsaustausch wird mit der Haltung »Mitarbeiter als interner Berater der Führungskraft in Sachen Arbeit und Gesundheit im Unternehmen« durchgeführt. Im Ergebnis erfahren wir Stärken und Schwächen des Unternehmens aus Sicht des Mitarbeiters. Anders das Zielvereinbarungsgespräch oder das

Beurteilungsgespräch: Hierbei geht es vordergründig um die Stärken und Schwächen des Mitarbeiters und nicht des Unternehmens. Es ist offensichtlich, dass der Anerkennende Erfahrungsaustausch mit Gesund(et)en sich nicht in Krankenrückkehrgespräche integrieren lässt, ohne die Zielgruppe zu verfehlen. Gleichzeitig muss kritisch geprüft werden, ob die Leitfragen des Anerkennenden Erfahrungsaustauschs, die darauf ausgerichtet sind, die Wohlbefindens-, Arbeitsbewältigungs- und Gesundheitsressourcen der auffällig Anwesenden kennen und verstehen zu lernen, richtig und einfühlsam sind für die Zielgruppe der Beschäftigten mit mittleren oder größeren krankheitsbedingten Abwesenheiten. Hier geht es vielmehr um das Erkennen der Schwächen in der Arbeit und im Unternehmen, um sie an vielleicht gewandelte Leistungskapazitäten anzupassen (wie dies übrigens im Arbeitsbewältigungsgespräch Thema ist – siehe Kapitel 3).

2.5 Auswertung des Anerkennenden Erfahrungsaustauschs: Hinweise der Gesund(et)en ernst nehmen

Überblick: Eine Stärke des Anerkennenden Erfahrungsaustauschs liegt in der wertschätzenden Beziehungspflege zwischen Vorgesetztem und Mitarbeiter im Dialog. Ein weiterer Vorteil des Anerkennenden Erfahrungsaustauschs sind die vielen Hinweise aus Sicht der Gesund(et)en zu den Themen Arbeit und Gesundheit im Unternehmen, die die Führungskräfte schriftlich festhalten. In einem Auswertungsworkshop der operativen Führungskräfte werden die so benannten Stärken und Schwächen bei der Arbeit und im Unternehmen zusammengeführt. Das Ergebnis sind verdichtete und nach Häufigkeit der Nennungen gewichtete Stärken- und Schwächenlisten. Am Ende dieses Kapitels wird beispielhaft eine Liste dieser Art dargestellt. Das Ernstnehmen aller Hinweise aus dem Anerkennenden Erfahrungsaustausch macht diese Darstellung nötig. Damit werden betriebliche Wohlfühl- und Arbeitsbewältigungsressourcen der Gesund(et)en wie auch Faktoren, die Anlass für Unzufriedenheit oder Fehlbelastung geben, sichtbar. Diese Listen bilden zum einen die Grundlage für die Rückmeldung an die Gesund(et)en und in weiterer Folge an die gesamte Belegschaft, und zum anderen sind sie wichtig für die Ableitung von betrieblichen Schlussfolgerungen und Maßnahmen zur Stärkung von Stärken und Schwächung von Schwächen. Wir berichten über Chancen, die sich durch diese Herangehensweise der gemeinsamen Auswertung ergeben, zum Beispiel das Entstehen eines gemeinsamen Wissensraumes.

Lernen kann man jedoch auch hier von Fehlern. So hat ein Unternehmen auf eine beratungsgestützte Auswertung verzichtet, und der weitere Prozess verlief sowohl für die Führungskräfte als auch für die Beschäftigen, die an den Dialogen des Anerkennenden Erfahrungsaustauschs teilgenommen haben, unbefriedigend.

Antworten finden Sie auch auf folgende häufig gestellte Fragen aus den Unternehmen: »Sind die Ergebnisse des Anerkennenden Erfahrungsaustauschs vergleichbar mit den Ergebnissen aus einer schriftlichen Mitarbeiterbefragung?« »Die Ergebnisse aus dem Anerkennenden Erfahrungsaustausch sind doch sehr subjektiv. Eine Mitarbeiterbefragung hingegen liefert objektive Ergebnisse, oder nicht?«

Das Ernstnehmen der Hinweise aus dem Anerkennenden Erfahrungsaustausch ist gleichzeitig konstitutives Element der Wertschätzung und Anerkennung, die den Gesund(et)en entgegengebracht werden soll. Die zwei Grundaussagen im Anerkennenden Erfahrungsaustausch sind:

- »Von Gesund(et)en lernen«,
- »Den gesund(et)en Mitarbeiter als internen Berater in Sachen Arbeit und Gesundheit zu Hinweisen und Einschätzungen einladen«.

Diese Botschaften und die entsprechende Haltung des Vorgesetzten führen in der logischen Konsequenz dazu, dass man diese Hinweise festhält und ihnen nachgeht.

2.5.1 Das Praxisbeispiel im Überblick

Wieder werden an einem idealtypischen Beispiel nun das Auswertungsvorgehen und die Ergebnisqualitäten vorgestellt. Bei dem Musterbetrieb handelt es sich um ein großes Unternehmen mit mehr als 1 000 Mitarbeitern an mehreren Standorten und mit mehreren unterschiedlichen Arbeitstätigkeitsbereichen, die sowohl Produktion, Entwicklung und Konstruktion wie auch Verwaltung/Dienstleistung umfassen. Das Unternehmen hat sich im Rahmen eines breit angelegten betrieblichen Gesundheitsförderungsprojekts für die Einführung gesundheitsfördernder Führung entschieden. Die Projektleitung organisierte ein Pilotprojekt in einer Abteilung mit insgesamt circa 100 Beschäftigten, sechs Führungskräften und 22 Beschäftigten, die zum Anerkennenden Erfahrungsaustausch eingeladen wurden. Ziel des Pilotprojekts war die Prüfung, ob die wertschätzende Dialogstrategie sowohl auf Akzeptanz bei den Führungskräften als auch bei den Beschäftigten stößt. Erst auf Basis dieser konkreten Erfahrungen sollte über die Integration und Verbreitung des Modells als Gesamtunternehmensstrategie entschieden werden.

Übersicht 19 zeigt, dass sich die Einführungsphase über einen neunmonatigen Projektzeitraum (abgesehen von der Maßnahmenumsetzung) erstreckte.

Auf die praktische Durchführung der Dialoge zum Anerkennenden Erfahrungsaustausch folgten – in diesem Fall einige Monate später – die Auswertungsworkshops der Führungskräfte und die Erstellung der Stärken- und Schwächenlisten. Das Ergebnis der Auswertungsworkshops und der Verdichtung der gesammelten Stärken und Schwächen ergab:

a) *Gesamt-Stärkenliste* mit 40 unterschiedlichen Stärken und insgesamt 141 Nennungen (siehe Übersicht 50 im Anhang). Sie enthält von der am häufigsten genannten Stärke mit vielen, oft gleichlautenden Nennungen bis zur Einzelnennung alle Hinweise aus dem Anerkennenden Erfahrungsaustausch. Die Bezeichnung der Stärken folgt den wörtlichen Formulierungen der Gesprächspartner. Die Nennungen erscheinen nach Abteilungen und insgesamt für den Pilotbereich beziehungsweise den Betrieb. Die Anzahl der Nennungen wird in absoluten Zahlen wiedergegeben. Auch wenn unterschiedlich große Gruppen in den Abteilungen repräsentiert sind, erfolgt keine prozentuale Umrechnung.

b) *Gesamt-Schwächenliste* mit 45 unterschiedlichen Schwächen und insgesamt 115 Nennungen (siehe Übersicht 50 im Anhang). Diese ist wie die Stärkenliste strukturiert.

Übersicht 19: Einführungszeitraum des Anerkennenden Erfahrungsaustauschs

Projektentscheidung und Beratungsauftrag	Februar 2006
Führungstraining	nach 1 Monat (März 2006)
Beim Training vereinbartes Vorgehen im Pilotprojekt:	
Belegschaftsinformation	nach 1 Monat (April 2006)
Persönliche, mündliche Einladung der Gesprächspartner durch die Vorgesetzten	(April/Mai 2006)
Durchführung des Anerkennenden Erfahrungsaustauschs mit der Zielgruppe (22 Beschäftigte)	im Rahmen von 2 Monaten (Mai/Juni 2006)
Auswertungsworkshops mit allen dialogführenden Führungskräften und anschließende Verdichtung zu betrieblichen Stärken- und Schwächenlisten	nach 4 Monaten (Oktober 2006)
Präsentations- und Schlussfolgerungsworkshop in der Runde von Personalleitung, Abteilungsmanagement, operativen Führungskräften	nach 1 Woche (Oktober 2006)
Mitarbeiterinformation über die Ergebnisse	nach 1 Woche (Oktober 2006)
Umsetzung der Maßnahmen	laufend

c) *Top-5-Stärkenrangliste.* Sie enthält die fünf am häufigsten genannten Stärken mit Nennung des Rangs nach Häufigkeit der Nennungen im Anerkennenden Erfahrungsaustausch (siehe Übersicht 20).

Bei unserem Beispielunternehmen führt die Ressource Arbeitsklima, gefolgt von betrieblichen Gesundheitsangeboten, der Qualität der Arbeitsaufgaben, dem Unternehmensimage und der Qualität der Arbeitsorganisation. Knapp die Hälfte aller Hinweise (67 von 141) lässt sich diesen Stärkenkategorien zuordnen. Keine der Stärken bezieht sich nur auf eine oder wenige Abteilungen, sondern findet sich in allen Abteilungen des Pilotbereichs.

Übersicht 20: Liste der Topstärken

Stärken	Pilot Gesamt
Arbeitsklima ist familiär, offenes Miteinanderreden, persönliches, namentl. Begrüßen, ... nette Kollegen ..., »es darf mal ein Späßchen gemacht werden«, tolles Team, ... ich werde akzeptiert; Man trifft weltweit gleich gesinnte Firmentypen (obwohl weit weg, fühlt man sich heimisch, ...) (n= 18)	1.
Betriebliches Gesundheitsförderungsprogramm, Gesundheitszirkel u. daraus resultierende größere Jausenauswahl i. Automaten; ... Obstangebot, Sportangebote für MA u. Angehörige, Fitness-Zufinanzierungen, Gutscheine, Skitage, Verpflegungsautomaten; Aktionen positiv; »Gesundheitszirkel ist gut«, »Gesundheitsprojekt ist ein gutes Angebot«, Apfelaktion (n = 16)	2.
Abwechslungsreiche Aufgaben, Herausforderungen bei der Arbeit; ... vollständiges Arbeiten (von der Idee → Konstruktion → Montage → Inbetriebnahme dabeisein können) (n = 14)	3.
Unternehmen mit weltweiter Präsenz, globales Unternehmen; Firmengröße beruhigt, expandierendes Unternehmen; ... standfeste Firma, erfolgreiches Unternehmen, bekannte Firma (n = 10)	4.
Gute interne Organisation u. selbstständiges Arbeiten in Abstimmung mit dem Vorgesetzten; ... wie Aufgaben weitergeleitet werden; große Selbstständigkeit, selbstständiges Arbeiten; Flexible Arbeitsabläufe – selbst einteilen können (n = 9)	5.

d) *Top-3-Schwächenrangliste.* Sie enthält die fünf am häufigsten genannten Schwächen. Aufgrund von gleichhohen Nennungen ergeben sich daraus Top-3-Themen des Betriebes (siehe Übersicht 21).

Beim Bespielunternehmen ist aus Sicht der gesund(et)en Mitarbeiter die Top-1-Schwäche ein Aspekt der Arbeitsorganisation, gefolgt von abteilungsübergreifenden Kooperationsschwierigkeiten, die gleich häufig genannt werden wie Schwächenhinweise auf das betriebliche Gesundheitsförderungsprogramm. Auf Platz drei finden sich ein konkretes Arbeitsschutzthema, Führungsschwäche und eine weitere konkrete Arbeitsorganisationsschwäche. 40 Prozent der Schwächenhinweise beziehen sich auf diese fünf Themen. Das Arbeitsschutzanliegen und die Arbeitsorganisationsprobleme beziehen sich ausschließlich auf eine Abteilung und werden auch nur von Gesund(et)en dieser Abteilungen angeführt.

Übersicht 21: Liste der Topschwächen

Schwächen	Pilot Gesamt
Fehlende interne Richlinien in Bezug auf Abläufe; Arbeit schlecht strukturiert; wenn Konsequenzen gezogen werden, erwischt es die Falschen, klare Abläufe schaffen; heute so, morgen so, und übermorgen ist alles wieder anders; ... (n= 14)	1.
Abteilungsübergreifende Kooperationsschwierigkeiten: Kommunikation mit and. Abteilungen/extern ist verbesserungswürdig; ... Kommunikation zw. Verkauf, Einkauf, Lager und Montage nicht gut; (n = 7)	2.
Betriebliches Gesundheitsförderungsprogramm ist Alibi, weil auf ergometrische AP ud Raumklima keine Rücksicht genommen wird, »lieber eine Klimaanlage als Vergünstigungen beim Arzt«, betriebliches Gesundheitsförderungsprogramm okay, aber zu wenig konsequent, ... Scheckheft des Gesundheitsprojekts nur für teure Geschäfte, Studios oder Praxen; ... (n = 7)	2.
Wunsch nach individuellem Gehörschutz (n = 6, ausschließlich Abteilung A)	3.
Mehr Zeit für Führung der Abteilung; Umgangston verbessern von oben nach unten; härter durchgreifen und Konsequenzen ziehen (n = 6)	3.
Situation in Warenannahme; -lager und -versand ist belastend; schlechte Lagerlogistik, Schlampigkeit im Lager - ..., keine gute Lagerwirtschaft; schlechter Materialfluss; Lieferanten können jeden Müll liefern, keine Eingangskontrolle, keine Konsequenzen, ... (n = 6, ausschließlich Abteilung A)	3.

e) Eine *Statistik der Stärken- und Schwächennennungen* insgesamt gibt in Übersicht 22 einen Überblick darüber, wie viele Beschäftigte am Anerkennenden Erfahrungsaustausch teilgenommen haben, wie lange der Dialog durchschnittlich gedauert hat und wie viele Stärken und Schwächen durchschnittlich pro Person genannt wurden, und dies im Vergleich aller Abteilungen. Im Beispielunternehmen liegt die durchschnittliche Anzahl der Stärkennennungen über alle Abteilungen hinweg nahe zusammen. Bei den Schwächennennungen variiert die durchschnittliche Anzahl zwischen einem Minimum in der Abteilung B und einem Maximum in der Abteilung D.

Übersicht 22: Statistik zu den durchgeführten Dialogen

	Anzahl AE	Ø AE-Dauer	Ø Stärken-nennungen pro AE	Ø Schwächen-nennungen pro AE
A	4	45'	7,5	5,8
B	2	20'	6,0	2,5
C	4	25'	6,5	5,0
D	10	25'	7,3	6,7
E	2	-	-	-
Pilot Gesamt	22		7,1	5,8

2.5.2 Das Vorgehen der Auswertung und die Erstellung von Listen

In der Praxis hat es sich bislang bewährt, dass die Auswertungsworkshops im Rahmen von Pilotprojekten wie im oben beschriebenen Fall und allgemein nach dem ersten Dialogdurchgang im Unternehmen von den externen Beratern moderiert werden. Ebenso wird die erste Stärken- und Schwächenliste federführend von den Beratern verdichtet und präsentiert. Diese noch von den Beratern begleitete Einführungsphase dient der Vermittlung des Auswertungsbausteins anhand konkreter Betriebsdaten an die Strategieverantwortlichen des Unternehmens, die diese in weiterer Folge selbstständig durchführen können. Die Auswertungsphase kann in zwei Weisen erfolgen:

a) als beratungsgestützte Auswertung und Erstellung der Listen,
b) in betrieblicher Selbstorganisation.

Die beratungsgestützte Auswertung und Erstellung der Listen

Das festgelegte Ende der Dialogdurchführung ist der früheste Termin für die moderierten Auswertungsworkshops mit den operativen Führungskräften. Um es für die einzelnen Führungskräfte möglichst zeitsparend zu gestalten, werden mehrere Auswertungsworkshops an einem Tag organisiert. In unserem Musterbeispiel haben sich die sechs Führungskräfte in insgesamt vier Workshops, zum Teil alleine für den eigenen Verantwortungsbereich oder zu zweit, wenn beide für dieselbe Abteilung verantwortlich waren, eingefunden. Dort wurde jeder Hinweis, der auf den Dialognotizen festgehalten wurde, auf ein Tabellenplakat oder elektronisches Tabellenblatt übertragen. Dabei ergaben sich schon erste inhaltliche Überschneidungen, ohne dass die zusätzlichen Nennungen verlorengingen. Jeder daraus entstandenen Hinweisgruppe wurde ein Schlagwort zugeordnet. Zur Verfügung stehen folgende Schlagworte:

- Gesundheitsschutz und Gesundheitsförderung,
- Betriebsklima und Führungskultur,
- Arbeitsbedingungen und Arbeitsaufgabe,
- Unternehmensrahmenbedingungen.

Diese Verschlagwortung hilft bei der Verdichtung aller abteilungsspezifischen Hinweise. Der letzte Schritt ist die Feststellung der Reihung nach Häufigkeit und die Erstellung der Rangliste. So wird sowohl mit Stärken- wie auch Schwächenhinweisen verfahren. Der nächste Schritt ist die Präsentation und die erste Bewertung in einer (erweiterten) Steuerungsgruppe mit Geschäfts- und Projektleitung, allen Führungskräften, Belegschaftsvertretung und Vertretern des betrieblichen Gesundheitsmanagements. So ist die Grundlage für das Ableiten betrieblicher Schlussfolgerungen und Maßnahmen geschaffen.

2.5.3 Chancen und Erfolge

In der Praxis hat es sich als erfolgreich bewährt, die Auswertung der Gesprächsnotizen sehr zeitnah zu tätigen. Zeitnah bedeutet in diesem Fall, unmittelbar nachdem auch die letzte Führungskraft die Dialoge zum Anerkennenden Erfahrungsaustausch durchgeführt hat. Man kann sich gut vorstellen, dass die Beschäftigten aus der Gruppe der Gesunden und Gesundeten erfahren möchten, wie mit den Ergebnissen aus den Dialogen des Anerkennenden Erfahrungsaustauschs weiter verfahren wird beziehungsweise wie die Ergebnisse überhaupt aussehen.

Wichtig ist, daran anknüpfend, auch folgender Aspekt: Die Erfassung der Gesprächsnotizen muss unbedingt so authentisch und detailliert wie möglich erfolgen. Das ist aus zweierlei Gründen von Bedeutung:

- Zum einen haben die Führungskräfte gelernt und verstanden, dass jeder Hinweis aus dem Anerkennenden Erfahrungsaustausch wichtig und bedeutend ist.
- Zum anderen fließen sämtliche Hinweise aus den vorliegenden Gesprächsnotizen in eine Gesamt-Stärkenliste und in eine Gesamt-Schwächenliste ein. Spätestens bei der Veröffentlichung dieser Listen im Betrieb hat sich nämlich gezeigt, dass viele Beschäftigte, die an einem Anerkennenden Erfahrungsaustausch teilgenommen haben, diese nun veröffentlichten Listen sehr genau studieren und überprüfen, ob auch ihre Aussagen auf diese Listen aufgenommen wurden.

Eine detaillierte und gegebenenfalls auch zeitintensive Auswertung (dies hängt von der Anzahl der durchgeführten Dialoge zum Anerkennenden Erfahrungsaustausch ab) hat einen weiteren unschätzbaren Vorteil. Es entsteht zwischen den Führungskräften des Unternehmens ein gemeinsamer, neuer Wissensraum, ein gemeinsames, neues Verständnis von Stärken und Schwächen des eigenen Unternehmens aus Sicht der Gruppe der Gesund(et)en und zwar sowohl auf Abteilungsebene als auch auf Bereichs- und Unternehmensebene.

2.5.4 Hindernisse und Stolpersteine

Ein Unternehmen hat auf die beratungsgestützte Auswertung durch Externe verzichtet und die Auswertung komplett in Selbstorganisation erstellt. Dazu mussten die Führungskräfte, die Dialoge zum Anerkennenden Erfahrungsaustausch durchgeführt hatten, ihre Gesprächsnotizen einer studentischen Hilfskraft zur Verfügung stellen, die dann – als zeitliche

Entlastung für andere Personen in diesem Unternehmen – für die Erstellung der Stärken- und Schwächenlisten verantwortlich war. Die Problematik – wie sich später herausstellte – bestand darin, dass diese studentische Hilfskraft sachlich und fachlich keinen Bezug zu der Tätigkeit der Gesund(et)en hatte. Es traten daher zwangsläufig Fehler beim Lesen und beim Verstehen der Inhalte der Gesprächsnotizen auf und damit beim Übertragen dieser Notizen in eine Texttabelle zur weiteren Bearbeitung. Die dann in einer Texttabelle vorliegenden Daten wurden von Externen weiter verdichtet und nach sinnvollen Überschriften geclustert. In einem später folgenden Maßnahmenworkshop war es dann sehr schwierig, mit dieser verdichteten Stärken- und Schwächenliste konkrete Maßnahmen zum Stärken von Stärken und zum Verringern von Schwächen gemeinsam mit den operativen Führungskräften zu erarbeiten. In der Rückblende wurde klar, dass die Teilnehmer sozusagen doppelt von ihrem Produkt »Gesprächsnotiz« entfremdet waren. So konnte zum einen aufgrund der nicht gemeinsamen Erfassung der Daten aus den Gesprächsnotizen kein gemeinsamer Wissensraum entstehen, und zum anderen erschwerte die komplexe Liste die Nennung von konkreten Maßnahmen.

2.5.5 Häufig gestellte Fragen aus Unternehmen

»Sind die Ergebnisse des Anerkennenden Erfahrungsaustauschs vergleichbar mit den Ergebnissen aus einer schriftlichen Mitarbeiterbefragung?« – Nein, eher nicht. Natürlich ist es erst einmal denkbar, dass eine schriftliche Mitarbeiterbefragung – ebenso wie beim Anerkennenden Erfahrungsaustausch – ausschließlich und exklusiv auf die Gruppe der Gesunden und Gesundeten fokussiert. Jedoch ist die Logik von schriftlichen Mitarbeiterbefragungen eine andere als die des Anerkennenden Erfahrungsaustauschs. Schriftliche Mitarbeiterberfragungen arbeiten überwiegend mit geschlossenen Fragen, wobei alternative Antworten vorgegeben sind. Der Fragebogen kann und wird nicht nachfragen, wenn er etwas nicht verstanden hat. Diese Methodik dient vor allem einer erleichterten Auswertung. Anders der Anerkennende Erfahrungsaustausch. Zwar gibt es auch bei diesem Führungsinstrument festgelegte Fragen beziehungsweise Themen. Der Unterschied ist aber, dass es offene Fragen sind und der Gesprächsführende dadurch qualitativ deutlich höherwertige

Ergebnisse erzielt als bei den geschlossenen Fragen einer schriftlichen Mitarbeiterbefragung. Ein Indiz für diesen Qualitätsunterschied ist schon die Dauer des Anerkennenden Erfahrungsaustauschs: Bei nur sechs vorgegebenen Fragen beziehungsweise Themen dauert ein Anerkennender Erfahrungsaustausch im Schnitt zwischen 30 und 60 Minuten. Das ist aber bei einer schriftlichen Mitarbeiterbefragung mit sechs vorgegebenen Fragen undenkbar. Insofern sind die Ergebnisse eher nicht vergleichbar. Auch sollte bei der oben gestellten Frage der Beziehungsaspekt nicht übersehen werden: Im Anerkennenden Erfahrungsaustausch geht es um wertschätzende Beziehungen.

»Die Ergebnisse aus dem Anerkennenden Erfahrungsaustausch sind doch sehr subjektiv. Eine Mitarbeiterbefragung hingegen liefert objektive Ergebnisse, oder nicht?« – Schriftliche Befragungen sind nicht als solche schon objektiv. Auch hier hängt es von den Fragestellungen ab: Eher objektiv wären beispielsweise Fragen nach den Arbeitsbedingungen wie »Kommt Zeitdruck bei der Arbeit vor?«; subjektiv wären Fragen nach Beanspruchungen wie »Stört Sie der Zeitdruck?«. Wichtig ist, die Gesund(et)en in ihrer Subjektivität ernst zu nehmen. Das heißt deren individuell unterschiedliche Wirklichkeiten als Führungskraft (besser) zu verstehen. Auch bei dieser oben gestellten Frage sollte der Beziehungsaspekt nicht übersehen werden.

2.6 Maßnahmen nach der Auswertung

Überblick: Nachdem im vorhergehenden Abschnitt die Auswertung der Gesprächsergebnisse des Anerkennenden Erfahrungsaustauschs dargestellt wurde, geht es in diesem Kapitel um die Umsetzung von konkreten Maßnahmen, abgeleitet aus den Stärken- und Schwächenlisten des jeweiligen Unternehmens. Ziele sind im Folgenden:

- das Ernstnehmen aller Hinweise aus dem Anerkennenden Erfahrungsaustausch,
- Stärken des Unternehmens nach Möglichkeit zu erhalten beziehungsweise auszubauen und damit zu stärken,

- Schwächen des Unternehmens abzuschaffen beziehungsweise zu verringern und
- das Vertrauen in die Führungskräfte und das Unternehmen zu stärken durch spürbares Tun.

Die Unternehmen haben für das Entwickeln von konkreten Maßnahmen unterschiedliche Verfahrensweisen in der Praxis gewählt. Diese reichen von der (beabsichtigten) Selbstorganisation bis hin zu mehrtägigen Workshops mit externer Unterstützung. Im Folgenden werden vier typische, unterschiedliche Betriebsbeispiele vorgestellt: zwei Betriebe mit einer sehr intensiven Schlussfolgerungsphase, die sich eher in der Zusammensetzung der Teilnehmer und der Methodik des Workshops unterscheiden (Teil a und Teil b), ein Betrieb mit einer Schlussfolgerungsphase »light« (Teil c) und schließlich Erfahrungen mit Betrieben, die ihre Schlussfolgerungsworkshops selbst organisierten (Teil d). Auch geben wir Antworten auf häufig gestellte Fragen aus den Unternehmen, wie zum Beispiel: »Was bringt es, Stärken zu stärken?« »Was tun wir, wenn wir Schwächen nicht verändern können?« »Was machen wir mit den vielen Einzelnennungen?«

2.6.1 Ziele für die Entwicklung von Maßnahmen

Nach der Auswertung der Gesprächsergebnisse zum Anerkennenden Erfahrungsaustausch folgt nun ein weiterer wichtiger Schritt: die Entwicklung von konkreten, für die Mitarbeiter spürbaren Maßnahmen, um Stärken des Unternehmens nach Möglichkeit zu erhalten beziehungsweise auszubauen und damit zu stärken und Schwächen des Unternehmens abzuschaffen beziehungsweise zu verringern. Die Modelle für das Entwickeln von Maßnahmen sind dabei vielfältig. Im folgenden Abschnitt werden vier typische Modelle näher beschrieben und bewertet.

2.6.2 Modelle für die Entwicklung von konkreten Maßnahmen

a) Intensive Schlussfolgerungsphase – das ganze System in einem Raum

In einem städtischen Betrieb mit insgesamt 760 Beschäftigten wurden innerhalb von wenigen Monaten rund 270 Dialoge zum Anerkennenden Erfahrungsaustausch durchgeführt. Die Geschäftsführung beschloss, sich an zwei Tagen mit einer Gruppe von 36 Personen – Management, Führungskräfte, Interessenvertretung, Personalabteilung und betriebliche Gesundheits- und Sozialberatung – zusammenzusetzen, um die Dialoge auszuwerten. Auswertungslisten lagen vor: Auswertungen nach unternehmensübergreifenden Stärken und Schwächen sowie nach bereichs- und abteilungsbezogenen Stärken und Schwächen. Der gelungene Ablauf eines Maßnahmenworkshops mit dem Ziel, erste, nach Möglichkeit umsetzungsreife Maßnahmen zu entwickeln, sah am ersten Tag wie in Übersicht 23 dargestellt aus[24]:

Übersicht 23: Ablauf eines Maßnahmenworkshops

Uhrzeit	Inhalt	Material
08.00	Geschäftsführung: Auftakt, Begrüßung, Absichtserklärungen, Ziel des Tages Berater: Ablauf der 2 Tage – Ideen sammeln zu Topstärken und Topschwächen, Aufgreifen dieser Ideen für konkrete Maßnahmen	Großer Raum für 36 arbeitende Menschen, die sich in Gruppen bewegen können müssen
	Übung zum Ideensammeln – Brainstorming Brainstorming-Regeln: • *Alles ist erlaubt:* Kein Kritisieren eigener und anderer Gedanken • *Spinnen:* Freies und ungehemmtes Äußern von Gedanken, auch außergewöhnlichen Ideen • *Anknüpfen an andere:* Aufgreifen und Verfolgen der Ideen anderer ist erwünscht • *Quantität vor Qualität:* Produzieren möglichst vieler Ideen ohne Rücksicht auf deren Qualität	6 Flip-Charts (Stationen), ausreichend Flip-Papier und Stifte

Uhrzeit	Inhalt	Material
	Übungsbeispiel für die Erprobung eines Brainstorming, z. B. Ideen sammeln für die bevorstehende Verabschiedung eines langjährigen Vertreters des Managements – 6 Gruppen wandern von Flip-Chart zu Flip-Chart, lesen die Ideen der Vorgängergruppe und ergänzen um weitere Ideen, bis jede Gruppe an jeder Flip-Chartstation war Würdigendes Wandern durch den Ideenwald: Prämierung der schrägsten Idee oder Prämierung der Gruppe mit den meisten Ideen	Bestimmung eines Moderators und eines Schreibers in den Gruppen
	Moderation eines World-Cafés und Präsentation der 3 Topstärken und der 3 Topschwächen bezogen auf das Gesamtunternehmen an den 6 Flipstationen	Max-Mix-6er-Gruppen gemäß vorbereiteter Gruppeneinteilung 6 Flip-Charts oder 6 Pinnwände
	World-Café: 15-minütiger Wechsel jeder Gruppe von einer Station zur nächsten Station mit der Aufgabe, Ideen zu sammeln	
	Moderation der konkreten Maßnahmenentwicklung	
	Maßnahmenentwicklung in den Max-Mix-6er-Gruppen jeweils zuständig für die Bearbeitung einer der 3 Topstärken oder einer der 3 Topschwächen nach den Vorgaben des Maßnahmenaktionsplans (siehe Übersicht 24)	Bestimmung eines Moderators und Schreibers in den Gruppen
	Mittag	
	Präsentation und Integration der erarbeiteten konkreten Maßnahmen in einem Maßnahmenaktionsplan.	Maßnahmenaktionsplan als riesengroße Packpapierwand des Raumes, Klebesticks, Geschäftsführung ist anwesend

Uhrzeit	Inhalt	Material
	Pause: Geschäftsführung stimmt die Freigabe der Maßnahmen zur Detailplanung und Umsetzung mit wenigen Entscheidern ab	
16.00	Bekanntgabe der Entscheidungen – Maßnahmenfreigabe durch Geschäftsführung, Würdigung und Feststellung der Zielerreichung, Ausblick auf den nächsten Tag	

Ergebnisse aus dem Brainstorming

Auch in diesem Unternehmen gab es sehr umfangreiche Stärken- und Schwächenlisten. Aus den 270 Dialogen zum Anerkennenden Erfahrungsaustausch konnten weit über 1 000 Stärken und mehr als 700 Schwächen ausgewertet werden. Im Folgenden wird beispielhaft an zwei Stärken, die eine hohe Zahl an Nennungen aufwiesen, dargestellt, welche vielfältigen Ideen die 36 Personen in Anlehnung an die Methode des World-Cafés und dem Wandern von Station zu Station entwickelt haben. Ausgewählt wurden hier von uns bewusst zum einen die Stärken »gutes, kollegiales Arbeitsklima« und »selbstständiges Arbeiten«. Diese Stärken gehörten im Rahmen der Auswertung zu den Topstärken in diesem Betrieb. Auch in anderen Unternehmen tauchten diese Stärken aus Sicht der Gesunden und Gesundeten regelmäßig auf den oberen Rängen der Stärkenlisten auf.

»Gutes, kollegiales Arbeitsklima« – Ideen aus dem Workshop zum Stärken der Stärken

- Vermitteln von Zusammengehörigkeit ist wichtig,
- nicht mit Lob sparen,
- Kollegen Hilfestellung leisten,
- offenes Ohr für die Bedürfnisse und Wünsche der Mitarbeiter haben,
- Kommunikation innerhalb der Belegschaft fördern,
- angemessenes Fordern und Fördern von Leistungen,
- Diskussionsforen schaffen,
- Auswahl der Arbeitsteams (Wer kann gut mit wem?),
- Teamarbeit fördern, indem zum Beispiel Aufgaben an Teams und nicht an Einzelpersonen übertragen werden,

- Urlaubsabsprache untereinander regeln (nicht durch den Disponenten)
- gemeinsame Pause (kurz),
- alternative Arbeits- und Ruheplätze in der Abteilung schaffen,
- gemeinsame Ausflüge,
- Unterstützung durch den Betrieb bei Aktivitäten der Abteilungen,
- Kollegen untereinander ansprechen, auch private Gespräche,
- gegenseitige Unterstützung (auch bei Problemen in anderen Arbeitsbereichen)
- auch nach Dienstschluss Zeit für den anderen haben,
- zusammen ein Bier trinken gehen,
- Vorgesetzte sind telefonisch erreichbar (privat und dienstlich),
- Weinfest, Weihnachtsmarkt,
- Jour fixe auch im Kleinen/im Team,
- alle Mitglieder eines Arbeitsteams sind gleichwertig,
- Teamschulungen,
- Aufgabe beschreiben,
- innere Organisation festlegen,
- Prioritäten festsetzen,
- Jour fixe vereinbaren,
- freundlich sein zu Mitarbeitern,
- jeder Mitarbeiter ist Teil des Teams,
- Kollegialität auch über den Tellerrand hinaus,
- gemeinsame Veranstaltungen außerhalb des Betriebs (Schiff, Grillplatz, Freizeitpark),
- Pflicht, »Guten Morgen« zu sagen,
- Namensschild an der Arbeitskleidung,
- Eigeninitiative entwickeln zur Umsetzung dieser Stärken,
- bereichsübergreifenden Teamgeist fördern.

»Selbstständiges Arbeiten« – Ideen aus dem Workshop zum Stärken der Stärken

- Verantwortlichkeiten definieren und abgrenzen,
- Zuständigkeiten definieren und abgrenzen,
- Ziele definieren und abgrenzen,
- zu eigenverantwortlichen Entscheidungen motivieren,
- Entscheidungs-/Verantwortungshierarchien respektieren und transparent machen,

- klares Organigramm erstellen,
- regelmäßiges Feedback,
- enge Akzeptanz durch regelmäßigen Dialog fördern,
- Lob – Anerkennung – Vertrauen bekunden (auch im Team und in Anwesenheit von Kollegen),
- Förderung der Eigeninitiative durch »kleine« Präsente wie zum Beispiel ein Buch,
- Dankschreiben für besondere Leistungen durch Vorgesetzte per Post nach Hause und ein positiver Vermerk in Personalakte,
- regelmäßig die Möglichkeit zur Äußerung von Ideen und Verbesserungsvorschlägen geben,
- »Fehler sind erlaubt!« Vorgesetzter steht hinter mir,
- Informationsfluss verbessern, auch abteilungsübergreifend,
- Zuständigkeit des Mitarbeiters beachten und respektieren,
- wer zuständig ist, entscheidet auch,
- Vorschläge der Beschäftigten zur Weiterentwicklung des eigenen Arbeitsbereichs werden aufgenommen,
- Einbindung der betroffenen Mitarbeiter in Entscheidungsprozesse,
- freie Zeiteinteilung,
- Mitarbeiter setzen eigenständig Schwerpunkte,
- Flexibilisierung der Arbeitszeit dort, wo es möglich ist,
- vollständige Arbeitsabläufe beschreiben,
- Arbeitsergebnisse zurückkoppeln,
- Fehler und Auswirkungen, Erfolge und Auswirkungen,
- Lob und Anerkennung gewähren,
- auch Fehler dürfen gemacht werden, denn aus Fehlern kann man lernen,
- Vorgesetzte dürfen auch Fehler machen – und sollen dazu stehen, dürfen sich entschuldigen,
- Prüfung, ob leistungsbezogenes Entgelt sinnvoll ist,
- Gleichbehandlung bei der Arbeitszeit (Beamte/Beschäftigte),
- Freiräume ergeben sich durch gute Arbeitsqualität! (betriebliche Info darüber ist sinnvoll),
- Übertragung dieser Stärken auf alle Mitarbeiter, die Verantwortung übernehmen und selbstständig arbeiten wollen und können.

Nach dem würdigenden Wandern der einzelnen Gruppen durch den Ideenwald wurde die Gruppe mit den meisten Ideen (Quantität vor Qualität) prämiert, und auch die schrägsten Ideen von anderen Gruppen wurden auf Zuruf gewürdigt. Sodann wurden die Teilnehmer gebeten, aus der Fülle der Ideen nun erste konkrete Maßnahmen zu entwickeln und aufzuschreiben. Als Unterstützung für diesen Prozess wurde an einer Wand ein großflächiger Aktionsplan nach dem Schema in Übersicht 24 abgebildet, der von den Arbeitsgruppen nun mit Inhalten zu füllen war.

Übersicht 24: Aktionsplan

Abteilung/ Bereich	Genannte Schwächen/ Stärken	Ziele	Maß- nahmen	Wer	Mit wem	Bis wann	Kosten	Sons- tiges
...	...	...	...	...	...	...	...	...
...	...	...	...	...	...	...	...	...

Die oben genannten beiden Stärkenbeispiele »Gutes, kollegiales Arbeitsklima« und »Selbstständiges Arbeiten« werden im Folgenden weiter bearbeitet. Aus Gründen der Übersichtlichkeit, aber auch der Anonymität werden hier lediglich drei Spalten des Aktionsplans (Übersicht 25) beschrieben: die genannte Stärke, das daraus abgeleitete Ziel und die daraus abgeleiteten Maßnahmen. Auf die Nennung der Abteilung/des Bereichs beziehungsweise die Spalten Wer – Mit wem – Bis wann – Kosten – Sonstiges wird hier verzichtet.

Wir haben auch in diesem Betrieb die Erfahrung gemacht, dass die Führungskräfte die Schwächen ihrer Organisation aus Sicht der Mitarbeiter überwiegend gut kennen. Die Erfahrung zeigt weiter, dass Führungskräfte es gewohnt sind, sich mit Schwächen und Problemen zu beschäftigen. Neu und völlig ungewohnt ist es für Führungskräfte hingegen, sich dezidiert mit den Stärken ihrer Organisation zu befassen, die sie durch die Dialoge des Anerkennenden Erfahrungsaustauschs nun auch ausführlich kennen lernen. Vor diesem Hintergrund konzentrieren wir uns in hier auf das Stärken von Stärken und vernachlässigen die Beschäftigung mit den Schwächen.

Ein wesentliches Ergebnis dieses intensiven Schlussfolgerungsworkshops war, dass die 36 Personen, die an diesen zwei Tagen zusammengekommen waren, im Feedback erklärten, dass

Übersicht 25: Vorschläge für Maßnahmen

Stärke	Ziele	Maßnahmen
Abwechslungsreiche Tätigkeit, vielfältiges Arbeiten, Arbeiten wird nicht langweilig	Erhalt beziehungsweise Ausbau der abwechslungsreichen Tätigkeit in der Wahrnehmung der Beschäftigten	• Individuelle Förderung der 17 Mitarbeiter, die diese Stärke im Anerkennenden Erfahrungsaustausch explizit genannt haben, hinsichtlich ihrer Tätigkeiten, zum Beispiel durch Veränderung des Aufgabenbereichs, Wahrnehmung anderer oder zusätzlicher Aufgaben sowie temporärer oder Projektaufgaben. • Alle Maßnahmen sind unter Einbeziehung und Zustimmung jedes einzelnen Mitarbeiters in einem persönlichen Vieraugengespräch abzustimmen.
Stärke	**Ziel**	**Maßnahmen**
Gutes Arbeitsklima, gute Kollegialität, guter Zusammenhalt, positives Klima	Erhalt und Ausbau des guten Arbeitsklimas	• Wissen, mit wem man es zu tun hat, deshalb Mitarbeiterfoto und Namensschild • Persönlichen Kontakt unter den Abteilungsleitern fördern bzw. herstellen, zum Beispiel durch monatliches Abteilungsleitertreffen • Vorstellen der Abteilungen (Aufgaben und Pflichten) • Information über aktuelle Abteilungsthemen und Notwendigkeiten unter Beachtung von: – Zeitvorgabe (maximal 2 Stunden) – Agenda – Protokoll (Ergebnis) – viermal pro Jahr

- sich die zwei Tage gemeinsames Nachdenken absolut gelohnt und Freude bereitet haben,
- es eine spürbar positive Großgruppendynamik gab (»man will Gutes tun«),

- es in den letzten 20 Jahren die erste Veranstaltung überhaupt war, bei der das ganze System (Führungskräfte aus allen Unternehmensbereichen) zwei Tage zusammen nachgedacht und gearbeitet hat.

Nicht verschwiegen werden soll aber auch, dass es trotz einer sehr gelungenen Veranstaltung nicht zu einer automatischen Nachhaltigkeit aller beschlossen Maßnahmen bei der Umsetzung in den nächsten Monaten gereicht hat. Es hat sich hier gezeigt, dass die überwiegende Mehrheit der Führungskräfte, die sich Zeit nehmen konnte und auch wollte, ihre Aufgaben erledigt hat. Bei einigen Führungskräften sind die vereinbarten Aufgaben aus diesen zwei Tagen jedoch – zumindest vorübergehend – im Betriebsalltag hängengeblieben.

b) Intensive Schlussfolgerungsphase – eine Projektgruppe als Teil des Systems

In einem weiteren mittelständischen Betrieb wurde der Anerkennende Erfahrungsaustausch als Pilotprojekt[27] an zwei kleineren Standorten mit insgesamt 70 Fahrern des öffentlichen Personennahverkehrs durchgeführt. Die beiden gesprächsführenden Betriebshofleiter berichteten, dass der Anerkennende Erfahrungsaustausch mit ihren Fahrern im Durchschnitt eineinhalb bis zwei Stunden andauerte. Im Rahmen der Auswertung wurden 98 Stärken und 104 Schwächen aus Sicht der Gruppe der Gesunden und Gesundeten ermittelt. Die Projektgruppe setzte sich aus Teilnehmern aus den Unternehmensbereichen Personal, Marketing, Soziales, Arbeitnehmervertretung, Controlling, Betriebshofleitung und der Arbeitnehmervertretung zusammen. Vereinbart wurde nach Auswertung der Gesprächsergebnisse und Präsentation der Ergebnisse vor dem Management, dass drei halbtägige Schlussfolgerungsworkshops zum Stärken der Stärken und Schwächen der Schwächen durchgeführt werden sollten.[28] Im Unterschied zum obigen betrieblichen Beispiel in Abschnitt a) wurde auf die Ideenfindung nach der Methode des World-Café verzichtet.[29] Stattdessen wurden quasi auf Zuruf zu den Topstärken und den Topschwächen Vorschläge für geeignete Maßnahmen notiert (vergleiche Übersicht 26). Weiterhin wurde ebenfalls festgehalten, welche Personen für die Umsetzung verantwortlich sind, welche weiteren Personen mit eingebunden werden müssen und ob die festgehaltenen Maßnahmen eher kurz-, mittel- oder langfristig zu realisieren sind.

Übersicht 26: Schema für Schlussfolgerungen

Genannte Schwächen/ Stärken	Vorschläge für Maßnahmen/Kommunikation	Wer, Wer noch	Umsetzung: kurz-, mittel-, langfristig

Auch hier konzentrieren wir uns auf die ermittelten Stärken des Unternehmens. Übersicht 27 zeigt die Topstärken mit den Maßnahmen, die in dieser Projektgruppe erarbeitet wurden.

Übersicht 27: Vorschläge für Maßnahmen zur Stärkung der Stärken

Stärke	Maßnahmen/Kommunikation
Positive Beziehung zur Arbeit	• *Typ Kommunikator:* Umgang/Kontakt mit Menschen, Traumberuf, Spaß bei der Arbeit, keine Probleme mit Fahrgästen, Kunden und Kollegen motivieren, gute Laune verbreiten, Menschen bewegen Menschen • *Typ Fahrkünstler:* Fahrtätigkeit, unterwegs sein, keine Bürotätigkeit mit Nacharbeiten, mit großem Fahrzeug problemlos und unfallfrei umgehen • *Typ Selbstständiger:* selbstständig; verantwortungsvoll; eigener Herr; Entscheidungen treffen; kein Chef im Nacken; Gestaltungsmöglichkeiten; stolz darauf, Fahrer zu sein; stolz auf die eigene Leistung[30] 1. Einsatz der Fahrer nach Linienwünschen – Wunschdienstplan 2. Fahrsicherheitstraining, zum Beispiel für den Typ »Fahrkünstler« 3. Diensteinteiler mit den drei Typen vertraut machen für eine verbesserte kurzfristige Einteilung 4. Faktor Arbeitsbeziehungen nun auch im Einstellungsverfahren berücksichtigen 5. Selbstbild des Fahrberufs im Sinne der Arbeitsbeziehungen stärken, sowohl in der internen als auch in der externen Kommunikation, zum Beispiel durch Interviews in Zeitungen (intern & extern), Plakate mit diesen Fahrern, angepasster, neuer Text in Stellenausschreibungen 6. Frühere Geschicklichkeitswettbewerbe wieder aufnehmen

Abwechslungsreiche Arbeit, anspruchsvolle Arbeit, Zufriedenheit der Fahrgäste, wichtige Arbeit, Pünktlichkeit, reibungsloser Betriebsablauf (trotz teilweiser Schwierigkeiten)	• zusätzliche Turnusvarianten anbieten, zum Beispiel 6-2 (sechs Tage Dienst, zwei Tage frei) • proaktiv Teilzeitmodelle als Lebensentwürfe verstärkt anbieten • Fahrdienst in der internen und externen Öffentlichkeit aufwerten (intern zum Beispiel das Bild des Konzentrationskünstlers, extern der Wochenablauf eines Fahrers) • im Organigramm des Unternehmens die Fahrer mitaufführen • in den internen Medien positive Kundenresonanzen verstärkt darstellen
Größe des Unternehmens, stolz auf großes Unternehmen, Seriosität des Arbeitgebers, erfolgreiches Unternehmen, Unternehmen geht neue Wege, stolz, Mitarbeiter zu sein und dieses Unternehmen zu repräsentieren, gutes Image des Unternehmens	• ausgewählte Fahrer für Image-Aktionen in der Öffentlichkeitsarbeit bewusst einsetzen • Interview mit der Gruppe dieser Fahrer veröffentlichen • Geschäftsberichte an interessierte Fahrer ausgeben
Betriebsklima ist gut, große Familie, gutes Klima auf dem Betriebshof, gute Kommunikation mit den Kollegen, nette Kollegen, Unterstützung durch Kollegen	• Bei Neueinstellung diese Fahrer gleichberechtigt mit in eine Findungskommission aufnehmen
Gute Fahrersitze, moderne Technik und Fahrzeuge, guter Werkstattservice	• Erstellung eines Info-Flyers, gerne anlassbezogen, um diese Stärken des Unternehmens erneut in die Wahrnehmung der Mitarbeiter zu rücken • Information in der Mitarbeiterzeitschrift über geplante technische Erneuerungen in den nächsten Jahren

Immer pünktlich Lohn, pünktlicher Zahltag, Gehalt ist immer pünktlich da, zuverlässig Geld am Monatsende	• Dankeschön-Unterschriftenaktion starten für die zuverlässige und tolle Dienstleistung der Kollegen in der Personalabrechnung
Kostenlose Dienstkleidung, Dienstkleidung wird auf Kosten des Arbeitgebers gereinigt, gute Auswahl der Dienstkleidung	• Überprüfen, ob zum Beispiel Verkäufer, Postboten oder Polizisten auch diese Vorteile bei ihren Uniformen genießen; gegebenenfalls in einem Artikel eine positive Bilanz für das eigene Unternehmen ziehen
Vergünstigung fürs Fitnessstudio, Freizeitraum, sehr gute Gesundheitsangebote, Thera-Bänder, viele Betriebssportangebote, Musik, Tanzen, Sommersprudel	• Zusammenstellung aller Gesundheitsangebote sowie sonstiger sozialer Aktivitäten in Form einer Broschüre und diese an alle Mitarbeiter per Post nach Hause schicken

Im Ergebnis waren die Mitglieder der Projektgruppe sehr zufrieden sowohl mit den gefundenen Maßnahmen als auch mit der Terminierung und der Bennenung der für die einzelnen Maßnahmen verantwortlichen Personen im Unternehmen. Die weitere Planung sah vor, dass die Projektgruppe die gefundenen Maßnahmen dem Vorstand, dem Management und der Arbeitnehmervertretung präsentiert.

c) Schlussfolgerungsphase »light«

Diese Form der Schlussfolgerungen in halbtägigen Workshops bietet sich für Kleinunternehmen oder kleinere Unternehmensabteilungen an. Nach einer Zusammenfassung der Auswertung der Stärken und Schwächen, die allen Beteiligten in schriftlicher Form vorliegen, werden nach Unternehmensbereichen oder Unterabteilungen zwei oder drei Topstärken und Topschwächen nebeneinander auf jeweils einen Flip-Chart geschrieben. Beschäftigte oder Führungskräfte aus diesen Bereichen stellen sich zu den Flip-Charts und schreiben ihre Anregungen zur Stärkung der Stärken und Reduzierung der Schwächen auf. Nach fünf bis zehn Minuten wechseln die Beteiligten die Stationen solange, bis alle wieder am Anfangs-Flip-Chart stehen. Nach einer Reflexionsphase zu den vielfältigen neuen Ideen und Vorschlägen werden die wichtigsten Vorschläge benannt und im Plenum besprochen. Anschließend nehmen die Beschäftigten aus den Unternehmensbereichen oder Unterabteilungen die Flip-Charts und die zusammenfassenden Auswertungsunterlagen zur Umsetzung von Maßnahmen oder zur weiteren Bearbeitung mit.

d) Selbstorganisierte Schlussfolgerungsphasen

Drei Betriebe haben auf eine selbstorganisierte Schlussfolgerungsphase gesetzt. Nach der ersten Durchführung des Anerkennenden Erfahrungsaustauschs wurden die gesammelten, gewichteten und gruppierten Stärken- und Schwächenlisten in der Regel einer größeren Steuerungsgruppe und/oder dem Management und der Arbeitnehmervertretung präsentiert. Eine hohe Zufriedenheit mit den Ergebnissen wurde uns berichtet. Beschlossen wurde regelmäßig, die Ergebnisse aus den Dialogen des Anerkennenden Erfahrungsaustauschs an die Dialogpartner zurückzumelden. Die Entscheider in den Unternehmen beschlossen auch, mit diesen Ergebnissen weiterzuarbeiten.

Gleichzeitig kam die Diskussion über die Schlussfolgerungen, die man aus den Ergebnissen ziehen könnte und sollte, ausnahmslos in diesen Betrieben ins Stocken. In einem Betrieb hat die Projektleitung nach einem halben Jahr nach Möglichkeiten und Anleihen aus anderen Projekten gesucht, um konkrete Maßnahmen aus den Ergebnissen zu entwickeln. In einem anderen Betrieb wurde im Rahmen einer monatlichen Managementregelrunde dieser Tagesordnungspunkt von einem Monat auf den anderen Monat geschoben. Heute lässt sich als Zwischenbilanz feststellen, dass interne Kräfte alleine nicht den Einstieg in einen organisierten Schlussfolgerungsworkshop schaffen. Vielmehr entsteht hier der Eindruck, dass nach wenigen Wochen beziehungsweise Monaten die weitere Bearbeitung der Ergebnisse aus dem Anerkennenden Erfahrungsaustausch im Betriebsalltag steckenbleibt.[31]

In der Praxis wurden die Maßnahmen beziehungsweise die Kommunikation von Maßnahmen in den drei Betrieben, die selbstorganisierte Schlussfolgerungsphasen vollzogen haben, wie folgt bewertet:

- »Nach dem Auswertungsworkshop hat es sehr lange gedauert, bis die vollständige Stärken- und Schwächenliste kam. Die Luft war raus.« – »Gar nicht, es ist nichts weiter gegangen.« – »Ich selbst habe die Gesprächsnotizen zusammen mit meinem Stellvertreter ausgewertet und diese Liste – wie vereinbart – an den Controller weitergeleitet. Danach ist nie wieder etwas passiert.«
- »Bestimmte Stärken und Schwächen habe ich in meiner Mappe behalten und für andere Gespräche verwendet. So hatte zum Beispiel einer meiner Mitarbeiter seit über acht Jahren keine Beschwerde, und das konnte ich ihm nun zeigen.«
- «Die Umsetzung beziehungsweise die Nichtumsetzung wurde in Form von Gruppengesprächen kommuniziert. Das ist allerdings erst nach Monaten geschehen. Die Reaktion der Mitarbeiter war sehr bescheiden.«
- »Keine Kommunikation, weil keine Umsetzung von Maßnahmen.«
- »Teilweise gab es schriftliche Berichte, die an gewisse Abteilungen weitergegeben wurden, aber nicht an alle.«
- »Rückmeldung an alle Betriebshofleitungen per Bericht, leider nur eine komprimierte Form für die Fahrer.«

2.6.3 Häufig gestellte Fragen aus Unternehmen

»Was bringt es, Stärken zu stärken? – Im Zentrum der betrieblichen Gesundheitsförderung steht das umfassende körperliche, geistige und soziale Wohlbefinden (im Sinne der Ottawa-Charta der WHO) der Mehrheit der Mitarbeiter bei der täglichen Arbeit. In diesem Sinne können und müssen sämtliche genannten Stärken aus Sicht der Gesunden und Gesundeten als Gesundheitsressourcen verstanden werden. Damit kann der alleinige Mythos »Arbeit macht krank« in heutigen Zeiten so nicht mehr stimmen und auch nicht alleine hilfreich sein. Offensichtlich erscheint die Mehrheit der Beschäftigten tagtäglich zur Arbeit. Und das aus gutem Grund, wie die Ergebnisse aus dem Anerkennenden Erfahrungsaustausch sehr gut belegen. Folglich sind Unternehmen gut beraten, vorhandene Stärken nach Möglichkeit beizubehalten, weil sie den Beschäftigten zugutekommen. Gesundheitsförderung im wahrsten Sinne des Wortes betreiben die Unternehmen, denen es gelingt, vorhandene Stärken in Form von konkreten, für die Beschäftigten spürbaren Maßnahmen zu verstärken.

Ein zweiter Aspekt, der sich wie ein roter Faden durch das Thema Anerkennung und Wertschätzung zieht, ist, dass Stärken einer Organisation zu den Selbstverständlichkeiten des Arbeitsalltags gehören. Hier aber fördert das Motto »Stärken stärken« den systematischen Blick auf bestehende Gesundheitsressourcen, wiederum ganz im Sinne der fünf Gleichungen.[32] Wie die Erfahrungen in Betrieben regelmäßig zeigen, sind wir es nicht gewohnt, überhaupt in Stärken zu denken. »Was tun wir, wenn wir Schwächen nicht verändern können?« – Es kommt darauf an. Man muss sich sicherlich zuerst ansehen, ob es sich bei den genannten Schwächen aus Sicht der Gesunden und Gesundeten um solche handelt, die sehr viele Nennungen aufweisen, also eine Bedeutung für eine Mehrzahl der Gesunden und Gesundeten haben, oder um viele einzelne Nennungen, also mit einer Bedeutung für wenige oder einzelne Personen. Handelt es sich um Schwächen, die aufgrund der Häufigkeit der Nennungen eine große Bedeutung aus Sicht der Gesunden und Gesundeten haben, werden diese Schwächen zwangsläufig mindestens eine ähnlich große Bedeutung für die Unternehmen haben. Schließlich haben wir mit dem Anerkennenden Erfahrungsaustausch sehr exklusiv eine – große – Gruppe der Beschäftigten systematisch im Fokus, die (noch) nicht oder nur sehr wenig in der Krankenstatistik auffällig ist. Im Sinne eines Frühwarnsystems sind die Unternehmen daher gut beraten, in diesen Fällen nicht darüber nachzudenken, *ob* sie bestimmte Schwächen positiv verändern oder gar abschaffen können, sondern *wie* dies zu bewerkstelligen ist.

Die Erfahrungen aus verschiedenen Betrieben zeigen aber auch, dass die Topstärken einer Organisation regelmäßig das ganze Unternehmen betreffen, die Topschwächen jedoch stark auf einzelne Abteilungen beziehungsweise Unternehmensbereiche abzielen. Insoweit darf man zuversichtlich sein, dass die Topschwächen, die benannt wurden, wohl nicht dazu führen, dass alle Mitarbeiter aus der Gruppe der Gesund(et)en demnächst im Krankenstand sein werden. Gleichzeitig haben wir im Rahmen der verschiedensten Maßnahmenworkshops gelernt, dass das Management sehr kreativ im Entwickeln von Möglichkeiten zur Verringerung von Schwächen und auch bereit ist, konkrete Maßnahmen umzusetzen.

Für den Fall, dass es nicht gelingt (möglicherweise in Einzelfällen auch nicht gewollt ist), Schwächen zu verringern, empfehlen wir, dies an alle Mitarbeiter zu kommunizieren. Auch die geeignete Kommunikation – idealerweise wiederum ein Vieraugendialog – ist eine gesundheitsförderliche Strategie, schon alleine weil bestimmte Erwartungen der Mitarbeiter zwar nicht unbedingt erfüllt werden, diese Menschen sich mit der Information aber nun neu dazu verhalten können. Zum Aspekt der Einzelnennungen gibt die folgende Antwort Auskunft.

»Was machen wir mit den vielen Einzelnennungen?« – Jeder Hinweis aus dem Anerkennenden Erfahrungsaustausch ist ausnahmslos wichtig und wertvoll. Mitarbeiter sind die internen Berater der Führungskräfte in Sachen Arbeit und Gesundheit im Unternehmen. Wir nehmen die Hinweise der internen Berater ernst und damit sind sie per se wichtig. In der Realität weisen die Stärken- und Schwächenlisten sowohl Stärken und Schwächen mit vielen Nennungen als auch solche mit eben nur einer Nennung auf, weil eine Person mit ihrer individuellen Wirklichkeit nur eine ganz spezifische Stärke oder Schwäche genannt hat.[33] Im Sinne des Ernstnehmens der einzelnen Hinweise und der damit verbundenen Idee der Gesundheitsförderung hat die Führungskraft den betroffenen Beschäftigten zu jedem einzelnen Hinweis eine persönliche (in der Regel zeitlich betrachtet eine eher kürzere) Rückmeldung zu geben. Von wem die vielen Einzelnennungen kommen, weiß die Führungskraft mit Blick auf die eigenen Dialognotizen, die bei der Führungskraft verwahrt sind und möglicherweise auch in Kopie beim Beschäftigten (der dann erst recht mit einer Antwort rechnet).

2.7 Weiterführung des Anerkennenden Erfahrungsaustauschs – vom Projekt zum Prozess

Überblick: Das Projekt »Einführung des Anerkennenden Erfahrungsaustauschs« ist erfolgreich abgeschlossen. Die in den Maßnahmenworkshops entwickelten Ideen zur Stärkung der Stärken sind zum Teil bereits umgesetzt. Ein anderer Teil der Ideen ist in Umsetzungsplänen festgehalten, die in näherer Zukunft abgearbeitet werden. Jetzt besteht die Gefahr, dass der Anerkennende Erfahrungsaustausch nicht fortgeführt wird.

Von den operativen Führungskräften wird vor allem immer wieder Zeitmangel als Grund angegeben, der ihnen Schwierigkeiten bereitet, ihrer neuen Führungsaufgabe nachzukommen, gesunde Dialoge mit ihren Mitarbeitern zu führen. Der Anerkennende Erfahrungsaustausch ist nicht strukturell verankert oder gestützt durch eine Betriebsvereinbarung, ein Kommunikationskonzept oder einen Platz in der Unternehmensstrategie.

Eine innerbetriebliche Wertediskussion führte in einem Unternehmen, in dem der Anerkennende Erfahrungsaustausch zwar eingeführt, dann aber zum Stillstand gekommen war, dazu, dass die Werte »Anerkennung« und »Wertschätzung« als wesentliche Bestandteile des neuen Unternehmensleitbildes im Zielsystem des Unternehmens verankert wurden.

Eine Neuausrichtung eines Unternehmens auf den Wettbewerb mit Einführung eines an dem EFQM-Modell ausgerichteten Managementsystems führte ebenfalls zu einer systematischen Verankerung der Gesunden Dialoge im Alltag der Führungskräfte und der Belegschaft. Die insbesondere an Geschäfts- und Managementprozessen orientierte Denk- und Handlungsweise integrierte die Gesunden Dialoge in die bestehende Prozesslandschaft.

»Das Wichtigste ist, dass es jetzt weitergeht und diese Gespräche fortgeführt werden. Ganz wichtig ist auch, dass die genannten Probleme und Stärken, die wir haben, bearbeitet und die Ergebnisse bekannt gemacht werden. Es darf nicht wieder geschehen, dass eine gute Sache im Sande verläuft und nichts weiter geschieht.« Diese Aussage eines Busfahrers steht stellvertretend für eine Vielzahl vergleichbarer Befürchtungen von Mitarbeitern des Unternehmens, mit denen der Anerkennende Erfahrungsaustausch durchgeführt wurde. Auch wenn die Schritte der Einführung des Anerkennenden Erfahrungsaustauschs, beispielsweise von der Zukunftswerkstatt über die Schulung der Führungskräfte, die erste Durchführung des Anerkennenden Erfahrungsaustauschs bis hin zum Umsetzungsworkshop, als Projektschritte bezeichnet werden können, sollten spätestens nach dem letzten Projektschritt Überlegungen angestellt werden, wie der Anerkennende Erfahrungsaustausch in der Organisation des Unternehmens strukturell verankert werden kann (vergleiche Abbildung 8). Nur durch ein regelmäßiges Monitoring über mehrere Jahre hinweg wird es gelingen, die Funktion »Frühwarnsystem« des Anerkennenden Erfahrungsaustausches zu nutzen. Über den regelmäßigen Abgleich der Einschätzungen der Gesunden und Gesundeten sind Veränderungen im Hinblick auf Stimmungen, Überforderungen und Gerüchte schon im Entstehen zu erkennen. Dies wiederum eröffnet dem Management vielfältige Handlungsmöglichkeiten im Sinne eines Risiko- und Chancenmanagements. Es kann nun die Ursachen für gute oder schlechte Stimmungen näher ergründen und Strategien entwickeln, diese zu verstärken oder zu eliminieren. Überforderungen können vermieden und Gerüchten kann mittels möglicherweise in der Vergangenheit versäumter und jetzt nachzuliefernder Informationen und offener Kommunikation entgegengewirkt werden. Eine strukturelle Verankerung von Anerkennung und Wertschätzung erhöht deren Wertigkeit sowie die Glaubwürdigkeit des Managements.

Abbildung 8: Von der Projekteinführung zum stetigen Prozess

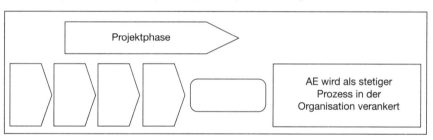

In einem Unternehmen der Personennahverkehrsbranche mit einer operativen Führungsspanne von eins zu 90 im Fahrbetrieb wurde der Anerkennende Erfahrungsaustausch bereits im Jahr 2003 eingeführt. Es gab zu diesem Zeitpunkt noch kein Konzept für eine umfassende Gesprächsstrategie, es wurden jedoch mehr oder weniger systematisch eine Reihe von Gesprächstypen gepflegt: Die operativen Führungskräfte führten beispielsweise regelmäßig Beurteilungsgespräche. Dies war darin begründet, dass in einer Betriebsvereinbarung geregelt war, dass dies innerhalb eines Zeitraums von zwei Jahren mit jedem Beschäftigten zu geschehen habe und das Beurteilungsergebnis als Grundlage für die Auszahlung einer Leistungsprämie diente.

Ferner führten die operativen Führungskräfte regelmäßig und systematisch Fehlzeiten- und Rückkehrgespräche mit ihren Mitarbeitern. Bei den Führungskräften herrschte überwiegend eine an Problemen und Störungen orientierte Sichtweise vor, die die für notwendig erachteten Handlungen bestimmte. So wurden dann auch Kritikgespräche sowie Gespräche mit Er- oder Abmahnungscharakter konsequent geführt und die Gesprächsinhalte und -ergebnisse dokumentiert.

Die Einführung des Anerkennenden Erfahrungsaustauschs erfolgte klassisch mit der Durchführung einer Zukunftswerkstatt und der Schulung der operativen Führungskräfte. Die Durchführung der ersten wertschätzenden und anerkennenden Dialoge erfolgte jedoch erst mit einer zeitlichen Verzögerung von mehreren Monaten. Erst auf Drängen des Personalleiters hin begannen die fünf operativen Führungskräfte, in den folgenden acht Monaten die Dialoge systematisch durchzuführen und die Ergebnisse zu dokumentieren und auszuwerten. Dann unterließen die operativen Führungskräfte die Dialoge jedoch nach und nach, und der Anerkennende Erfahrungsaustausch kam zum Stillstand. Das Projekt »Einführung des Anerkennenden Erfahrungsaustauschs« endete nach erstmaliger Durchführung der Gespräche zwischen Führungskräften und Mitarbeitern des Fahrdienstes.

Als Ursachen für diesen Stillstand konnten im Nachhinein folgende Umstände identifiziert werden:

- Die Vorgesetzten der mit dem Anerkennenden Erfahrungsaustausch betrauten operativen Führungskräfte wechselten innerhalb von fünf Jahren zweimal. Der jeweilige Vorgesetzte hatte andere, nämlich problemorientierte Handlungsschwerpunkte und kein umfassendes Verständnis vom Anerkennenden Erfahrungsaustausch.
- Die operativen Führungskräfte, deren Anzahl im Verlauf der Jahre von 2001 bis 2005 von fünf auf vier reduziert wurde, sahen sich wechselnden Anforderungen und (Des-)Orientierungen ausgesetzt. Einerseits wurde die für Gespräche zur Verfügung stehende Zeit als zu knapp empfunden. Andererseits war die Weiterführung des Anerkennenden Erfahrungsaustauschs kein Kriterium zur Bemessung der Leistungsergebnisse der operativen Führungskräfte.
- Der Anerkennende Erfahrungsaustausch wurde zwar in dem von der Anzahl der Mitarbeiter her größten Unternehmensbereich durchgeführt. Jedoch war der Anerkennende Erfahrungsaustausch nicht

unternehmensweit installiert und fand bis dahin lediglich auf der dritten – und untersten – Hierarchiestufe statt.
- Es gab für die Fortführung der Dialoge zum Anerkennenden Erfahrungsaustausch keine breite und feste strukturelle Verankerung in einem Zielsystem, in einem Prozessmanagement oder in einer Unternehmensstrategie.
- Die Einführung des Anerkennenden Erfahrungsaustauschs hatte in der Wahrnehmung der Führungskräfte offensichtlich den Charakter eines Projektes mit der für Projekte typischen Eigenschaft: der Endlichkeit.

2.7.1 Unternehmensleitbilder als Mittel zur Verankerung des Anerkennenden Erfahrungsaustauschs

Veränderungen beinhalten Chancen: Im Zuge einer geplanten und mittlerweile vollzogenen Fusion des oben beschriebenen Verkehrsunternehmens mit einem anderen Verkehrsunternehmen in der Region hat die Konzernleitung ein Projekt mit dem Titel »zusammenWachsen« initiiert. Folgende Ziele wurden für dieses Projekt formuliert:

- Erhöhung der Identifikation aller Beschäftigen mit dem Gesamtunternehmen,
- Entwicklung eines gemeinsamen Selbstverständnisses und für diesen Zweck
- Formulierung klarer, gemeinsamer Unternehmensziele und die Umsetzung gemeinsamer Strategien,
- Erreichung einer guten Kommunikationskultur innerhalb der Führung und des gesamten Unternehmens sowie
- Gestaltung von hochwertigen Geschäfts- und Managementprozessen und ständige Verbesserung dieser Prozesse,
- Entwicklung eines gemeinsamen Leitbilds, das von allen Mitarbeitern getragen und gelebt wird.

Die in einem Leitbild festgehaltenen Werte klären das Einvernehmen und die Erwartungen, die das Verhalten der Belegschaft aller Ebenen des Unternehmens widerspiegeln und auf denen alle internen und externen Beziehungen beruhen. Ein Leitbild hat eine Motivationsfunktion. Es stellt eine anspruchsvolle und herausfordernde, aber auch konsensfähige Zielvorstellung dar. Es hat ferner eine Legitimationsfunktion: Die verschiedenen internen und externen Interessengruppen werden über die die Handlungen leitenden Grundsätze aufgeklärt. Zugleich werden diese Grundsätze begründet. Ein Leitbild hat ebenso eine Orientierungsfunktion für die gesamte Belegschaft. Es liefert Regeln für die unterschiedlichsten Bereiche – auch für die Beziehungen zwischen Unternehmen und Personal.

Wenn ein Leitbild den Charakter einer Unternehmensverfassung hat, ist es ein Werkzeug, das die Entwicklung eines Unternehmens und in diesem Fall die Beziehungen zwischen Führungskräften und Mitarbeiterinnen und Mitarbeitern positiv vorantreiben kann.

Zwecks Erarbeitung eines gemeinsamen Leitbilds führte die Projektgruppe zunächst Workshops mit allen Führungskräften und anschließend in Gruppen von jeweils zehn Personen Workshops mit Mitarbeitern sowie Betriebsräten durch. Das Ziel dieser ersten Veranstaltungen war es, gemeinsame Werte der Beteiligten zu identifizieren und die Anwesenden darauf zu vereinen und zu verpflichten. Zum Erstaunen der beteiligten Führungskräfte und Mitarbeiter waren Anerkennung und Wertschätzung, die von allen Gruppen – auch und insbesondere der Gruppe der Führungskräfte – am häufigsten genannten und am intensivsten diskutierten Werte. In der weiteren Rangfolge erschienen sodann Wertbegriffe wie Vertrauen, Professionalität in den Geschäfts- und Managementprozessen, Innovationsvermögen, offene und gute Kommunikation, Ressourcenorientierung und Fehlertoleranz, Gesundheit, Individualität, Erfolg und Gewinn.

Im Rahmen weiterer Workshops mit Führungskräften wurden diese und andere Werte in die zu formulierenden Leitsätze übernommen. Im weiteren Verlauf wurden die jeweiligen Zwischenergebnisse und schließlich das endgültige Leitbild des fusionierten Unternehmens kommuniziert und verabschiedet als verbindlicher Leitfaden für das Handeln aller Beschäftigten des fusionierten Unternehmens.

Damit dieses Leitbild nicht das Schicksal anderer Leitbilder ereilte und es als Papiertiger in den Schubladen schlummerte, erarbeiteten die Führungskräfte umgehend Konzepte zur Umsetzung der Leitsätze und führten diese durch.

Nachfolgend nennen wir beispielhaft die Leitsätze aus dem Leitbild des hier betrachteten Unternehmens, die für eine Weiterführung des Anerkennenden Erfahrungsaustauschs und seine strukturelle Verankerung in der Organisation von besonderer Bedeutung sind:

a) Die Führungskräfte anerkennen und wertschätzen die Beschäftigten und deren Leistungen und unterstützen sie in deren Entwicklung und Zielerreichung.
b) Wir binden alle Beschäftigten in die Entwicklung unseres Unternehmens ein.
c) Die Führungskräfte fördern Vertrauen und (...) ermöglichen so eine fruchtbare Zusammenarbeit.
d) Wir gestalten, managen und verbessern unsere Prozesse und externen und internen Dienstleistungen. Nur so können wir den Kunden (...) und den Beschäftigten langfristig gerecht werden.
e) Wir erwerben, vermehren und nutzen unser Wissen systematisch. Dazu tauschen wir auch innerhalb unseres Unternehmens Wissen aus.
f) Unsere Beschäftigten und ihr Wissen sind unsere wichtigste Ressource. Auch deshalb ist uns die Gesundheit der Beschäftigten wichtig, und wir bieten ihnen eine ganzheitliche, umfangreiche Gesundheitsförderung an.
g) Alle Führungskräfte handeln als Vorbilder im Sinne unseres Leitbilds.

Mit der Formulierung dieser (und anderer) Leitsätze und der Verpflichtung aller Beschäftigten und insbesondere der Führungskräfte, nach diesen Leitsätzen zu handeln, war bereits ein Teil der angestrebten Verankerung in der Organisation erledigt. Zum Zwecke der Umsetzung der in den Leitsätzen formulierten Absichtserklärungen wurden Umsetzungsworkshops mit Führungskräften und Betriebsräten durchgeführt, in denen Handlungspläne für die vielen umzusetzenden Aktivitäten erarbeitet wurden. Für die Umsetzung komplexerer Themen wurden Konzepte erstellt, mit den Beteiligten diskutiert und verabschiedet. Mit dieser Vorgehensweise wurde eine transparente, systematische und unternehmensweit gleichartige Umsetzung gesichert. So verfügen die Führungskräfte heute über ein Gesamtkonzept und damit über definierte Vorgehensweisen für Dialoge mit Mitarbeitern, die im Kern aus dem Anerkennenden Erfahrungsaustausch, Stabilisierungs-, Arbeitsbewältigungs- und Fehlzeitengesprächen bestehen. Das Konzept wird ergänzt durch Konzepte zu Zielvereinbarungs-, Beurteilungs- und Fördergesprächen.

Ferner wird ein Konzept zum Thema Wissensmanagement erarbeitet, welches helfen wird, das mittels der Gespräche im Rahmen des Anerkennenden Erfahrungsaustauschs zutage kommende Erfahrungswissen der Mitarbeiter systematisch zu nutzen und zu verbreiten.

2.7.2 Prozessmanagement als Mittel zur Verankerung des Anerkennenden Erfahrungsaustauschs

Im Zusammenhang mit dem Ziel des Unternehmens, hochwertige Geschäfts- und Managementprozesse zu gestalten und diese ständig zu verbessern, hat sich die Unternehmensleitung entschlossen, sich bei der Neuorganisation der fusionierten Unternehmen an dem Managementmodell der European Foundation for Quality Management (EFQM) zu orientieren. Mit dieser Entscheidung wurde eine Verankerung des Anerkennenden Erfahrungsaustauschs in das Führungssystem nahezu zwangsläufig gesichert.

Das Grundschema des EFQM-Modells basiert auf den drei fundamentalen Säulen von Total Quality Management: der gleichzeitigen Betrachtung von Menschen, Prozessen und Ergebnissen. Die Anwender des EFQM-Modells wollen durch die Einbindung aller Mitarbeiter (Menschen) in einen kontinuierlichen Verbesserungsprozess bessere Ergebnisse erzielen.

Das EFQM-Modell

In Anwendung dieses Grundsatzes kommt es also darauf an, Mitarbeiter so in die Geschäfts- und Managementprozesse einzubinden, dass das Unternehmen seine Ergebniserzielung verbessern kann. Das führt zu dem Gesamtaufbau des Modells mit seinen neun Kriterien, die den Komplettumfang des Modells ergeben (siehe Abbildung 9).

Die drei Hauptsäulen in den senkrechten Kästen – Führung, Prozesse, Schlüsselergebnisse – bilden die Grundbestandteile des Modells. Die jeweils dazwischenliegenden waagerechten Kästen geben an, mit welchen Mitteln die Umsetzung des Modells erreicht werden soll und welche Zwischenergebnisse dafür erzielt werden müssen. Das Modell erklärt, dass Kundenzufriedenheit, Mitarbeiterzufriedenheit und der Einfluss auf die Gesellschaft erreicht werden durch Führung mithilfe von Politik und Strategie, Mitarbeiterorientierung sowie Management von Ressourcen. Dies

Abbildung 9: Das EFQM-Modell

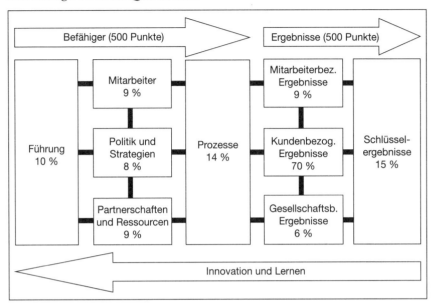

führt schließlich mithilfe geeigneter Geschäfts- und Managementprozesse zu den angestrebten Unternehmensergebnissen.

Das Modell ist in zwei große Abschnitte eingeteilt. Die Befähiger und Ergebnisse machen in der Bewertung des Gesamtmodells jeweils die Hälfte aus. Es ist eine der grundlegenden Erkenntnisse des EFQM-Modells, dass es nicht ausreicht, Ergebnisse zu managen, sondern dass es erforderlich ist, die Vorgehensweise dazu einzubeziehen. Deshalb wird auch die Hälfte der Gewichtung auf die Vorgehensweise gelegt, obwohl es Ergebnisse sind, die schließlich erreicht werden sollen. Mit den Ergebnissen wird definiert, was das Unternehmen erreicht hat oder erreichen will, mit den Befähigern, wie es dabei vorgehen will und mit welchen Mitteln und Wegen es die Ergebnisse erarbeiten will.

Eine weitere Differenzierung erfolgt durch die relative Gewichtung der einzelnen Kriterien, wie sie in Prozentzahlen dargestellt sind. Die Prozentzahlen ergeben zusammen 100 Prozent und geben somit den relativen Anteil des Einzelkriteriums am Gesamtmodell an. Diese Gewichtung wurde mit Schaffung des Modells von den Gründerfirmen als für den Unternehmenserfolg wichtig angesehen und ist seit der ersten Fassung des EFQM-Modells unverändert geblieben.

Die Ergebniskriterien

Mit 20 Prozent hat das Kriterium »Kunden« die höchste Einzelgewichtung. Dies ist in der Struktur des Modells begründet: Kundenzufriedenheit wird als das bestgeeignete Instrumentarium zur Erreichung von Unternehmensergebnissen angesehen. Gemeint ist hier die langfristige Kundenzufriedenheit, das heißt, dass der Kunde langfristig an das Unternehmen gebunden bleibt und nicht nur mit dem Produkt, sondern auch mit allen Dienstleistungen und dem Verhalten des Unternehmens zufrieden ist.

Diese Denklinie wird fortgesetzt, indem Kundenzufriedenheit in hohem Maße von der Haltung der Mitarbeiter abgeleitet wird, die deshalb mit 9 Prozent am Gesamtmodell angesetzt werden. Im Zeitalter des globalen Austausches von Technik und Arbeitsweisen spielen diese Gesichtspunkte eine eher untergeordnete Rolle im Vergleich zur Zufriedenheit der Mitarbeiter, die vom Unternehmen immer wieder herbeigeführt werden muss. Da auch immer mehr Produkte dienstleistungsabhängig sind, das heißt direkt vom Verhalten der Mitarbeiter abhängig, wird dieser Aspekt als eigenes Kriterium behandelt.

Kein Unternehmen kann es sich mehr leisten, trotz guter Produkte oder Dienstleistungen gesellschaftlich nicht seine Verantwortung bezüglich Umwelt oder sozialen Verhaltens wahrzunehmen. Ein Unternehmen, das ein schlechtes Image hat, wird es langfristig schwerer haben, seine Produkte und Dienstleistungen zu vertreiben, als ein Unternehmen mit gleich guten Produkten und Dienstleistungen und besserem Umweltimage.

Bei den Ergebnissen werden tatsächliche Zahlen finanzieller und nicht finanzieller Art bewertet und damit die Qualität der Ergebnisse. Insbesondere sollen positive Trends aus den Ergebnissen abgelesen werden können.

Die Befähigerkriterien

Der Begriff »Befähiger« ist nicht ohne weiteres verständlich. Man könnte ihn auch durch »Potenzialfaktoren« oder »Vorgehensweisen« ersetzen. Es handelt sich um Vorgänge, um Prozesse. Das gewichtigste Befähigerkriterium wird somit auch »Prozesse« genannt und hat ein Gewicht beziehungsweise relativen Anteil am Gesamtmodell von 14 Prozent.

Prozesse werden von Menschen gestaltet, betrieben und verbessert. Die

Mitarbeiter werden deshalb als wichtiges Kriterium mit einem relativen Anteil von 9 Prozent angesehen. Im Gegensatz zu den Ergebnissen, die Informationen über die Vergangenheit wie beispielsweise Zahlen zum Umsatz, Gewinn- und Verlustrechnung, Kennzahlen und Bilanz liefern, sind Prozesse an der Gegenwart und der Zukunft orientiert. Sie liefern somit Informationen über laufende Entwicklungen im Unternehmen und auf dem Markt. Sie zeigen sich verändernde Stärken und Schwächen der Prozesse und des Unternehmens, Verbesserungspotenziale und Veränderungen in der Kunden- und Mitarbeiterzufriedenheit auf.

Das Kriterium »Partnerschaften und Ressourcen« hat ein Gewicht von 9 Prozent. Um die anstehenden Aufgaben durchführen zu können, ist es wichtig, dass die erforderlichen Mittel zur Verfügung gestellt werden. Partner wie beispielsweise Kooperationspartner und Lieferanten können ebenfalls entscheidende Rollen im Betriebsgeschehen spielen.

»Politik und Strategie« mit einem Anteil von 8 Prozent können als Durchführungsregel und Durchführungsplan des Führungsverhaltens angesehen werden. Dabei ist es von großer Bedeutung, ob und wie das Gesamtunternehmen einbezogen und erreicht wird.

Der übergeordnete Aspekt »Führung« mit einem relativen Anteil von 10 Prozent deutet die Wichtigkeit einer allgemeinen Orientierung durch die Führung im Unternehmen an. Sie hat direkten Einfluss auf alle anderen Kriterien.

Befähiger(Unter-)kriterien

Jedes der oben skizzierten neun Kriterien ist in mehrere Unterkriterien aufgeteilt. In Übersicht 28 (zweite Spalte) ist eine Auswahl der Befähiger- und Ergebniskriterien bezüglich ihrer gesundheitsrelevanten Beziehungen benannt. In der dritten Spalte werden die Gesundheitsfragen erläutert. In der vierten Spalte steht »G« für »große Gesundheitsrelevanz« und »g« für »kleinere Gesundheitsrelevanz«.

Die gesundheitsrelevanten Kriterien sind operationalisierbar und damit systematisch in das EFQM-System integrierbar. Eine systematische Umsetzung verlangt das Vorhandensein eines Konzepts, einer beschriebenen Vorgehensweise, die dabei unterstützt und sicherstellt, dass die Prozesse zielorientiert (kundenorientiert) verlaufen. Die neue Gesprächsstrategie mit einer ressourcen- und stärkenorientierten Gesundheitskommunikation mit dem Schwerpunkt Anerkennender Erfahrungsaustausch erfüllt diese Anforderungen weitgehend. Weitere integrierbare Vorgehensweisen sind auch Gesundheitsberichte von Krankenkassen, Präventivdiensten oder aus dem Personalmanagement sowie die Durchführung von qualitativen Interviews, Erfahrungszirkeln oder Großgruppenevents.

»Führungskräfte haben eine klare Ausrichtung ihrer Organisation und kommunizieren diese. Auf diese Weise überzeugen sie andere Führungskräfte und motivieren sie, ihre Mitarbeiter für die Ziele zu gewinnen. (...) Sie führen durch glaubhaft vorgelebtes Vorbild, sie zollen ihren Interessengruppen (Mitarbeiter und Mitarbeiterinnen) Anerkennung und arbeiten mit ihnen in gemeinsamen Verbesserungsprojekten zusammen.«[34]

Übersicht 28: Gesundheitsrelevanz der Führungskritierien

Führung (100 Punkte, 6 mal 16,67 Punkte)			
EFQM-Kriterien		Kommentar und Gesundheitsrelevanz	
Sichtbares Engagement bei der Führung bezüglich umfassender Qualität	Mit der Belegschaft kommunizieren	Führung und Kommunikation haben große Auswirkungen auf den Gesundheitsstatus (z. B. Vorgesetzte nehmen Krankenstand mit – positiv wie negativ)	G
	Sich als Vorbild verhalten und durch Beispiel führen		g
	Für Mitarbeiter zugänglich und Mitarbeiter anhören		G
	Andere schulen und sich selbst schulen lassen		g
Eine beständige umfassende Qualitätskultur	Engagement für umfassende Qualität		
	Mitwirkung bei der Beurteilung des umfassenden Qualitätsbewusststeins		
	Mitwirkung an der Kontrolle des Fortschritts bezüglich umfassender Qualität		

Führung (100 Punkte, 6 mal 16,67 Punkte)			
EFQM-Kriterien		Kommentar und Gesundheitsrelevanz	
	Berücksichtigung des Engagements und der Leistungen auf dem Gebiet der umfassenden Qualität bei der Beurteilung und Beförderung von MA auf allen Ebenen		
Rechtzeitiges Anerkennen und Würdigen der Anstrengungen und Erfolge von Einzelpersonen und Teams	Auf lokaler Ebene, Abteilungs- oder Gruppenebene	Anerkennung ist die zentrale Gesundheitsressource insbesondere für älteres Personal	G
	Auf Geschäftsbereichsebene		G
	Auf Unternehmensebene		G
	Von Gruppen außerhalb des Unternehmens bzw. von Lieferanten und Kunden		
Förderung von TQ durch Bereitstellung geeigneter Ressourcen und Unterstützung	Mitwirkung bei der Festlegung von Prioritäten für Verbesserungsmaßnahmen		
	Finanzierungs-, Schulungs-, Moderations- und Verbesserungsaktivitäten	Qualifizierung/Kompetenz als Gesundheitsressourcen	g
	Aktive Unterstützung derjenigen, die Qualitätsinitiativen ergreifen		
	Freistellung von Mitarbeitern für die Teilnahme von TQ-Aktivitäten		

Führung (100 Punkte, 6 mal 16,67 Punkte)			
EFQM-Kriterien		Kommentar und Gesundheitsrelevanz	
	Partnerschaftliche Beziehungen mit Kunden und Lieferanten anzuknüpfen und daran mitzuwirken		
	Gemeinsame Verbesserungsteams mit Kunden und Lieferanten zu bilden und daran mitzuwirken	Aktive Beeinflussung der Kundenkommunikation	g

»Die systematische Umsetzung von Politik, Strategien, operativen Zielen und Planungen der Organisation wird durch ein klar strukturiertes und integriertes Netzwerk von Prozessen sichergestellt und bewerkstelligt. Diese Prozesse werden im Tagesgeschäft effektiv umgesetzt, gemanagt und laufend verbessert. Entscheidungen beruhen auf faktenbasierten, verlässlichen Informationen, die sich (...) auf Bedürfnisse, Erwartungen und Erfahrungen der Interessengruppen (...) beziehen.«[35]

Übersicht 29: Gesundheitsrelevanz von Politik und Strategie

Politik und Strategie (80 Punkte, 5 mal 16 Punkte)			
EFQM-Kriterien		Kommentar und Gesundheitsrelevanz	
Wie beruhen Politik und Strategie auf dem Konzept der umfassenden Qualität? Ausdruck in:	den Werten		
	dem Leitbild		
	den Aussagen zum Unternehmenszweck		
	den Aussagen zur Strategie des Unternehmens		

Politik und Strategie (80 Punkte, 5 mal 16 Punkte)			
EFQM-Kriterien		Kommentar und Gesundheitsrelevanz	
Wie werden Politik und Strategie aufgrund von Informationen festgelegt, die für umfassende Qualität relevant sind? Nutzung von:	Feedback von Kunden und Lieferanten		
	Feedback von MA	Werden Mitarbeiter ernst genommen bzw. wird Erfahrungswissen genutzt?	G
	Daten über die Leistung von Konkurrenten und der »klassenbesten Unternehmen«		
	Daten über gesellschaftliche, ordnungspolitische und rechtliche Belange		
	geeigneten wirtschaftlichen Indikatoren		
Wie bilden Politik und Strategie die Grundlage von Unternehmensplänen?	Wie werden Unternehmenspläne innerhalb der Unternehmenspolitik und -strategie getestet, bewertet, verbessert, ausgerichtet und nach Prioritäten geordnet?		
Wie werden Politik und Strategie bekannt gemacht?	Einsatz von Treffen und anderen persönlichen Kommunikationsmitteln		g
	Rundschreiben, Plakate, Videos und andere Medien		

Handreichungen aus der Praxis | **147**

Politik und Strategie (80 Punkte, 5 mal 16 Punkte)			
EFQM-Kriterien		Kommentar und Gesundheitsrelevanz	
	Planung und Priorisierung von Mitteilungen über die Unternehmenspolitik		
	Kenntnis der Unternehmenspolitik und -strategie seitens der MA	Voraussetzung für Identifikation und Vertrauen	g
Wie werden Politik und Strategie regelmäßig überprüft und verbessert?	Wie erfolgt Bewertung der Wirksamkeit und Relevanz der Politik und Strategie?		
	Wie überarbeitet und verbessert das Unternehmen seine Politik und Strategie?		

»Die persönliche Entwicklung wird gefördert und unterstützt und schafft so für den Einzelnen die Möglichkeit, sein persönliches Potenzial voll auszuschöpfen und einzubringen. Sie (die Führungskräfte) versetzen ihre Mitarbeiter in die Lage, sich an erforderliche Veränderungen hinsichtlich der Tätigkeit oder der persönlichen Fähigkeiten anzupassen und sie umzusetzen. Sie erkennen die wachsende Bedeutung des intellektuellen Kapitals in ihren Mitarbeitern und nutzen das Wissen der Mitarbeiter zum Vorteil der Organisation. Sie bemühen sich um Absicherung, Belohnung und Anerkennung ihrer Mitarbeiter in einer Form, die Verpflichtung schafft und ihre Loyalität zur Organisation weiter ausbaut. Durch die Schaffung von gemeinsamen Werten, einer Kultur des Vertrauens und der Offenheit sowie durch die Unterstützung von Eigeninitiative maximieren sie das Potenzial und die aktive Einbindung der Mitarbeiter. Sie nutzen diese Beteiligung, um Verbesserungsideen zu generieren und sie umzusetzen.«[36]

Das Management verspricht sich von dieser Vorgehensweise unter anderem eine gemeinsame Verantwortungsübernahme für die Zielsetzungen und operativen Ziele der Organisation. Ferner werden damit eine kontinuierliche Verbesserung der Fähigkeiten und Leistungen der Belegschaft, erschlossene Potenziale, stetiges Lernen und Innovation angestrebt beziehungsweise gesichert. Innovative Organisationen lernen ständig von ihren eigenen Aktivitäten und Ergebnissen. Zum Zwecke der Maximierung der Lerneffekte innerhalb des Unternehmens greift das Management das Erfahrungswissen der Mitarbeiter systematisch auf und gibt es weiter.

Übersicht 30: Gesundheitsrelevanz der Mitarbeiterführung

Mitarbeiterführung (90 Punkte, 5 mal 18 Punkte)			
EFQM-Kriterien		Kommentar und Gesundheitsrelevanz	
Wie wird eine ständige Verbesserung der MA-Führung erzielt?	Wie wird Mitarbeiterführung überprüft und verbessert?	Die genannten Kriterien haben generell (sehr) viel mit Gesundheit/Krankheit/ Abwesenheit (auch bei Anwesenheit) zu tun. Insbesondere: – Anerkennung – Qualifizierung – Kommunikation – Information – Kooperation – Handlungsspielraum – Führungsstil – (teil-)autonome Gruppenarbeit	G
	Wie unterstützt der strategische Personalplan die Unternehmenspolitik und -strategie?		g
	Wie werden Umfragen über die Mitarbeiterzufriedenheit lanciert und die Daten verwendet?		G
Wie werden die Kenntnisse und Fähigkeiten der Mitarbeiter bei der Einstellung, Schulung und Karriereplanung aufrechterhalten und weiterentwickelt?	Wie werden die Kenntnisse von MA eingestuft und mit Anforderungen des Unternehmens verglichen?		G
	Wie werden Einstellungen und Beförderungen geplant?		G

Mitarbeiterführung (90 Punkte, 5 mal 18 Punkte)			
EFQM-Kriterien		Kommentar und Gesundheitsrelevanz	
	Wie werden Ausbildungspläne ausgearbeitet und realisiert?		G
	Wie wird die Wirksamkeit der Ausbildung überprüft?		G
	Wie erfolgt die Entfaltung der MA durch Teamarbeit?		G
	Wie werden die Fähigkeiten der einzelnen MA durch Teamarbeit verbessert?		G
Wie vereinbaren MA und Teams Ziele, und wie überprüfen sie ständig den Fortschritt?	Wie werden Ziele für einzelne Mitarbeiter und Teams in Übereinstimmung mit den Unternehmenszielen gebracht und vereinbart?		G
	Wie werden diese Mitarbeiter-/Teamziele überprüft und aktualisiert?		g
	Wie werden MA bewertet, und welche Unterstützung erfahren sie?		G
Wie die Beteiligung aller MA an der ständigen Verbesserung gefördert wird und wie sie autorisiert werden zu handeln	Wie tragen einzelne MA und Teams zur Qualitätsverbesserung bei?		–

Mitarbeiterführung (90 Punkte, 5 mal 18 Punkte)		
EFQM-Kriterien		Kommentar und Gesundheitsrelevanz
	Wie werden hausinterne Konferenzen und Tagungen dazu genutzt, die Mitarbeiter zum Engagement und zur kontinuierlichen Verbesserung zu ermutigen?	g
	Wie werden MA autorisiert zu handeln, und wie wird die Wirksamkeit bewertet?	G
Wie eine wirksame Kommunikation von oben nach unten und umgekehrt erzielt wird	Wie erhält das Unternehmen Informationen von seinen MA?	G
	Wie informiert das Unternehmen seine Mitarbeiter?	G
	Wie werden die Kommunikationsbedürfnisse des Unternehmens identifiziert?	g
	Wie wird die Wirksamkeit der Kommunikation bewertet und verbessert?	g

Management mittels Prozessen und Fakten bedeutet, das Unternehmen durch ein Netzwerk untereinander abhängiger und miteinander verbundener Systeme, Prozesse und Fakten zu steuern. Auf der Basis von verlässlichen Kennzahlen und Erfahrungen werden Risiken und Chancen identifiziert und effektiv gemanagt.

Übersicht 31: Gesundheitsrelevanz der Prozesse

Prozesse (140 Punkte, 5 mal 28 Punkte)			
EFQM-Kriterien		Kommentar und Gesundheitsrelevanz	
Wie werden die für den Unternehmenserfolg wesentlichen Prozesse identifiziert (Management der wertschöpfenden Prozesse) und mit den Ergebniskritierien verbunden	Wie werden wesentliche Prozesse definiert? Welche Prozesse fallen zurzeit darunter?		
	Wie wird die Identifizierungsmethode durchgeführt?		
	Wie werden Schnittstellenprobleme gelöst?		
	Wie werden die Auswirkungen auf die Geschäftstätigkeit bewertet?		
	Weitere mögliche Kritierien: – Beschaffung von Rohstoffen und Zulieferungen – Fertigung – Engineering – Auftragseingang – Lieferung von Produkten und Dienstleistungen – Fakturierung und Zahlungseingang – Ermittlung der Zufriedenheit von Kunden und Mitarbeitern – Konstruktion – Entwicklung neuer Produkte und Dienstleistungen – Marketing	Siehe: Mitarbeiterergebnisse	G G

Prozesse (140 Punkte, 5 mal 28 Punkte)			
EFQM-Kriterien		Kommentar und Gesundheitsrelevanz	
	– Budgetierung und Planung – Management der Sicherheit, Gesundheit und Umwelt		
Wie führt das Unternehmen systematisch seine Prozesse?	Wie wird die Eigentümerschaft von Prozessen und betrieblichen Leistungsnormen festgelegt?		
	Wie werden Leistungsnormen überwacht, und von wem werden Leistungsmessgrößen für das Prozessmanagement verwendet?	Verordnung oder Vereinbarung von Zielen; Berücksichtigung des Erfahrungswissens	g
	Wie werden Qualitätssicherungsnormen, z. B. ISO, für das Prozessmanagement verwendet?		
Wie werden neben allem Feedback Leistungsmessungen von Prozessen verwendet, um Prozesse zu überprüfen und Ziele zur Verbesserung zu setzen?	Wie werden Informationen von Mitarbeitern, Kunden und Lieferanten sowie Benchmarks verwendet, um betriebliche Leistungsnormen und Ziele der Verbesserung festzulegen?	Siehe oben	g
	Wie verhalten sich die gegenwärtigen Leistungsmessungen und Ziele für Verbesserung zu früheren Leistungen?		

Prozesse (140 Punkte, 5 mal 28 Punkte)			
EFQM-Kriterien		Kommentar und Gesundheitsrelevanz	
Wie regt das Unternehmen Kreativität und Innovation bei der Prozessverbesserung an?	Wie werden neue Konstruktionsprinzipien, neue Technologien und neue betriebliche Philosophien entdeckt und eingeführt?	Siehe oben und die Frage der altersgerechten Didaktik bei der Einführung neuer Technologien	g
	Wie werden die kreativen Fähigkeiten der Mitarbeiter zum Tragen gebracht?		G
	Wie wurden Unternehmensstrukturen geändert, um Innovation und Kreativität anzuregen?		g
Wie führt das Unternehmen Prozessänderungen ein, und wie bewertet es den Nutzen?	Wie werden neue und geänderte Prozesse erprobt, und wie wird die Einführung überwacht?		G
	Wem werden Prozessänderungen bekanntgemacht?		g
	Wie werden MA vor der Einführung geschult?		G
	Wie werden Prozessänderungen überprüft, um zu gewährleisten, dass die vorausgesagten Ergebnisse erzielt werden?		g

Ergebnis(Unter-)kriterien

Ein Managementsystem nach EFQM soll Ergebnisse erzielen, die alle Interessengruppen des Unternehmens begeistern. »In dem sich schnell ändernden Umfeld der heutigen Welt verhalten sich exzellente Organisationen agil, flexibel und reaktionsfreudig entsprechend den veränderten Bedürfnissen und Erwartungen der Interessengruppen. Sie sehen und messen die Bedürfnisse und Erwartungen ihrer Interessengruppen.«[37]

Übersicht 32: Gesundheitsrelevanz der Mitarbeiterergebnisse

Mitarbeiterergebnisse (90 Punkte)			
EFQM-Kriterien		Kommentar und Gesundheitsrelevanz	
Eindrücke der Mitarbeiter bezüglich	– Arbeitsbedingungen, Arbeitsort, Raum, Einrichtung	Alle diese Kriterien sind gesundheitsrelevant; insbesondere:	G
	– Gesundheits- und Sicherheitsvorkehrungen	– Anerkennung	G
		– Führungsstil	
	– Kommunikation auf Mitarbeiterebene und betrieblicher Ebene	– Arbeitsplatzsicherheit	G
		– Qualifizierung und Beteiligung	
	– Karrierechancen und Laufbahnplanung		G
	– Mitarbeiterbewertung und Zielvereinbarung		G
	– Schulung, Weiterentwicklung, Umschulung		G
	– Kenntnis der Anforderungen an die Arbeit		G
	– Kenntnis der Werte, des Leitbilds und der Strategie		g
	– Kenntnis des umfassenden Qualitätsprozesses		g

Mitarbeiterergebnisse (90 Punkte)		
EFQM-Kriterien	Kommentar und Gesundheitsrelevanz	
– Beteiligung am umfassenden Qualitätsprozess		g
– System zur Anerkennung von Leistung		G
– Organisation (Linienmanagement)		g
– Organisation der umfassenden Qualität		g
– Führungsstil		G
– Sicherheit des Arbeitsplatzes		G

Übersicht 33: Gesundheitsrelevanz weiterer EFQM-Kriterien

EFQM-Kriterien		Kommentar und Gesundheitsrelevanz	
Weitere Indikatoren	– Abwesenheits- und Krankheitsquoten – Fluktuation – problemlose Nachwuchsbeschaffung – Arbeitsstreitigkeiten – Inanspruchnahme von betrieblichen Einrichtungen	Diese z. T. klimatischen bzw. Belastungsfaktoren sind wichtige Gesundheits- oder Krankheitsindikatoren	G G g G g

Auf die weiteren gesundheitsrelevanten EFQM-Ergebniskriterien »Auswirkungen auf die Gesellschaft« und »Geschäftsergebnisse« soll an dieser Stelle nicht weiter eingegangen werden. Für die interessierten Leser sind diese Kriterien in tabellarischer Form im Anhang dieses Buches hinterlegt.

Mit der Integration des Konzeptes »Gesunde Dialoge mit allen Mitarbeitern mit dem Schwerpunkt Anerkennender Erfahrungsaustausch« in die Prozesslandschaft des Unternehmens ist nunmehr gesichert, dass es einen Prozessverantwortlichen gibt, dessen Aufgabe es ist, diesen Prozess mit den Beteiligten stetig zu betreiben und zu verbessern. Bestandteil des Systems ist auch eine kontinuierliche Verbesserung der Vorgehensweisen während der Durchführung im Gegensatz zu einer Nachbesserung der Ergebnisse am Ende der Prozesse. Nach der Methode »Ergebnisse und Ziele festlegen – Vorgehen planen und umsetzen – Vorgehen prüfen, beurteilen und anpassen – Ergebnisse und Ziele festsetzen« werden die Vorgehensweisen ständig verbessert und in diesem Fall die Kommunikationsprozesse insgesamt optimiert.

Es ist ein äußerst glücklicher Zufall, den Anerkennenden Erfahrungsaustausch in einem Unternehmen installieren zu können, dessen Management sich gerade mit dem Denken und Handeln in Prozessen und Vorgehensweisen geübt hat und weiterhin üben wird und die Kriterien des EFQM-Managementmodells nach und nach verinnerlichen wird.

2.7.3 Anwesenheitsregelrunden als Mittel zur Verankerung des Anerkennenden Erfahrungsaustauschs

In einigen Unternehmen, die es sich zum Ziel gesetzt haben, die krankheitsbedingten Fehlzeiten zu reduzieren, hat sich eine sogenannte Fehlzeitenregelrunde etabliert. Zweck dieses Verfahrens ist zunächst, eine regelmäßige, monatliche oder vierteljährliche, gemeinsame Betrachtung und Erörterung des Fehlzeitenverhaltens der Belegschaft und insbesondere der zyklisch Fehlenden vorzunehmen. Die Beteiligten an diesem Verfahren sind meistens

- operative Führungskräfte des durch Fehlzeiten auffällig gewordenen Personals,
- eine Führungskraft aus dem Bereich Personal,
- der betriebsärztliche Dienst sowie
- ein Mitglied des Betriebsrats/des Personalrats.

Mittels Personallisten, welche die aktuellen und auch in der ferneren Vergangenheit liegenden Fehlzeiten der Belegschaft enthalten, werden sodann von den Beteiligten die einzelnen Fehlzeitenfälle geprüft und beurteilt. Die Fragestellungen lauten hierbei beispielsweise: Ist der operativen Führungskraft bekannt, aus welchem Grunde ihr Mitarbeiter jetzt krankheitsbedingt fehlt? Wie ist sein Fehlzeitenverhalten in der Vergangenheit zu beurteilen? Welche bereits in der Vergangenheit durchgeführten Maßnahmen wurden auch dokumentiert?

Schließlich werden von den Beteiligten geeignete Maßnahmen zur Behandlung der diversen Fehlzeitenfälle vereinbart. Eine Maßnahme könnte dann beispielsweise die Einladung zu einem Fehlzeitengespräch mit der operativen Führungskraft sowie die Durchführung des Gespräches sein.

Diese Vorgehensweise birgt verschiedene Vorteile in sich: Die Fehlzeitenfälle werden regelmäßig gemanagt. Die operativen Führungskräfte fühlen sich verpflichtet, sich auch zwischen den Terminen der Fehlzeitenregelrunde um ihr fehlendes Personal zu kümmern. Es erfolgt eine gleichartige Behandlung der fehlenden Mitarbeiter, auch wenn diese verschiedene Führungskräfte als Vorgesetzte haben.

Im Sinne einer Orientierung an Stärken kann nun dieses Verfahren auch für die fast immer anwesenden Teile der Belegschaft, die Gesunden und Gesundeten, angewendet werden – im Sinne einer Anwesenheitsregelrunde.

Der Turnus der Anwesenheitsregelrunde ist der gleiche wie bei der Fehlzeitenregelrunde. Die Beteiligten unterscheiden sich ebenfalls nicht. Ein wesentlicher Unterschied besteht in der sehr viel größeren Zahl von zu erörternden Anwesenheitsfällen und insbesondere in den Fragestellungen. Diese werden dann beispielsweise wie folgt lauten:

- Der Mitarbeiter ist seit vier Jahren stets anwesend. Wird er auch während der kommenden zwölf Monate uneingeschränkt anwesend sein?

Für den Fall, dass die Frage bejaht wird, wäre anschließend folgende Frage zu beantworten:

- Welches sind die Gründe, die zu dieser Einschätzung führen?

Für den Fall, dass diese Frage verneint werden sollte, wären sodann folgende Fragen zu beantworten:

- Welche Hinderungsgründe werden erkannt, die eine uneingeschränkte Anwesenheit dieses Mitarbeiters als unwahrscheinlich erscheinen lassen?

- Wie hat sich der psychologische Arbeitsvertrag entwickelt?
- Was können wir/was kann er tun, um diese Hinderungsgründe zu beseitigen?

Die Beteiligten an der Gruppe, die die Anwesenheitsregelrunde durchführen, werden sicher recht häufig zu dem Ergebnis gelangen, dass mit den Mitarbeitern, deren Anwesenheitsverhalten und Stabilität des psychologischen Arbeitsvertrages gemeinsam betrachtet wurden, alsbald ein Anerkennender Erfahrungsaustausch stattfinden sollte.

2.7.4 Auslegung des Tarifvertrags für den öffentlichen Dienst (TVöD) als Mittel zur Verankerung des Anerkennenden Erfahrungsaustauschs

Der TVöD neu vom 13. September 2005 hat eine wesentliche Neuerung gebracht, die unmittelbar Einfluss auf die Gesundheit und das Wohlbefinden der Beschäftigten in den Unternehmen haben wird, die unter die Anwendung dieses Tarifvertrags fallen. Der Paragraf 18 Bund/VKA sieht nämlich die Einführung eines Leistungsentgelts mit Wirkung zum 1. Januar 2007 vor. Danach soll eine leistungs- und/oder erfolgsorientierte Bezahlung dazu beitragen, die öffentlichen Dienstleistungen zu verbessern. »Zugleich sollen Motivation, Eigenverantwortung und Führungskompetenz gestärkt werden.«[38] Das aber bezweifeln wir erheblich. Daher wird im Folgenden eine grundsätzliche Kritik an dieser Regelung geübt, um danach eine deutlich gesündere Alternative – selbstverständlich im Einklang mit dem TVöD – vorzustellen.

Grundsätzliche Kritik am Paragraf 18 TVöD neu:

- Wir sehen regelmäßig nur die fünfte (falsche) Gleichung.[39] Dieses Bild auf die Regelung des Paragraf 18 TVöD zu übertragen kann aber nur bedeuten, dass die Tarifvertragsparteien – ausgehend von einem Minderheitenproblem – ein System installieren, mit dem fortan alle Beschäftigten beglückt werden sollen.
- Die Mehrheit der Beschäftigten (die ersten vier Gleichungen)[40] erscheint jedoch – auch ohne Prämien beziehungsweise zusätzliche Leistungsentgelt – heute schon regelmäßig und motiviert zur Arbeit und ist zudem produktiv.

- Ein zusätzlich zum Tabellenlohn gewährtes Leistungsentgelt ist nichts anderes als die Einführung eines neuen Systems. Die Einführung eines solchen Systems ist letztlich nicht anders als ein »Abkaufen« von Führung. – Das System führt ja nun. Damit ist die eigentliche Idee des Leistungsentgelts, insbesondere die Führungskompetenz zu stärken, per se nicht zu realisieren.
- Die Idee einer Leistungsprämie ist nun keine wirklich neue Idee. Es gibt bis heute kein Beurteilungssystem, das von der Mehrheit der Beschäftigten als gerecht und transparent wahrgenommen wird. Eine Minderheit der Beschäftigten fühlt sich als finanzielle Gewinner. Gleichzeitig ist die Gefahr, dass sich die Mehrheit der Beschäftigten als materielle und immaterielle (Gesundheit und Wohlbefinden) Verlierer sieht, immens groß.
- Führungskräfte verspüren wenig Neigung, der Pflicht zum Führen dieser Gespräche auf Dauer nachzukommen, was wiederum aus Sicht der Mehrheit der Beschäftigten als nicht gerecht und nicht transparent wahrgenommen wird.

Eine viel interessantere Variante für *alle* Beschäftigten, für die Führungskräfte und für die Unternehmen könnte folgende Überlegung sein, die sich aus dem Paragraf 18 (4) Satz 5 ableiten lässt:

- Paragraf 18 (4) Satz 5: »Leistungsentgelte können auch an Gruppen von Beschäftigten gewährt werden.«

Damit plädieren wir für die Einführung eines Leistungsentgelts für vier Gruppen einer Unternehmensbelegschaft, entsprechend dem Modell der Belegschaftstypologie.[41] Diese wäre auf betrieblicher Ebene gut zu regeln. Die Bestimmungen des TVöD würden eingehalten. Die gesunden Dialoge würden kraft TVöD auf Dauer geführt werden.

Unser Wunsch ist hierbei, mit Unternehmen, die sich für diese innovative und gesunde Auslegung des Paragraf 18 TVöD interessieren, ein gemeinsames Nachdenken darüber zu initiieren, wie das Leistungsentgelt gerecht und transparent auf diese vier Gruppen von Beschäftigen verteilt werden könnte.

3 Weitere Gesunde Dialoge

Überblick: Der Anerkennende Erfahrungsaustausch beschäftigt sich systematisch und wertschätzend mit den Gesunden und den Gesundeten, also mit der Mehrheit der Beschäftigen in Unternehmen. In den Fokus der Führungskräfte rücken hierbei systematisch wichtige Mehrheiten einer Gesamtbelegschaft, die gerne übersehen werden, weil diese Beschäftigten (fast) jeden Tag zur Arbeit erscheinen. In diesem Kapitel gehen wir, analog zu unserem Modell einer Belegschaftstypologie, auf die drei weiteren wertschätzenden Dialoge ein. Mit anderen Worten: Wir richten nun unseren systematischen und wertschätzenden Blick auf wichtige Minderheiten in Unternehmen. Das sind zum einen Arbeitsbewältigungsgespräche mit gesundheitlich Gefährdeten, Langzeiterkrankten und Kranken, Stabilisierungsgespräche mit Unentschiedenen oder Unstabilen sowie Fehlzeitengespräche mit regelmäßig ungerechtfertigt Abwesenden.

Das Modell einer Belegschaftstypologie unterscheidet vier Gruppen von Beschäftigten und sieht damit vier verschiedene Gesunde Dialoge mit allen Beschäftigen vor. Im Sinne der betrieblichen Gesundheitsförderung, und hier im Speziellen der gesundheitsförderlichen Führung, unterscheiden wir die gesundheitsfördernden Dialoge nach korrektiven Dialogen – Führung greift ein, wenn das Problem Krankenstand bereits existent ist – und nach präventiven Dialogen – Führung greift ein, bevor das Problem Krankenstand existent ist.

Korrektive Dialoge für auffällig *abwesende* Beschäftige	Präventive Dialoge für auffällig *anwesende* Beschäftige
Fehlzeitengespräche Stabilisierungsgespräche Arbeitsbewältigungsgespräche	Anerkennender Erfahrungsaustausch

Das Ziel der individuellen und auch kollektiven Gesundheitsförderung ist bei allen Dialogen das vorherrschende Ziel. Gleichwohl differenzieren wir folgende weitere Ziele:

Übersicht 34: Weitere Ziele der Dialoge

Dialoge	Dialogziele
Fehlzeiten-gespräche	Kurzfristige Verhaltensänderung der Person und, falls das nicht möglich ist, Beenden des Arbeitsverhältnisses
Stabilisierungs-gespräche	Ergründen von Ursachen für Unstabilität und Erhöhung des subjektiven Wohlbefindens der Person und damit Stärkung des psychologischen Arbeitsvertrages
Arbeitsbewältigungs-gespräche	Anpassung der Arbeitsbedingungen (kurz-, mittel- oder langfristig) an das geänderte Leistungsvermögen der Person
Anerkennender Erfahrungsaustausch	Gesund(et)e als interne Berater der Führung in Sachen Arbeit und Gesundheit im Unternehmen und systematisches Monitoring der Stärken und Schwächen des Untenehmens exklusiv aus Sicht der Mehrheit einer Unternehmensbelegschaft. Wertschätzung und Anerkennung und damit Gesundheitsförderung allein schon durch den Dialog

Lernen können Führungskräfte von allen Beschäftigten. Die Werkzeuge für Gesunde Dialoge mit allen Beschäftigten sind sinnvollerweise auf Fragen aufgebaut, wie sie in Übersicht 35 dargestellt sind.

»Große wie kleine Unternehmen haben ein vitales Eigeninteresse daran, dass sich der Arbeitnehmer nicht gebückt mit Kreuzschmerzen, Kopfschmerzen, Schnupfen und Fieber krank zur Arbeit schleppt. Er liefert dann nämlich schlechte Arbeitsergebnisse ab, woran kein Unternehmen ein Interesse hat. So klar und einfach ist die Interessenlage der Unternehmen. Wir haben in den Unternehmen heute viel schlankere Produktionsstrukturen als früher. Je schlanker sie werden und je flacher die Hierarchien sind, umso gravierender wirken Ausfälle durch Erkrankungen, denn es

Übersicht 35: Fragen in den verschiedenen Dialogen

Gruppe	Wer fragt, der führt Gesunde Dialoge
Fehlzeitengespräche	Welche Krankheitsursachen bisher? Welche Aussichten auf Heilung? Was tun Sie ganz konkret, wann und wie oft für die Verbesserung ihres Gesundheitszustandes? Wie regeln Sie ihr konkretes Tun in Arbeits- und Privatleben?
Arbeitsbewältigungsgespräche	Dimensionen der Arbeitsfähigkeit: Individuelle Gesundheit a) b) Arbeitsbedingungen a) b) Führung – Betriebsklima a) b) Weiterbildung – Kompetenz a) b) a) Was können wir im Betrieb für Sie tun? b) Was können Sie für sich tun? Geben und Nehmen bei allen Dimensionen von Arbeitsfähigkeit mittels zweier Leitfragen (auch Betriebliches Eingliederungsmanagement – SBG IX, Paragraf 84.2)
Stabilisierungsgespräche	Was macht – am meisten – krank? Was erhält – am meisten – gesund? Was tut das Unternehmen ihrer Meinung nach für die Gesundheit der Beschäftigten? Was können wir realistischerweise für Sie tun? Was können Sie realistischerweise für sich tun?
Anerkennender Erfahungsaustausch	Was gefällt Ihnen – am meisten – bei der Arbeit? Was stört und belastet Sie – am meisten? Wenn Sie in meiner Position wären, was würden Sie als Erstes weiter verbessern? Was macht aus Ihrer Sicht das Untenehmen für die Gesundheit der Beschäftigten? Gut und gerne arbeiten bis zum gesetzlichen Renteneintritt möglich?

fehlen die Zwischenstufen, aus denen jemand einspringen kann. Also auch von daher haben wir als Arbeitgeber großes und wachsendes Interesse daran, dass Arbeitnehmer möglichst gesund in den Betrieb kommen und unter gesunden und vernünftigen, der Gesundheit zuträglichen Arbeitsbedingungen arbeiten. Ich gehe sogar soweit zu bekennen, dass auch die subjektive Zufriedenheit der Arbeitnehmerschaft dazu gehört, wenn ich das Interesse der Arbeitgeber definiere...

Es ist mir wichtig, dass diese Botschaft ganz deutlich wird: Es gibt ein ganz elementares Eigeninteresse jedes Arbeitgebers daran, dass es den Menschen an ihrem Arbeitsplatz gut geht und dass sie deshalb auch produktiv arbeiten. Aber die Unternehmen sind keine Samariter. Erstes Ziel ist, Geld zu verdienen, Gewinne zu machen. Es ist das Schöne an der Marktwirtschaft, dass mit vernünftigem Arbeits- und Gesundheitsschutz – am besten schon präventiv – eine Win-Win-Situation organisiert werden kann. Die legitimen Ziele des Unternehmers werden am effektivsten und nachhaltigsten erreicht, wenn er motivierte, gesunde und deshalb auch besonders produktive und vor allen Dingen kreative Arbeitskräfte zur Verfügung hat.« – So Peter Clever von der Bundesvereinigung der Deutschen Arbeitgeberverbände (BDA).[42]

Clever berichtet von vornehmen und unserer Erfahrung nach auch realistischen Ideen und Vorstellungen der Unternehmen zum Thema betriebliche Gesundheitsförderung, die eine ganzheitliche Sichtweise nahelegen. Wir interpretieren die Aussagen von Clever dahingehend, dass die *Pflicht* zur Einhaltung der Bestimmungen des Arbeitsschutzes (pathogene Anteile erfassen und nach Möglichkeit abbauen) allein heute nicht mehr ausreichend ist. Entscheidend für die Zukunftsbewältigung ist die Ergänzung der Pflicht zur *Kür*. Für die Kür gibt es einen Königsweg. Dieser heißt: Führen Sie systematisch Dialoge mit allen Mitarbeitern, und fördern sie salutogene Anteile der Arbeit. Die Herausforderung liegt dabei zuallererst darin, diese Interessenlage der Unternehmen in die betriebliche Praxis, in den Führungsalltag der Manager herunterzubrechen. Ein erster Schritt ist hierbei, anzuerkennen, dass nicht jeder krankheitsbedingt auffällig Abwesende gleich zu behandeln ist. Stattdessen gibt es sinnvolle und lohnenswerte Differenzierungen.

Gemäß dem Modell der Belegschaftstypologie[43] und den daraus abgeleiteten Dialogen[44] werden in diesem Kapitel die Werkzeuge zum Führen dieser Dialoge dargestellt und die betrieblichen Erfahrungen mit den weiteren wertschätzenden Dialogen dargestellt. Im Fokus unserer Ausführungen stehen – nachdem wir uns im Kapitel 1 und 2 ausführlich der Gruppe der Gesunden und Gesundeten gewidmet haben – nun diejenigen Beschäftigten eines Unternehmens, die mehr oder weniger auffällig in der Krankenstatistik des Controllings erscheinen.

Erfahrungen aus mehr als 50 Workshops mit Führungskräften und Arbeitnehmervertretungen, die Teams, Abteilungen oder ganze Belegschaften den vier Typen zugeordnet haben, zeigen, dass es den Führungskräften und Arbeitnehmervertretungen eher leicht fällt, die Gruppe der Gesund(et)en, der zyklisch ungerechtfertigt Abwesenden und der gesundheitlich Gefährdeten beziehungsweise (Langzeit-)Erkrankten zu bestimmen. Bei der Gruppe der Unstabilen beziehungsweise Unentschiedenen tun sich die Führungskräfte eher schwer, hier konkrete, anonymisierte Personen aus dem Unternehmen zu beschreiben. Insbesondere gibt es in der Praxis Schwierigkeiten hinsichtlich einer Abgrenzung zwischen Unstabilen und zyklisch Abwesenden. Das ist leicht erklärbar. Die Anwesenheitsquote (y-Achse in Abbildung 1) reicht in vielen Fällen als alleiniges Kriterium nicht aus. Bei der Gruppe der Unstabilen ist nämlich das Kriterium »Psychologischer Arbeitsvertrag« (x-Achse in Abbildung 1) das entscheidende Kriterium und weniger die Höhe des Krankenstands der jeweiligen Person. Vor dem Hintergrund dieser Erfahrungen mit Abgrenzungsproblemen macht es Sinn, zuerst das Arbeitsbewältigungsgespräch, dann das Fehlzeitengespräch und schließlich das Stabilisierungsgespräch zu erörtern.

3.1. Arbeitsbewältigungsgespräche

3.1.1 Auswahl der Personengruppen

In anonymisierten Bildern, die in unseren Workshops mittels einer Kartenabfrage ermittelt werden, werden Mitarbeiter, die dieser Gruppe von Beschäftigten zugeordnet wurden, von ihren Vorgesetzten beispielsweise so beschrieben:

- Männlich, circa 45 Jahre, seit 20 Jahren im Betrieb, sehr kräftige Statur, bisher kaum krank, plötzlich auftretende große familiäre Probleme,

psychisch nicht mehr voll belastbar, schlagartige Ausfälle, kommt regelmäßig in die Kantine.
- Mann, circa 56 Jahre, verheiratet, sehr motivierter Kraftfahrer, Bypassoperation, in der Genesungsphase einen Schlaganfall erlitten, will unbedingt wieder arbeiten.
- T., 56 Jahre, kann nicht lange sitzen, macht schwere Knochenarbeit, hilfsbereit und freundlich, wenn anwesend, acht Jahre Betriebszugehörigkeit, hält Vorgesetzten auf dem Laufenden.
- M., 52 Jahre, motiviert, pflichtbewusst, prinzipiell belastbar, Überlastung durch Beruf und Privatleben, hat sich selbst nie wichtig genommen, hohe Fachkompetenz, verantwortungsbewusst.
- Arbeiter, 56 Jahre, Dienstverrichtung gut, nebulöse Probleme erkennbar, viele Gespräche, den Nebel zu lichten, auf massiven Druck öffnet sich der Mitarbeiter, große gesundheitliche und private Probleme, vor 14 Tagen verstorben.
- Alter 54 Jahre, Eintritt: 2004, sehr zuverlässig, Bandscheiben- und Bluterkrankung, häufige Arztbesuche erforderlich, trotzdem zum Dienst erschienen, sehr hilfsbereit, jeder Dienst ist recht, erkennt Probleme an, akzeptiert Veränderungen, positive Einstellung.
- Männlich, Anfang 40, schleppt sich zur Arbeit, finanzielle Verpflichtung durch Hausbau für die Familie, missmutig, weil er wirklich krank ist, macht seine Arbeit gerne.
- Seit 35 Jahren im Betrieb, will arbeiten, kann nicht mehr, hohe Arbeitsmotivation, stolz auf seine Arbeit, Ansehen des Mitarbeiters ist hoch, leichtere Tätigkeit verletzt seinen Stolz, hohes Ansehen bei Kunden.

Bei genauerem Blick auf diese Personen gelangt man nun zu einer weiteren Differenzierung innerhalb dieser Gruppe (siehe Übersicht 36). Zum einen haben Führungskräfte das Bild, dass diese Personen eine hohe Verbundenheit zu ihrer Tätigkeit/zum Betrieb haben, das heißt der psychologische Arbeitsvertrag wird von beiden Partnern als geschlossen empfunden. Zum anderen gibt es mehr oder weniger auffällig krankheitsbedingte Fehlzeiten, zum Beispiel bis zu sechs Wochen im Jahr oder mehr als sechs Wochen im Jahr krankheitsbedingte Abwesenheit. Danach kennen wir in dieser Gruppe drei Subtypen: gesundheitlich Gefährdete, Kranke und Langzeiterkrankte (ab der siebten Woche).[45]

Übersicht 36: Verschiedene Zielgruppen für Arbeitsbewältigungsgespräche

Zielgruppen für Arbeitsbewältigungsgespräche	
Subgruppe	Beschreibung – Geschichten
Gesundheitlich Gefährdete	...junge Frau – 22 Jahre...
Langzeiterkrankte (ab der 7. Woche)	...Maschinenarbeiter – 45 Jahre...
Kranke	...Busfahrer – 52 Jahre

Um auch mit Bildern von Personen und den dazu erlebten betrieblichen Erfahrungen zu arbeiten und zu erkennen, welche Mitarbeiter hier gemeint sein können und wie Führungskräfte sich im Umgang mit diesen Mitarbeitern verhalten haben, sind exemplarisch die folgende Fällen aus der Praxis hilfreich.

Gesundheitlich Gefährdete (sehr geringe bis keine krankheitsbedingten Fehlzeiten – psychologischer Arbeitsvertrag geschlossen)

Eine junge Frau hatte in einem kommunalen, mittelständischen Unternehmen eine kaufmännische Ausbildung erfolgreich abgeschlossen. Dieses kommunale Unternehmen hatte seinerzeit festgelegt, dass – im Sinne einer gesellschaftlichen und regionalen Verantwortung – mehr Ausbildungsplätze angeboten werden, als das Unternehmen freie Stellen zur Verfügung hat. Dies geschah vor dem Hintergrund eines deutlich spürbar gewordenen wettbewerblichen Umfelds mit der bekannten Verpflichtung, nachhaltig (Personal-)Kosten einzusparen. Das Unternehmen hat weiterhin garantiert, dass alle Auszubildenden, die ihre Ausbildung erfolgreich abschließen, für ein Jahr befristet eine Tätigkeit in ihrem Ausbildungsberuf erhalten. Ziel dieser Überlegung war damals, jungen Menschen bei der Suche nach einem Anschlussarbeitsplatz Unterstützung zu gewähren. Ziel war damals aber auch, jungen Menschen nach Ablauf der Jahresfrist einen Anspruch auf Arbeitslosengeld zu verschaffen. Der jungen Frau wurde im Alter von 22 Jahren nach Abschluss ihrer Ausbildung und während ihrer befristeten Tätigkeit in der Personalabteilung des Unternehmens die Diagnose mitgeteilt, dass sie an Multipler Sklerose erkrankt sei. Der Krankenstand der jungen Frau war während ihrer dreijährigen Ausbildung unauffällig. Selbst zum Zeitpunkt der Diagnose erschien die Frau regelmäßig zur Arbeit. Aufgrund ihrer Persönlichkeit, ihres Engagements und ihres kollegialen Verhaltens war sie zudem im Team beliebt und angesehen.

Mit der nun bekannten Diagnose und der Tatsache, dass die Frau gleichzeitig keinen statistischen Krankenstand hatte, handelt es sich nach unserem Verständnis um ein Beispiel für eine gesundheitlich gefährdete Mitarbeiterin. Der Personalleiter wusste, dass die Krankheit in der Folge unheilbar ist und auch eher unberechenbar bezüglich der krankheitsbedingten Ausfälle dieser Frau sein würde. Im schlimmsten Fall droht neben Ängsten und Schmerzen auch ein Leben im Rollstuhl. Im besten Fall jedoch bricht diese Krankheit nie aus.

Die zentrale Frage für den Personalleiter lautete damals: Sollen beziehungsweise müssen wir diese Mitarbeiterin fest einstellen, oder sollen wir den Vertrag nach Ablauf der Jahresfrist – wie bei fast allen Auszubildenden angekündigt – nicht verlängern? Klar war, dass das Unternehmen sich auf den Wettbewerb einzustellen hatte und sich – wie sich einige Manager gerne mal ausdrücken – eine Sozialromantik nicht leisten konnte. Andererseits war auch in die Waagschale zu werfen, dass der Arbeitgeber in der Region einen guten Ruf hatte. Klar war aber auch, dass diese Mitarbeiterin es bei Nichtverlängern des Arbeitsverhältnisses bei der künftigen Arbeitssuche sehr schwer haben würde. Man denke hierbei vorzugsweise an den üblichen Personalfragebogen, der regelmäßig und wahrheitsgemäß – gerade auch bei Fragen nach einer eventuellen gesundheitlichen Beeinträchtigung – auszufüllen ist.

Mit Zustimmung der Mitarbeiterin wurden seinerzeit Gespräche mit den Kollegen aus der Abteilung, mit der Arbeitnehmervertretung und auch mit dem Vorstand geführt. Die Frage lautete stets: Fest einstellen oder nach Ablauf der Jahresfrist den befristeten Arbeitsvertrag nicht verlängern?

Es wurden viele Für und Wider abgewogen: Ganz pragmatische Dinge wie zum Beispiel, dass es im Verwaltungsgebäude baubedingt bisher nicht möglich ist, Rollstuhlfahrer zu beschäftigen, waren ein Thema. Die zusätzliche Belastung der anderen Teamkollegen bei (wahrscheinlichem) krankheitsbedingtem Ausfall wurden mit dem Team besprochen. Auch der Aspekt, ob der Arbeitgeber nicht ungerecht wäre, weil er Personen mit einer nachweislichen Erkrankung gegenüber den anderen Auszubildenden bevorzugt behandeln würde, spielte eine Rolle. Schließlich geht es hierbei nicht um die Zahlung einer Prämie, sondern ganz bedeutend um die Frage, einen Arbeitsplatz zu haben oder nicht. Nicht unerwähnt bleiben soll an dieser Stelle, dass die junge Frau sich wochenlang überlegte, ob Sie den Arbeitgeber überhaupt über ihre diagnostizierte Krankheit in Kenntnis setzen sollte. Eine denkbare Alternative wäre gewesen, zu hoffen, dass sie eine der wenigen Auszubildenden sein würde, die – weil Arbeitsplätze frei wurden – übernommen werden würde.

Im Ergebnis wurde die junge Kollegin mit sofortiger Wirkung fest eingestellt. Um es für alle Beteiligten deutlich und auch in der Wirkung nachhaltig zu gestalten, wurde der befristete Vertrag direkt nach der Entscheidung – Monate vor Ablauf des Jahresfrist – in ein unbefristetes Arbeitsverhältnis umgewandelt. Parallel dazu wurde in geeigneter Form im Rahmen der Verwaltung diese Maßnahme kommuniziert. Schließlich wurden im Investitionsplan des Unternehmens ausreichend Mittel für einen behindertengerechten Umbau des Verwaltungsgebäudes eingestellt.

Langzeiterkrankte (krankheitsbedingte Fehlzeiten von mehr als sechs Wochen pro Jahr – psychologischer Arbeitsvertrag geschlossen)

Im Rahmen einer arbeitsmedizinischen Vorsorgeuntersuchung fällt bei einem etwa 45-jährigen Maschinenarbeiter auf, dass er ein schweres, chronisches Wirbelsäulenleiden hat.[46] Dabei ist sein Belastungsschwerpunkt im Bereich des Schultergürtels und der Halswirbelsäule. Der Mann leistet fast 100 Prozent Steharbeit auf reinem Betonfußboden. Dieses in offenen Sandalen, da er zu Schweißfüßen neigt und die vorgeschriebenen Sicherheitsschuhe nicht verträgt. Einen Gehörschutz trägt er bei der Arbeit auch nicht, weil er Sorge hat, dass er die Laufgeräusche seiner Maschine nicht mehr genügend wahrnehmen kann. Obwohl der Zeitdruck als nicht übermäßig empfunden wird, berichtet er dem Arbeitsmediziner, dass er jetzt nachts von seiner Maschine träumt.

Seine Wirbelsäulenbeschwerden haben mittlerweile zu unerträglichen Schmerzen geführt, die der alleinstehende Mann durch die Einnahme verschiedenster Schmerzmittel zu bekämpfen versucht. Alkohol meidet er, weil er unangenehme Wechselwirkungen mit seinen Schmerzmitteln befürchtet und Alkohol auch sonst nicht gerne konsumiert.

Der Maschinenarbeiter verfügt über eine große Berufserfahrung. Er liefert hochwertige Arbeit ab, ist bei allen im Unternehmen sehr beliebt, und alle möchten ihn behalten. Er ist allein verantwortlich für seine Maschine und die Qualität des Produktes. Nach Aussagen des Unternehmens benötigt ein heute ausgelernter Dreher noch ein bis zwei Jahre Erfahrung an dieser Maschine, um die Qualitätskriterien unseres Maschinenarbeiters (maximal 0,5 Prozent Ausschuss) zu erfüllen.

Nach Einschätzung des Arbeitsmediziners handelt es sich zusammenfassend betrachtet um einen hoch qualifizierten, langjährigen Mitarbeiter mit sehr guter professioneller Handlungskompetenz. Seine Fähigkeiten, sich um die eigene Gesundheit zu kümmern, sind dagegen eher eingeschränkt. Seine individuellen Gesundheitsförderungsmaßnahmen sind eher reaktiv, und seine bisherigen Erfahrungen mit Massagen, Fangopackungen und anderen Maßnahmen haben ihm keine mittel- bis langfristige Linderung gebracht. Heute ist er – wiederum reaktiv – bei der regelmäßigen Einnahme von verschiedensten Schmerzmitteln angekommen. Einer vom Arbeitsmediziner dringlich angeratenen Rehabilitationsmaßnahme steht er auch aufgrund seiner Erfahrungen in der Vergangenheit skeptisch gegenüber. Gleichzeitig befürchtet der Maschinenarbeiter, dass sein Arbeitgeber, der mit einem eher geringen Personalstamm arbeitet, eine solche Rehabilitationsmaßnahme schlicht nicht mittragen könnte.

Nach einem weiteren halben Jahr ist dieser Mann endgültig und auf nicht absehbare Zeit arbeitsunfähig krankgeschrieben. Der Arbeitgeber fragt den Arbeitsmediziner um Rat, wie er sich verhalten soll. Zum einen möchte man diesen Mitarbeiter unbedingt behalten, zum anderen kann der Betrieb – 28 Mitarbeiter, Dreischichtbetrieb – diesen Arbeitsplatz nicht unbegrenzt freihalten.

Im Endeffekt hat der Betrieb die notwendige Rehabilitationsmaßnahme unterstützt, leider wurde der Maschinenarbeiter aus der Rehabilitation arbeitsunfähig entlassen. Der Mitarbeiter wurde im ersten Anlauf erwerbsunfähig verrentet und kann nun bei Spitzenbelastungen für vier Stunden auf 400-Euro-Basis im Betrieb weiterarbeiten, immer dann, wenn er gebraucht wird und wenn er körperlich dazu in der Lage ist. Nach eigener Aussage hat er eine ausreichende Grundsicherung und freut sich heute, dass er etwas dazuverdienen, mit den Kollegen weiterhin in Kontakt bleiben kann und immer mal wieder gebraucht wird.

Kranke (krankheitsbedingte Fehlzeiten von bis zu sechs Wochen pro Jahr – psychologischer Arbeitsvertrag geschlossen)

Ein 52-jähriger Busfahrer im Wechselschichtdienst fällt in der Krankenstatistik dadurch auf, dass er in den vergangenen vier Jahren regelmäßig an circa 20 Arbeitstagen pro Jahr arbeitsunfähig erkrankte. Das Bild, dass der Betrieb von diesem Fahrer hatte, war folgendes: Wenn er arbeitet, ist er ein sehr guter Mann. Er ist höflich, hilfsbereit, geht gut mit den Kunden um, hat keine Unfälle und damit keine Unfallkosten und hilft dem Betrieb stets, wenn Not am Mann ist. Leider ist er häufig arbeitsunfähig krank, und der Arbeitgeber hat die gesetzlichen Lohnfortzahlungskosten zu leisten. Gleichzeitig muss der Arbeitgeber, dem Personenbeförderungsgesetz zufolge, den Busbetrieb zwingend aufrechterhalten. In der Praxis bedeutet dies, dass der Betrieb ausreichend Personalreserven vorhalten muss. Die Planung dieser Personalreserve ist dabei eng verzahnt mit der prognostizierten Krankenquote.

Kommunale Busbetriebe müssen sich aufgrund geltenden Rechts der Europäischen Union dem privaten Wettbewerb stellen. Es ist weiter bekannt, dass private Busunternehmen bei deutlich belastenderen Arbeitsbedingungen eine Krankenquote von unter 4 Prozent aufweisen. Der kommunale Busbetrieb hatte demgegenüber eine Krankenquote von etwas über 9 Prozent. Mit einer solchen Quote kann der kommunale Betrieb auf Dauer im Wettbewerb nicht bestehen. Nach Maßgabe des Aufgabenträgers kann es heute geschehen, dass sich Wettbewerber per Ausschreibung um Buslinien bewerben und diese – aufgrund der geringeren Personalkostenstruktur – auch gewonnen werden. Gleichzeitig gibt es ein nicht unerhebliches strukturelles Problem in diesen kommunalen Busunternehmen. In der jüngeren Vergangenheit, als es das politische Thema Wettbewerb im öffentlichen Personennahverkehr noch nicht gab, wurden arbeitsunfähige Busfahrer in andere Bereiche des Unternehmens versetzt. So konnte es geschehen, dass ein Bürger zu Besuch bei einem kommunalen Nahverkehrsdienstleister war und sich gegebenenfalls darüber wunderte, dass in der Pförtnerei vier Mitarbeiter gleichzeitig ihren Dienst verrichteten, wo doch ein Pförtner als ausreichend erschien. Das ist heute nur noch sehr eingeschränkt möglich. Der private Wettbewerber kennt diese Form der zusätzlichen Personalkosten überhaupt nicht. Da die große Mehrzahl der Beschäftigten in Verkehrsdienstleistungsunternehmen aber gerade die

Fahrer sind, es andererseits nur sehr wenige andere Stellen gibt, sind diese Betriebe zwangsläufig gehalten, sich systematisch mit der dauerhaften Arbeitsfähigkeit ihrer Fahrer auseinanderzusetzen.

Die Personalabteilung des Betriebes hatte schon Jahre zuvor Rückkehr- beziehungsweise Fehlzeitengespräche eingeführt, die in letzter Konsequenz auch zu einer krankheitsbedingten Kündigung durch den Arbeitgeber führen konnten. Dieses mit der Absicht, die Fehlzeitenquote dauerhaft auf das Niveau der privaten Wettbewerber zu senken. Das wusste auch der 52-jährige Busfahrer, der zu einem Dialog mit seinem Vorgesetzten eingeladen wurde.

Der Vorgesetzte eröffnete den Dialog mit der Ansage, dass der Arbeitgeber bei ihm als langjährigem Mitarbeiter dieses Unternehmens keine Kündigung aufgrund von krankheitsbedingten Fehlzeiten erwägen würde. Vielmehr sei das Ziel dieses Dialoges, Antworten und gemeinsame Handlungsmöglichkeiten auf folgende Frage zu finden: »Was brauchen Sie, um die verbleibenden Jahre bis zur Regelaltersrente und darüber hinaus gut und gerne Ihre Arbeit als Busfahrer verrichten zu können?«

Der Fahrer erklärte daraufhin, dass er es seit 28 Jahren gewohnt sei, im 6/3-Turnus[47] zu fahren. Er merke selber, dass sein Körper nicht mehr so funktioniere, wie er es aus jüngeren Jahren noch gut kenne. So habe er Schwierigkeiten, stets zu unterschiedlichen Tageszeiten Dienstbeginn zu haben, da er mittlerweile nur schlecht früh einschlafen könne, um am nächsten Tag ausgeruht seinen Dienst anzutreten. Das führe bei ihm zu körperlichen Verspannungen und Rückenproblemen. Gleichzeitig bedauerte er, dass die Kantine aus Kostengründen geschlossen wurde. Es sei zwar nicht so schwierig, unterwegs eine Kleinigkeit zu essen, aber die Preise und die Qualität seien – im Vergleich zur alten Kantine – schlechter. Dabei wisse er wohl, dass er selber aktiv für seine Gesundheit sorgen müsste, aber es sei sehr schwer für ihn, alte Gewohnheiten zu verändern.

Der Vorgesetzte machte ihm daraufhin zwei Angebote auf Probe: Der Fahrer sollte aus dem alten 6/3-Turnus herausgehen und in einen Turnus wechseln, der eine Woche Frühdienst und eine Woche geteilten Dienst im Wechsel bedeuten würde. Vorteile für den Fahrer: Nur noch einmal morgens den Wecker stellen, und der Körper kann sich an regelmäßige Nachtruhen gewöhnen. Vorteil für den Arbeitgeber: Ein paar – bei den meisten Fahrern ungeliebte – geteilte Dienste weniger für alle anderen Fahrer. Zuerst zögerte der Fahrer noch ein wenig, weil er den Vorschlag wohl nicht als wirklich lukrativ empfand. Allerdings bot der Vorgesetzte dann noch an – im Sinne einer Unterstützung zur Veränderung der Gewohnheiten –, für drei Monate auf Kosten des Arbeitgebers einen Schwimmgutschein im benachbarten Schwimmbad zu spendieren. Das empfand der Fahrer als eine gute Idee, da er unter anderem sah, dass er nun insbesondere die bisher ungenutzte Zeit zwischen den beiden Diensthälften gezielt für seine Gesundheit und sein Wohlbefinden nutzen konnte. Auch die Essensfrage war für ihn damit gut gelöst. Der Fahrer hatte sich einen geteilten Dienst erbeten, der eine lange Unterbrechung hatte, sodass auch noch Zeit war, um mittags bei seiner Frau zu Hause zu essen. Der Vorgesetzte hatte noch eine letzte Bedingung: Der Fahrer musste zwar seinen Eintritt in das Schwimmbad nicht bezahlen, aber wöchentlich einen Beleg abgeben, sodass für den Vorgesetzten erkennbar war, dass der Fahrer wenigstens zweimal pro Woche den Schwimmgutschein auch nutzte.

Im Ergebnis bat der Fahrer noch vor Ablauf der drei Monate den Vorgesetzten darum, den Schwimmgutschein für weitere drei Monate vom Betrieb zu bekommen, weil er nach so kurzer Zeit Gefallen an dieser Kombination aus Dienst, Schwimmen und Essen zu Hause gefunden hatte. Der Vorgesetzte erklärte sich bereit, die Hälfte der Kosten auch weiterhin zu tragen, die andere Hälfte müsse der Fahrer selbst aufbringen. (Letztlich hat dieser Fall in dem Unternehmensbereich dazu geführt, dass allen Fahrern die Möglichkeit angeboten wurde, einen hälftigen Zuschuss zum monatlichen Beitrag des Schwimmbades zu erhalten. Natürlich auch hier mit dem Nachweis einer regelmäßigen Nutzung.)

3.1.2 Das Dialogziel

Gesundheitlich Gefährdete Langzeiterkrankte Kranke	»Sie in Arbeit halten.«

Das Motto der Arbeitsbewältigungsgespräche lautet schlicht und einfach: »Sie in Arbeit halten.« Die drei weiter oben beschriebenen Beispiele mögen als Anregung für ähnliche Herausforderungen dienen. Deutlich wird hier schon, dass

- es in der Regel um mehr als nur die individuelle Gesundheitsförderung des Einzelnen geht,
- dass viele Unternehmen strukturell so organisiert sind, dass sie bei drohender oder auch bestehender Arbeitsunfähigkeit nicht die Möglichkeit haben, dem betroffenen Mitarbeiter einen anderen, seiner Gesundheit dienlicheren Arbeitsplatz anbieten zu können.

Übersicht 37 zeigt, wie eine Einladung zu einem Arbeitsbewältigungsgespräch aussehen könnte.

Übersicht 37: Mustereinladung zum Arbeitsbewältigungsgespräch[48]

Sehr geehrter Herr B.,

wir schätzen Sie sehr, als Mitarbeiter und als Mensch, in unserem Unternehmen. Wir sind sehr daran interessiert, Sie auf Dauer arbeitsfähig in unserem Unternehmen zu behalten. Das wollen wir hiermit ganz deutlich kundtun. Wir sehen, dass Sie in letzter Zeit/ aktuell gesundheitliche Probleme haben. Selbstverständlich sehen wir auch, dass Sie eine hohe Verbundenheit zu Ihrer Firma haben, dass Sie auch während Ihrer Arbeitsunfähigkeit den Kontakt zu Ihrem Vorgesetzten und zu den Kollegen suchen und dass Sie Ihrer Arbeit überwiegend sehr gerne nachgehen.

Heute wissen wir sehr genau, dass es für den Erhalt beziehungsweise die Förderung der eigenen Gesundheit um mehr geht als die stets gleichlautende Frage: Was tun Sie eigentlich, Herr B., um Ihre individuelle Gesundheit zu erhalten beziehungsweise zu fördern?

Stattdessen hat Ihr Arbeitgeber gelernt, dass das umfassendere Verständnis von Gesundheit durch den Begriff der Arbeitsfähigkeit besser beschrieben ist. Arbeitsfähigkeit ist nach unserem Verständnis die Summe der Faktoren, die Sie dauerhaft in die Lage versetzen, gut und gerne bis zum Renteneintrittsalter für uns tätig zu sein.

Inhaltlich handelt es sich bei diesen Faktoren zur Erhaltung der Arbeitsfähigkeit um Themen wie Ihre Sicht auf aktuelle Arbeitsbedingungen oder auch Fragen zur Verbesserung der Arbeitsorganisation, das gefühlte Betriebsklima oder auch den wahrgenommenen

Führungsstil, die betrieblichen Weiterbildungsmöglichkeiten sowie Ihre individuelle Gesundheit. Im Sinne eines fairen und gesunden gegenseitigen Gebens und Nehmens wollen wir mit Ihnen anhand dieser Faktoren gemeinsam erörtern, wo Sie Dinge sehen, bei denen wir Sie geeignet unterstützen können, und wo Sie auch Dinge sehen, die Sie selbst besser für sich anpassen können.

Vor diesem Hintergrund möchten wir Sie sehr gerne zeitnah zu einem Arbeitsbewältigungsgespräch einladen und auch deutlich sagen, falls das für Sie bedeutsam ist: Es geht uns ausdrücklich nicht um arbeitsrechtliche Erwägungen. Die Dauer des Gespräches wird als Arbeitszeit vergütet.

Seien Sie bitte so freundlich und vereinbaren Sie persönlich oder auch gerne telefonisch einen Gesprächstermin mit dem Unterzeichner.

Wir freuen uns sehr auf Sie und verbleiben mit den besten Grüßen, Ihre GMBH

3.1.3 Das gesundheitswissenschaftliche Modell für Arbeitsbewältigungsgespräche

»Unter Arbeitsfähigkeit verstehen wir dabei die Summe der Faktoren, die eine Frau oder einen Mann in einer bestimmten Situation in die Lage versetzen, eine gestellte Aufgabe erfolgreich zu bewältigen.«[49] Das führt nun zu der Frage, welches die Faktoren sind. Hier sind Erkenntnisse aus Finnland maßgebend. Das Finnish Institute of Occupational Health (FIOH) hat über einen Zeitraum von elf Jahren mehr als 6 000 Personen im Verlaufe ihres Arbeitslebens beobachtet, untersucht, befragt und gegebenenfalls gefördert. Im Ergebnis wird heute deutlich, dass der Begriff der Arbeitsfähigkeit – die Autoren würden heute sogar vom Arbeitsvermögen sprechen (ganz bewusst auch in der Doppeldeutigkeit) – die ganzheitlichere Betrachtung ist. Klar ist nun auch, dass die individuelle Gesundheit eine von vier Dimensionen ist. Alle vier Dimensionen sind Grundlage eines Arbeitsbewältigungsgespräches (siehe Abbildung 10).

Abbildung 10: Das Fördermodell der Arbeitsfähigkeit[50]

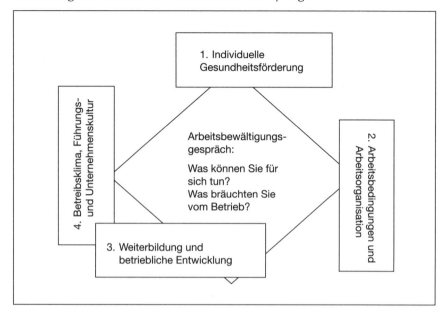

3.1.4 Das Werkzeug

Als Grundlage für Arbeitsbewältigungsgespräche empfehlen wir die in Übersicht 38 gezeigte Gesprächsnotiz. Die Gesprächspartner lernen zwangsläufig, dass es vier Dimensionen von Arbeitsfähigkeit gibt. Damit ist die individuelle Gesundheit, wenn auch eine wichtige, eben nur eine von vier Dimensionen. Gleichzeitig wird – ganz im Sinne des psychologischen Arbeitsvertrages – auch zu allen vier Dimensionen sehr konkret das Verhältnis von Geben und Nehmen erörtert.

Eindrücke von Führungskräften nach der Erprobung von Arbeitsbewältigungsgesprächen in Workshops

- »Alles Fälle, die die Führungskraft nicht alleine entscheiden kann. Es braucht die Zusammenarbeit mit der Personalabteilung beziehungsweise mit der Arbeitsmedizin.«
- »Erster, bedeutsamer Schritt: Führungskräfte erheben und analysieren die Fälle.«

Übersicht 38: Gesprächsnotiz für Arbeitsbewältigungsgespräche

4. Welche Arbeitsbedingen und -organisation würden helfen, Ihre Arbeitsfähigkeit wiederherzustellen?		1. Erhalt, Wiederherstellung Ihrer individuellen Gesundheit – funktionelle Kapazität	
Was können Sie anpassen?	Was bräuchten Sie vom Betrieb?	Was sollen und wollen Sie tun?	Was bräuchten Sie vom Betrieb?
(Notizen)	(Notizen)	(Notizen)	(Notizen)
(Notizen)	(Notizen)	(Notizen)	(Notizen)
Was könnten Sie für sich tun?	Was bräuchten Sie vom Betrieb?	Was könnten Sie bewegen?	Was erwarten Sie sich vom Betrieb?
3. Haben Sie Entwicklungswünsche und -möglichkeiten, die Ihre Arbeits- und Beschäftigungsfähigkeiten unterstützen?		2. Welche soziale Unterstützung von Führung und von Kollegen würde helfen, Ihre Arbeitsfähigkeit zu unterstützen?	
Zur weiteren Bearbeitung:			

Weitere Gesunde Dialoge

- »Bedeutsamer Input – die Frage, was kann individuelle Gesundheitsförderung sein, und wie kann der Betrieb unterstützen.«
- »Individuelle Gesundheit sollte künftig noch stärker in unserem Betrieb gemeinsam mit der Arbeitmedizinerin verfolgt werden.«
- »Das Schema hilft und klärt.«
- »Es kann nicht alles in einem ersten Gespräch geklärt werden.«
- »Nicht Verteiler unten auf der Gesprächsnotiz, sondern ›Namen der Personen, die miteingebunden werden sollen‹, sollen unten auf der Gesprächsnotiz mit aufgeführt werden.«
- »Wir machen heute schon Arbeitsbewältigungsgespräche bei schwierigen Fällen wie zum Beispiel Herzinfarkt. Wir haben jedoch bislang keine systematische Vorsorge bei milderen gesundheitlich Gefährdeten.«
- »Anpassungen sind nur möglich, wenn Stellen frei sind.«
- »Individuelle Gesundheitsförderung scheitert oft wegen der mangelnden Bereitschaft, privat Zeit und Geld zu investieren.«
- »Die Gesprächssituation ist aufgrund des ernsten Anlasses schwierig.«
- »Wir (Führungskräfte) bekommen es nicht mit, wenn ein Mitarbeiter wieder aus der Langzeiterkrankung zurückkommt. Wie wird der Kontakt zu Langzeitkranken gehalten?«

Arbeitsbewältigungsgespräche als Vieraugendialog

Üblicherweise führen Führungskräfte Arbeitsbewältigungsgespräche regelmäßig in Form eines Vieraugendialogs. In unseren Workshops äußerten sich einige Führungskräfte besorgt darüber, ob nicht die Gefahr bestünde, dass betroffene Beschäftigte Wünsche zum Erhalt ihrer Arbeitsfähigkeit formulieren, die der Arbeitgeber nicht erfüllen kann beziehungsweise nicht erfüllen will. Um eine bessere Vorstellung davon zu bekommen, was Mitarbeiter hierbei beispielsweise antworten, ist in Übersicht 39 eine Auswertung beziehungsweise Zusammenfassung der Ergebnisse dieser Vieraugendialoge am Beispiel eines Gastronomiebetriebes mit 17 Beschäftigten dargestellt.

Arbeitsbewältigungsgespräche in Gruppen

Ein anderes, eher seltenes, Beispiel eines Hamburger Busbetriebshofs mit insgesamt 340 Fahrern zeigt, dass es durchaus möglich ist, in einem ersten

Übersicht 39: Gesprächsergebnisse eines Vieraugendialogs

4. Arbeitsbedingungenorganisation	1. Individuelle Gesundheit

21 % Nennungen:
1. Ergonomiemaßnahmen
   – Lautstärke im Verkaufsraum regulieren
   – Arbeitsgerät für grobe Reinigung fehlt
   – mehr Stauräume
   – bessere Lüftung (Rauch?)
   – zu harter Fußboden hinter der Theke
2. Arbeitszeit
   (u. a. Teilzeit beibehalten)
3. individuelle Arbeitsorganisationsfragen
   (Mitarbeiter werden sich direkt an Vorgesetzte wenden)
	20 % Nennungen:
	1. Nichtrauchen
	2. Entspannungstechniken
	3. Rückentraining (gesundheitsgerechtes Heben und Tragen)

1. Qualifizierung für
   – gesundheitsgerechtes Arbeiten, Heben und Tragen
   – PC-Arbeit
2. Persönlichkeitsbildung und Stärkung der Gesundheitskompetenz durch
   – Selbstsicherheitstraining
   – Kreativität
   – Entspannungstechniken
   – Rückenschule
	1. Betriebsklima ist Ressource (Vorgesetzte können gefragt werden, haben ein offenes Ohr für persönliche und betriebliche Anliegen)
	2. Verbesserung der Arbeitsorganisation:
	   – Wunsch nach mehr Informationsaustausch im Team
	   – Fehler sollen besprechbar werden
	   – Auffassungen über Prioritäten zwischen Chef und Team besprechbar machen
	   – feste Teams bilden
	   – Wünsche in Bezug auf Dienstplanung

24 % Nennungen	**35 % Nennungen**
3. Weiterbildung – fachliche Kompetenz – betriebliche Entwicklung	2. Betriebsklima, Führungs-/Unternehmenskultur

Schritt die Idee des Fördermodells für einen Dialog mit einer Gruppe von Mitarbeitern zu nutzen:

In diesem Unternehmensbereich tauchten vielfach Vorurteile bezüglich der Leistungsfähigkeit Älterer auf, insbesondere in Bezug auf Veränderungen. Es hielt sich hartnäckig die Meinung: »Die wollen das nicht mehr!« oder »Die können das nicht mehr lernen!« Immer wieder kam es vor, dass die altersbedingte Abnahme von bestimmten körperlichen Leistungsmerkmalen undifferenziert negativ bewertet wurde. Diese Meinung entspricht aber nicht den empirisch nachweisbaren Tatsachen.

Will man die Fehlzeitenquote als ein typisches Merkmal für älter werdende Busfahrer heranziehen, so fallen an dem Hamburger Beispiel zwei Dinge auf:

Abbildung 11: Fehlzeitenquote, bestriebliches Beispiel, Daten 2003

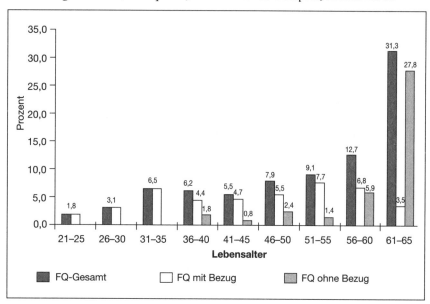

Die Fehlzeitenquote der älteren Fahrer innerhalb der Lohnfortzahlung (in Abbildung 11 mittelgrau gekennzeichnet) ist nicht signifikant höher als die der übrigen Fahrer. Im Gegenteil: Die über 60-Jährigen haben eine sehr niedrige Fehlzeitenquote innerhalb der Lohnfortzahlung. Da die herrschende Meinung die sogenannten motivationalen krankheitsbedingten Fehlzeiten innerhalb der Sechswochen-Lohnfortzahlungsfrist vermutet, darf man sicher davon ausgehen, dass die Älteren sehr wohl motiviert sind, zur Arbeit zu erscheinen. Anders ausgedrückt: Der psychologische Arbeitsvertrag ist bei dieser Altersgruppe eher uneingeschränkt erfüllt.

Die Fehlzeitenquote der älteren Fahrer außerhalb der Lohnfortzahlung (in Abbildung 11 weiß gekennzeichnet) steigt ab Mitte Fünfzig stark an und erreicht in diesem Unternehmensteil einen deutlich zweistelligen Prozentwert. Aus Gesprächen mit älteren Fahrern ist hier bekannt, dass es sich um Personen handelt, die schwere organische Erkrankungen erleiden und auch längere Regenerationszeiten bei Krankheiten benötigen.

In nur drei Wochen wurden daraufhin mit 47 älteren Fahrern Anerkennungs- beziehungsweise Arbeitsbewältigungsgespräche im Sinne der Belegschaftstypologie geführt. In jeder Woche fand ein Termin im Besprechungsraum statt, zu dem jeweils etwa ein Drittel der Fahrer in Gruppen zugegen war. Die zentrale Fragestellung in diesen Gruppengesprächen lautete: »Was brauchen Sie, um die verbleibenden Jahre bis zur Rente arbeitsfähig bleiben zu können?«

Alle Antworten wurden live dokumentiert, das heißt während der Gespräche auf dem Computer mitgeschrieben und mittels eines Beamers an die Wand projiziert. Verschwiegen werden soll hier nicht, dass es zu Anfang durchaus Reaktionen gab wie: »Sie wollen ja nur die Fehlzeitenquote verringern!«, aber auch: »Endlich wird mal etwas für die Alten getan!« Zugesagt wurde in allen Gesprächen, dass mindestens ein persönlicher Wunsch bezüglich der Anpassung der Arbeitsbedingungen an das veränderte Leistungsvermögen verbindlich gewährt würde.

Natürlich waren der Betriebsrat und die operativen Führungskräfte, die in allen Gesprächen mit den Älteren anwesend waren, etwas in Sorge, ob sich diese neue Maßnahme der betrieblichen Gesundheitsförderung nicht aufgrund der individuellen Wünsche der Älteren als Bumerang erweisen könnte. Letztlich hatten die Fahrer aber sehr bescheidene Wünsche:

- »Ich möchte bitte keine geteilten Dienste mehr fahren, ich ärgere mich sehr, wenn ich diesen Dienst in meinem Plan sehe!«
- »Ich möchte keine Dienste mehr fahren, die nach 22.00 Uhr enden, denn danach fühle ich mich nicht mehr wohl auf der Straße.«

- »Ich möchte keine Schnellbuslinien mehr fahren. Zwar geht der Tag schneller um, weil es in diesen Plänen wenig längere Pausen gibt, aber ich brauche Zeit, um in Ruhe zu essen und auf die Toilette zu gehen.«
- »Ich möchte nicht mehr auf der Linie sieben fahren müssen. Da hatte ich zweimal sehr unangenehme Erlebnisse mit Fahrgästen, das möchte ich mir nicht mehr antun.«
- »Ich möchte nach Möglichkeit nur noch Spät- und Nachtdienste fahren, damit ich den Vormittag mit meiner Familie habe...«
- »Ich möchte nur noch Schnellbuslinien fahren, die Stadtlinien machen mich fertig, es gibt andauernd Stau und Unfälle, die zu Verzögerungen führen, und ich bekomme meine Pausen nicht.«
- »Ich würde sehr gerne mehr geteilte Dienste fahren, weil ich meine Arzttermine dann sicher in der Mittagszeit wahrnehmen und in Ruhe zu Hause essen kann.«
- »Ich habe nur einen Wunsch: Bitte geben Sie mir keinen Bus mehr, der mit Vollwerbung ausgestattet ist. Wenn ich in diesem Bus fahre, habe ich immer das Gefühl, dass ich nicht so richtig hinausschauen kann.«
- »Ich habe keinen Wunsch. Es kann alles so bleiben, wie es ist.«

Der Betriebsrat, die operativen Führungskräfte und der Manager waren ob dieser Aussagen beschämt beziehungsweise überrascht. Zwei Dinge waren sofort klar:

- Die Fahrer haben sich ausnahmslos Änderungen in ihren Arbeitsbedingungen gewünscht, bei denen sie sicher davon ausgehen konnten, dass das Management diese betrieblich ermöglichen kann.
- Viele Wünsche haben sich in der Dienstplanung gegenseitig aufgehoben. Es war hier nur eine bescheidene Änderung in der Dienstzuteilung erforderlich.

Zum Sommerfahrplan 2003 wurden 46 ältere Fahrer (ein Fahrer war wunschlos) mit mindestens einem ihrer Wünsche in das dortige Datenverarbeitungsplanungssystem neu eingestellt und von ihren Führungskräften mündlich darüber informiert. Die Reaktionen waren durchweg positiv. Die Fahrer haben zum Teil direkt an die Führung gemeldet, wie begeistert sie wären, dass es tatsächlich geklappt und Gespräche endlich mal einen Sinn hätten. Jüngere Fahrer im Alter von 53 Jahren kamen auf den Manager zu und fragten, ob es denn das Programm 55+ auch noch in zwei Jahren geben würde. Vereinzelt kamen aber auch Fahrer, die sich darüber beschwerten, dass die älteren Fahrer bevorzugt behandelt würden, das sei schließlich nicht gerecht.[51] Nachdem der Manager das nicht bestritt, ihnen aber erklärte, dass auch sie älter werden und ab 55 Jahren davon profitieren würden, beruhigten sich die meisten. Im Ergebnis war festzuhalten, dass 55+ überwiegend auf Akzeptanz innerhalb der Belegschaft gestoßen war. Offensichtlich war auch für alle anderen Fahrer dadurch nun eine – wenn Sie so wollen – Arbeitsbewältigungskarriere erkennbar.

Zum Winterfahrplan 2003/2004, also sechs Monate nach der ersten Befragung, wurden alle 47 älteren Fahrer erneut mündlich befragt. Die Führungskräfte wollten wissen, wie es ihnen nun mit ihrer Arbeit, insbesondere mit ihren auf Wunsch geänderten Arbeitsbedingungen ergangen war. Ein einziger Fahrer wollte seine damalige Änderung rückgängig gemacht haben, alle anderen waren weiterhin sehr zufrieden. Für den Manager war dieses Ergebnis auch ein Indiz, wie gut die Älteren ihre Leistungsfähigkeit und ihre Möglichkeiten einschätzen können.

Auffällig war in den nächsten Monaten nach Umsetzung des Programms 55+, dass einige ältere Fahrer früher, als auf der Arbeitsunfähigkeitsbescheinigung angegeben, ihren Dienst wieder aufnahmen. Auffällig war auch, dass andere von sich aus auf ihren Diensteinteiler zugegangen waren, mit der Bitte, kurzfristig im Tausch frei zu bekommen, weil sie sich nicht gut fühlten, aber nicht in den Krankenstand gehen wollten. Eine von der Personalabteilung einmal pro Quartal erstellte Fehlzeitenstatistik zeigte nach neun Monaten, dass der Krankenstand in der Gruppe der Älteren innerhalb der Sechswochen-Lohnfortzahlung um mehr als 1 Prozent zurück gegangen war; der Krankenstand außerhalb der Lohnfortzahlung sogar um mehr als ein Drittel. Die Projektkosten für das Programm 55+ sollen abschießend auch nicht verschwiegen werden: Es fielen zum einem Kosten in Höhe von 12 408 Euro für sämtliche während der Arbeitszeit stattgefundenen Gespräche an (insgesamt 264 Stunden à 22 Euro bei 47 Fahrern) und zum anderen in der Umstellungsphase Mehrarbeit für den Diensteinteiler, der die Änderungswünsche neu in das Datenverarbeitungssystem einpflegen musste. Dafür sparte das Unternehmen durch die Senkung des Krankenstands um 1,3 Prozent allein in den ersten neun Monaten 28 952 Euro.

3.1.5 Hindernisse und Chancen

Fehlende Zeit als größtes Hindernis für das Führen dieses Dialogs

Interessanterweise konnten Führungskräfte im Rahmen von Workshops zum Erlernen von Arbeitsbewältigungsgesprächen ausnahmslos Personen zu dieser Gruppe der Belegschaftstypologie erkennen und zuordnen, die als gesundheitlich Gefährdete, Langzeiterkrankte oder krank wahrgenommen wurden. Das größte Hindernis aus Sicht der Führungskräfte, mit diesen Personen nun Arbeitsbewältigungsgespräche zu führen, war beziehungsweise ist der Faktor Zeit. Die Technik des Dialogs, das veränderte Verständnis von Gesundheit hin zu der Erweiterung zur Arbeitsfähigkeit wurde als hilfreich und sinnvoll erachtet. Jedoch ist nach Auskunft der allermeisten Führungskräfte keine Zeit vorhanden, um diese Dialoge systematisch zu führen. Es ist in der betrieblichen Praxis nicht selten vorgekommen, dass auf der Entscheiderebene ein Beschluss gefasst wurde, bis zu welchem Zeitpunkt diese Dialoge erfolgt sein mussten. Dies hat dann dazu geführt, dass insbesondere auch operative Führungskräfte Arbeitsbewältigungsgespräche überwiegend außerhalb ihrer tariflichen Arbeitszeit führen mussten. Ein Manager erklärte dagegen sogar freimütig, dass er mit den Langzeiterkrankten nur dann reden wolle, wenn er wirklich Zeit übrig habe, schließlich würden diese Mitarbeiter aus Sicht des Arbeitgebers aktuell kein Geld kosten.

Aus unserer Sicht ist der notwendige Zeitaufwand ein ernst zunehmendes Thema, das tendenziell dazu führt, dass Betriebe, die Dialoge mit Mitarbeitern ernsthaft und systematisch führen wollen, sich einmal mehr mit der Relevanz und der Qualität der zu bewältigenden Führungsaufgaben neu auseinanderzusetzen haben (siehe Abbildung 12).

Im Ergebnis kann es nur zur Folge haben, dass der Terminkalender der Führungskraft regelmäßig – tendenziell wöchentlich – Zeit für Dialoge mit Mitarbeitern ausweist. Ansonsten zeigt die Erfahrung, dass sich die Führungskräfte fest vornehmen, endlich diese Dialoge zu führen, diese aber im Führungsalltag dann doch in der Priorisierung nach hinten abrutschen.

Abbildung 12: Führungsaufgaben

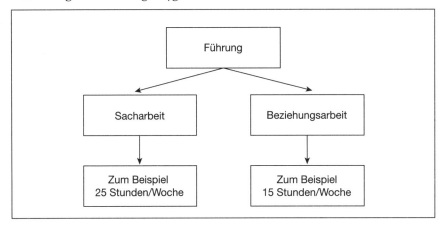

Keine Schuldzuweisungen – Führungskräfte lernen, dass sie Arbeitsfähigkeit beeinflussen können

Eine große Chance durch die Einführung von Arbeitsbewältigungsgesprächen wurde von den Führungskräften darin gesehen, dass der von allen leicht verwendete Begriff »Gesundheit« mehr Dimensionen hat, als bisher – zumindest – im konkreten Bewusstsein und damit im konkreten Tun angenommen. Damit waren nun auch zwei weitere Dinge klar: Zum einen gibt es von vornherein keine einseitige Schuldzuweisung, nach dem Motto »Der Mitarbeiter hat selber Schuld, wenn er sich nicht ausreichend um seine Gesundheit kümmert.« Vielmehr wird von den Führungskräften dezidiert verstanden, dass auch sie mindestens kraft ihrer Funktion einen (erheblichen) Einfluss auf die Arbeitsfähigkeit ihrer Mitarbeiter haben. Als wichtiges Ergebnis von Arbeitsbewältigungsgesprächen hatten Führungskräfte und Beschäftigte das Gefühl, beide Seiten könnten – gegebenenfalls sogar gemeinsam – etwas tun. Es hat sich also gelohnt, dieses Gespräch zu führen.

Führungskräfte schätzen den vertrauensvoll angelegten Vieraugendialog

Begrüßt wurde in der Folge auch, dass das Erstgespräch mit betroffenen Personen als Vieraugendialog zwischen Führungskraft und Mitarbeiter angelegt ist. Natürlich haben die Führungskräfte verstanden, dass im

Arbeitsbewältigungsgespräch Dinge zur Sprache kommen können – man denke beispielsweise an medizinisch indizierte Diagnosen –, bei denen der geeignete Umgang damit gerade nicht in die Kompetenz der Führungskraft fällt. Allen Führungskräften war jedoch klar, dass dann ein weiteres Gespräch oder auch weitere Gespräche mit anderen Experten anstünden, wie zum Beispiel der Arbeitsmedizin oder auch der Schwerbehindertenvertretung. In jedem Fall war es den Führungskräften wichtig, das erste Arbeitsbewältigungsgespräch selber zu führen. Die Begründung lautete regelmäßig sinngemäß, dass man ja schließlich schon lange mit dieser Person zusammenarbeite und es ein komisches Gefühl auslöse, wenn bei Problemen ab sofort andere für diese Person zuständig seien. Schließlich ginge es nicht nur darum, sich nicht der Verantwortung zu entziehen, sondern auch darum, die bisher vertrauensvolle Arbeitsbeziehung aufrechtzuerhalten.

Zumindest der zuletzt genannte Aspekt, Vertrauen, hat sich als ein wichtiger Schlüssel für das Gelingen von Arbeitsbewältigungsgesprächen erwiesen. Reinhard K. Sprenger hat dazu eine hilfreiche Ansicht formuliert: »Dass wir vertrauen, ist uns meistens nicht bewusst. Wir nehmen es für selbstverständlich. Wenn zum Beispiel Menschen, denen wir vertrauen, tun, was wir erwarten, nehmen wir davon kaum Notiz. Wir leben in dem Bewusstsein des Und-so-weiter. Es hat ein tendenziell offenes Ende. Das ist der Grund, aus dem wir so oft die Bedeutung von Vertrauen geringschätzen: Wir nehmen es nicht wahr, bis es zusammengebrochen ist. Dann sind wir in der Regel völlig überrascht, manchmal schockiert…Dieser Sichtweise entsprechend könnten wir niemals sagen: ›Ich vertraue dir‹, sondern nur ›Ich habe dir vertraut‹. Einige Autoren gehen daher davon aus, dass ein bewusstes Vertrauen schon gar kein Vertrauen mehr ist. Die Frage ›Kann ich ihm/ihr vertrauen oder nicht?‹ wird schon in den Bereich des Misstrauens verschoben. Vertrauen ist danach ein Zustand, der sich nur verschlechtern kann. Eine prekäre, flüchtige Befindlichkeit.«[52] Die wiederum, so die Einschätzung der Führungskräfte und der Autoren, durch Einfach-Tun – in diesem Fall bewusst zu einem Vieraugengespräch einzuladen – erst gar nicht in Frage gestellt wird.[53]

Fantasielosigkeit bei der Umsetzung von konkreten Maßnahmen?

Als schwieriger in der betrieblichen Praxis erwies sich das Thema der konkreten Umsetzung von für sinnvoll erachteten Maßnahmen. Beinahe reflexartig – so erschien es uns in vielen Unternehmen – scheint die einzige Maßnahme, die bei derartigen Fällen von (beginnender) Arbeitsunfähigkeit immer genannt wurde, ein Arbeitsplatzwechsel für betroffene Personen, das heißt in der Regel ein anderer Arbeitsplatz, der gewisse Belastungen nicht mit sich bringt. Wir erklären uns dieses Phänomen damit, dass nach wie vor die Sichtweise »Arbeit macht krank« vorherrschend ist, und noch zu wenig mit der gleichen Systematik erfragt wurde, wo denn beziehungsweise unter welchen Umständen Arbeit gesunderhaltend wirkt. Ab Seite 194 (Übersicht 40) wird eine Fülle von möglichen anderen Maßnahmen dargestellt.

Gleichbehandlung – Gerechtigkeit bei individuellen Lösungen herstellbar beziehungsweise gewünscht?

Im Rahmen unserer Führungskräfteworkshops berichten wir immer wieder gerne von den Grundsätzen, die sich die Vereinigung der Hamburger Kindertagesstätten gegeben hat. Immerhin 173 Kindertagesstätten, die sich auf der entsprechenden Homepage vorstellen, gehören zu dieser Vereinigung Hamburger Kindertagesstätten – kurz: *Vereinigung*. In den Grundsätzen heißt es, dass jede Kindertagesstätte individuell arbeitet, ihre eigenen Arbeitsschwerpunkte, ihren eigenen Charakter und ihr eigenes pädagogisches Konzept hat. Jedoch gibt es ein paar gemeinsame Grundsätze und Qualitätsstandards, die alle Häuser der Vereinigung verbinden. Insgesamt findet der Leser dort zehn Grundsätze beschrieben, wovon der erste Grundsatz hier wörtlich zitiert ist: »Jedes Kind ist von Beginn seines Lebens an einmalig und unverwechselbar in seiner Individualität. Jedes Kind hat Anspruch darauf, in seiner Individualität wahrgenommen und geachtet zu werden.«[54]

Was für Kinder noch selbstverständlich scheint, ist für Erwachsene, in diesem Fall für Mitarbeiter, offensichtlich nicht mehr selbstverständlich. Stattdessen hat über Jahre eine Gleichmacherei in den Betrieben stattgefunden. Ausnahmen mag es geben und wird es geben. Man müsste jedoch gelegentlich untersuchen, worauf genau sich Abweichungen begründen. Hansmann hat an anderer Stelle das Thema Gleichbehandlung per se als Ungerechtigkeit angeprangert und stattdessen einen gesünderen Umgang mit Nichtgleichbehandlung beschrieben: »Jeden gleich zu behandeln ist die beste Voraussetzung, keinem gerecht zu werden – denn das Gleiche ist nicht für alle gleich gut. Das Eingeständnis, nicht allen gleich gerecht zu werden, wirkt beziehungsklärend und hat entlastende Auswirkungen – erst dadurch wird es möglich, dem einzelnen Menschen gerechter zu werden.«[55]

Auf die Praxis der Führungskräfte übertragen, kann das nur bedeuten: »Liebe Führungskräfte, tut, was ihr für richtig und sinnvoll haltet. Ihr müsst im Zweifel lediglich gewappnet sein, Dritten gegenüber plausibel begründen zu können, warum ihr so und nicht anders gehandelt habt, um keinen eventuellen Geschmack von Willkür oder auch nichtregelkonformes Verhalten auszustrahlen.

Der geschlossene psychologische Arbeitsvertrag unterstützt gemeinsame Vorhaben beziehungsweise Vereinbarungen

Positiv berichten Führungskräfte über das Ergebnis eines Arbeitsbewältigungsgespräches auch insofern, als sie die Erfahrung machten, dass es mit Personen aus dieser Gruppe leicht möglich ist, Deals zu vereinbaren. Ein Beispiel für einen gelungenen, weil gesunden Deal ist weiter oben angeführt. Der Fall eines Busfahrers nämlich, der von seinem Arbeitgeber kostenlos einen Schwimmgutschein erhält und sich im Gegenzug verpflichtet, wöchentlich einen Nachweis über seine tatsächliche Inanspruchnahme dieses Angebots zur individuellen Gesundheitsförderung zu liefern und zum Teil einen eher ungeliebten Dienst zu leisten.

Dass es mit Personen, mit denen Arbeitsbewältigungsgespräche geführt werden, überhaupt möglich ist, gesunde Deals zu vereinbaren, erklärt sich wiederum aus dem Phänomen des psychologischen Arbeitsvertrages. Noch einmal zur Erinnerung: Zielgruppe einer Belegschaft, mit der Führungskräfte beabsichtigen Arbeitsbewältigungsgespräche zu führen, haben einen eher guten bis sehr guten geschlossenen psychologischen Arbeitsvertrag.

Was passiert, wenn alle gemeinsamen Bemühungen zum Scheitern verurteilt sind?

Eine interessante Erfahrung aus vielen Trainings zum Arbeitsbewältigungsgespräch ist auch, dass nur äußerst selten von Führungskräften am Ende der Veranstaltung die Frage gestellt wird: »Wie gehen wir damit um, wenn die Sache trotz Arbeitsbewältigungsgesprächen und in der Folge gemeinsamer Bemühungen scheitert?«

Das mag zuerst einmal die Bedeutung haben, dass Führungskräfte und auch Beschäftigte irgendwie davon überzeugt sind, dass – wenn alle Beteiligten mitmachen – es auch irgendwie gut ausgehen wird. Und doch ist gerade diese Frage von großer Bedeutung. Rufen wir uns nur noch einmal in Erinnerung, mit welchem Personenkreis wir Arbeitsbewältigungsgespräche führen. Für ein Scheitern kann es nach unserer Überzeugung prinzipiell nur zwei Gründe geben: Der Mitarbeiter will nicht mehr, oder aber der Mitarbeiter kann nicht mehr.[56]

Für den Fall, dass von der Führungskraft plausibel ein Nichtwollen festgestellt wird, sollten wir darüber nachdenken, wie wir geeignet Einfluss auf das Verhalten der Person nehmen können. Eine wenig erfreuliche Variante – im Sinne der Ultima Ratio – könnte sein, als nächstes Gespräch mit dieser Person ein Fehlzeitengespräch zu führen.[57] Wobei wir davon überzeugt sind, dass die Führungskraft sich zuvor natürlich ernsthaft bemüht, nach Gründen für ein Nichtwollen zu forschen und entsprechende Angebote seitens der Führung zu unterbreiten. Insoweit glauben wir schon, dass diese Möglichkeit auch in der Realität besteht, jedoch nur zu einem sehr geringen Teil gerade in dieser Gruppe mit einem ausgeprägten psychologischen Arbeitsvertrag.

Weitaus häufiger werden wir auch künftig damit zu tun haben, dass sich nach gegenseitigem besten Bemühen die Wiederherstellung einer andauernden Arbeitsfähigkeit nicht realisieren lässt, unterstellt, dass selbst ein anderer, gesünderer Arbeitsplatz nicht den gewünschten Erfolg erbracht hat.

Wir halten daher viel davon, diese Form des Scheiterns von Anfang an mitzubedenken. Der Arbeitgeber kommt nicht umhin, sich an dieser Stelle mit einer Entlassung von Mitarbeiterinnen und Mitarbeitern auseinanderzusetzen. Jean-Marcel Kobi hat zum Thema Entlassungen festgestellt, dass damit ein gravierender Imageverlust des Unternehmens einhergeht und die Reputation schneller vernichtet ist als wieder aufgebaut.[58] Am Beispiel der Schweizerischen Post, der Deutschen Bank und der Commerzbank hat er weiterhin aufgelistet, welche Maßnahmen diese Unternehmen entwickelt haben, um einen Ausgleich von personellen Überkapazitäten – als Folge eines massiven Personalabbauprogramms – zu schaffen.

Übersicht 40: Personalrisikomanagement, erweitert um Maßnahmen bei Scheitern von Arbeitsbewältigungsgesprächen

	Schweizer Post	Deutsche Bank	Commerz-bank	Maßnahmen/ Scheitern
Mobilitätsförderung			•	•
Förderung Selbstständigkeit			•	•
Weiterbildung, Qualifizierung, Umschulungsprogramme	•	•	•	•
Interner Stellenmarkt, Versetzungen	•	•	•	
Insourcing			•	
Projektarbeit	•	•		
Arbeitszeitmodelle (Solidarität)	•			•
Unbezahlter Urlaub	•			•
Einsätze bei anderen Unternehmen	•	•	•	•
Vermittlung in Kooperation mit Personalberatungsfirma	•	•	•	•
Kontaktbörse			•	•
Outplacement (Einzel-, Gruppen-)	•	•	•	•
Wechsel zu Tochter- oder Partnerfirma	•			•
Aufhebungsvertrag (freiwilliger Austritt mit Abgangsentschädigung)	•	•	•	•
Existenzgründungshilfen	•	•		•
Vorruhestandsregelungen	•	•	•	•
Consulting im gleitenden Ruhestand			•	•

Arbeitsflexibilisierung		•	•	•
Altersteilzeit		•	•	•
Teilzeit		•	•	•
Berlinmodell: Ausbildung in bankfremden Berufen		•		•
Inhouse-Zeitarbeit		•		
Lebensschockberatung		•		•

Man kann in dieser Übersicht gut erkennen, dass diese drei Konzerne – im Falle von Personalentlassungen – grundsätzlich viele Ideen entwickelt haben, um, mehr oder weniger geeignet, die Mitarbeiter aufzufangen beziehungsweise auf die einschneidend veränderte berufliche und/oder private Situation besser vorzubereiten. Wir sind der Meinung, dass einige dieser Ideen prinzipiell auch für ein Scheitern von Arbeitsbewältigungsgesprächen beziehungsweise in der Folge für ein Nichtkönnen der betroffenen Mitarbeiter berücksichtigt werden müssen. In keinem Fall darf es bei Personen in dieser Gruppe im Falle eines Scheiterns zu perspektivlosen Beendigungskündigungen seitens des Arbeitgebers kommen. In den allermeisten Fällen lässt sich unsere Forderung wirtschaftlich begründen, wie Übersicht 41 belegt.

Über die konkreten Zahlen in obiger Tabelle mag man abweichender Meinung sein. Deutlich werden jedoch zwei Dinge:

1. Der Arbeitgeber kann im Falle einer Nichtbesetzung der nun frei gewordenen Stelle nachweisen, dass ab sofort Lohnkosten in einem nicht unerheblichen Maße (in unserem Beispiel immerhin 528 000 Euro) nie wieder anfallen. Das bedeutet aber nichts anderes, als dass der Arbeitgeber sehr viel Geld mehr für eine berufliche und/oder private Anschlussperspektive des Mitarbeiters aufwenden kann als dieses in der Praxis üblicherweise geschieht, insbesondere bei den unteren Einkommensgruppen.

2. Im Falle einer tariflichen, kostengünstigeren Nachbesetzung (aus Sicht des Arbeitgebers) der durch ein krankheitsbedingtes Ausscheiden eines Mitarbeiters freigewordenen Stelle ergibt sich bei Berücksichtigung der aufzuwendenden Kosten für diese Trennung im Verhältnis zu den

Übersicht 41: Wirtschaftlichkeit der Trennung von Mitarbeitern

Mitarbeiter, 53 Jahre, gemäß Tarifvertrag ordentlich unkündbar	Abfindung	65 000 €	Lohnkosten bis zur Rente: 44 000 € x 12 Jahre = 528 000 €
Personalabteilung, Interessenvertretung, Gerichtskosten	Bezahlte Arbeitszeit, Rechtsanwaltskosten	+ 8 000 €	
Fluktuationskosten/Neueinstellung	Anzeigen, Auswahlverfahren, Probezeit, Einarbeitung	+ 15 000 €	= 88 000 € (Kosten dieser Kündigung = 2 Mitarbeiter)
Trennung erfolgreich und Stelle wird nicht neu besetzt		528 000 € − 88 000 € = 440 000 €	Lohnkosten für 12 Jahre minus Kosten Kündigung = Ersparnis
Trennung erfolgreich und Neueinstellung wird vorgenommen	Neutarif: 300 € weniger / Monat: 12 Jahre x 12 Monate x 300 € = 43 200 €	88 000 € − 43 200 € = 44 800 €	Kosten Kündigung minus Tarifersparnis = VERLUST

eingesparten Kosten aus dem Tariflohn immer noch ein rechnerischer Verlust (in unserem Beispiel immerhin 44 800 Euro) für den Arbeitgeber. Man möge sich anhand dieser Zahl nur einmal vorstellen, welche individuellen Möglichkeiten einer rechtzeitigen Investition in gesundheitsförderliche Maßnahmen immer schon in Betrieben realistisch existieren, um diese Fälle von Scheitern zu vermeiden.

Damit stehen aber auch zwei ganz elementare Forderungen an Unternehmen – die Wirtschaftlichkeit des Betriebes und die Fürsorgepflicht gegenüber seinen Beschäftigten – überhaupt in keinem Widerspruch mehr zueinander. Wir wissen heute mit dem Verständnis des Modells einer Belegschaftstypologie, dass die Mehrheit der Beschäftigten anders ist beziehungsweise anders arbeitsfähig. Führungskräfte sind sich dann sehr genau der Arbeitsfähigkeit der einzelnen Mitarbeiter bewusst, weil nun mit allen systematisch und wertschätzend geredet wird. Deswegen lässt sich das Dialogziel für Arbeitsbewältigungsgespräche »Sie in Arbeit halten«, und zwar kurz-, mittel- und auch langfristig, auch gut und gesund mit betrieblichen Realitäten vereinbaren. Mit anderen Worten: Für viele Teilnehmer in unseren Workshops stellt sich daher sinnvollerweise nicht mehr die Frage des *Ob*, sondern stets die Frage des *Wie*.

3.1.6 Betriebliches Eingliederungsmanagement gemäß Paragraf 84 Absatz 2 Sozialgesetzbuch IX[59]

Mit der Novellierung des SBG IX durch das Gesetz zur Förderung der Ausbildung und Beschäftigung schwerbehinderter Menschen ist das Betriebliche Eingliederungsmanagement (BEM) im Mai 2004 gesetzlich eingeführt worden. Das BEM hat seinen Standort in dem mit der amtlichen Überschrift »Prävention« versehenen Paragrafen 84. Dessen Absatz 2 Satz 1 bestimmt wörtlich: »Sind Beschäftigte innerhalb eines Jahres länger als 6 Wochen ununterbrochen oder wiederholt arbeitsunfähig, klärt der Arbeitgeber mit der zuständigen Interessenvertretung im Sinne des Paragraf 93, bei schwerbehinderten Menschen außerdem mit der Schwerbehindertenvertretung mit Zustimmung und Beteiligung der betroffenen Personen, die Möglichkeiten, wie die Arbeitsunfähigkeit möglichst überwunden werden und mit welchen Leistungen oder Hilfen erneuter Arbeitsunfähigkeit vorgebeugt und der Arbeitsplatz erhalten werden kann (Betriebliches Eingliederungsmanagement).« Damit berührt das Gesetz inhaltlich den oben vorgestellten Dialog des Arbeitsbewältigungsgespräches beziehungsweise ist zum Teil in diesem Dialog abgebildet. Obwohl das Gesetz noch sehr jung ist, mithin eher sehr wenige Beispiele aus der gelebten betrieblichen Praxis vorliegen, soll im Folgenden der Versuch unternommen werden, die gesetzlichen Regelungen mit dem Dialog des Arbeitsbewältigungsgesprächs in den wesentlichen Überschriften zu vergleichen und auch zu bewerten.

Ziele

Die Ziele des BEM sind:

- den Ursachen von Arbeitsunfähigkeitszeiten von einzelnen Beschäftigten nachzugehen,
- die möglichst rasche Überwindung der aktuellen Arbeitsunfähigkeit,
- die Vorbeugung künftiger Arbeitsunfähigkeitszeiten,
- die Vermeidung krankheitsbedingter Kündigungen und
- der Erhalt und die Förderung der Arbeitsfähigkeit aller Mitarbeiter.

Chancen durch BEM

- *Es gibt nun einen gesetzlichen Auftrag für die Unternehmen.*
Eine wesentliche Stärke des BEM aus unserer Sicht ist, dass der Erhalt der Arbeitsfähigkeit aller Beschäftigten nun ein gesetzlicher Auftrag für die Arbeitgeber geworden ist. Aller Voraussicht nach wird das den einen oder anderen Arbeitgeber heute mehr motivieren, im Sinne des Paragrafen 84 aktiv zu werden. Gleichzeitig führt der gesetzliche Auftrag zwangsläufig auch zu der Frage, welche Konsequenzen es für den Arbeitgeber hat, wenn er sich trotz der gesetzlichen Pflicht nicht um die Eingliederung des erkrankten Mitarbeiters kümmert.

Eine Antwort von berufener Stelle gibt Dr. Gagel, Richter außer Dienst am Bundessozialgericht: »Abgesehen von wirtschaftlichen Problemen durch längere Ausfallzeiten drohen auch Probleme, wenn eine Kündigung ausgesprochen werden soll. Das Arbeitsgericht wird dem Arbeitgeber dann regelmäßig vorhalten, dass er nicht, wie nach Kündigungsrecht erforderlich, alle Möglichkeiten genutzt hat, eine Kündigung abzuwenden, und der Klage des Arbeitnehmers gegen die Kündigung stattgeben. Der Gesetzgeber möchte, dass bei Schwierigkeiten im Arbeitsverhältnis zunächst über Hilfe nachgedacht und erst, wenn sich keine andere Möglichkeit bietet, eine Kündigung in Betracht gezogen wird. Im Extremfall kommen auch Schadenersatzansprüche in Betracht. Allerdings nur, wenn die Arbeitnehmerin oder der Arbeitnehmer nachweisbar aufgrund der unterlassenen Eingliederung einen Schaden erlitten hat und der Arbeitgeber hierfür haftbar gemacht werden kann.«[60]
- *Der Gesetzgeber hat ein überprüfbares Kriterium benannt.*
Als weitere Stärke kann grundsätzlich angesehen werden, dass der

Gesetzgeber ein eindeutiges, überprüfbares Kriterium vorgeben hat, nämlich für jeden einzelnen Beschäftigten eines Betriebes, der in den vergangenen zwölf Monaten an mehr als sechs Wochen ununterbrochen oder wiederholt arbeitsunfähig erkrankt war. Somit ist eindeutig beschrieben, wann der Arbeitgeber das Verfahren des BEM im Einzelfall anzubieten hat.

- *Prinzip der Freiwilligkeit*
Die betroffene Person muss freiwillig der Einleitung des BEM-Verfahrens zustimmen. Diese Forderung macht schon deshalb Sinn, weil auf Basis der Freiwilligkeit tendenziell vermutet werden darf, dass die betroffene Person überhaupt bereit ist, sich mit der Überwindung oder Verringerung der persönlichen Arbeitsunfähigkeitszeiten auseinanderzusetzen. Da das BEM auf dem Dialogprinzip basiert, kann man sich eher leicht vorstellen, dass ein Zwangsverfahren beziehungsweise eine Verpflichtung zur Teilnahme am BEM hier wenig Konstruktives von allen Beteiligten erwarten ließe.
- *Die Dokumentation des Verfahrens von Anfang an erhöht die Verbindlichkeit in der Umsetzung.*
Die Notwendigkeit der Dokumentation hat zwei wesentliche positive Aspekte. Zum einen kann der Arbeitgeber jederzeit belegbar den Nachweis erbringen, dass er ein BEM-Verfahren angeboten beziehungsweise durchgeführt hat. Das erscheint sowohl für eine nachhaltige Etablierung dieses Instrumentes förderlich als auch – im schlimmsten Fall – beim Ausspruch einer Beendigungskündigung arbeitsrechtlich relevant. Zum anderen erhöht jede Dokumentation des Verfahrens von Anfang an die Verbindlichkeit des Handelns aller Beteiligten am BEM-Verfahren. Allen Beteiligten liegen damit schriftliche Handlungsempfehlungen, Vereinbarungen, Termine und Fristen vor, die – wiederum überprüfbar – abgearbeitet werden können beziehungsweise müssen.

Grenzen des betrieblichen Eingliederungsmanagements

Zwar hat der Gesetzgeber ein überprüfbares Kriterium – Krankenstand von mehr als sechs Wochen innerhalb eines Zeitraumes von zwölf Monaten – für diejenigen Personen benannt, für die das Verfahren Anwendung finden muss. Die betriebliche Erfahrung zeigt aber deutlich, dass mit diesem Alleinkriterium nach unserem Modell einer Belegschaftstypologie lediglich die Langzeiterkrankten erfasst werden. Die beiden weiteren Subgruppen, gesundheitlich Gefährdete und Kranke, fallen aus der gesetzlichen Regelung heraus. Das Kriterium des psychologischen Arbeitsvertrages findet in der gesetzlichen Regelung keine Berücksichtigung. Über die Gründe darüber mag man spekulieren. Fakt ist jedoch, dass Führungskräfte regelmäßig sehr genau wissen, dass es diese Gruppe von Beschäftigten gibt. Der Blick auf den psychologischen Arbeitsvertrag macht diese Personen sehr schnell sichtbar. Führungskräfte und auch andere betriebliche Experten wissen damit, wie sie mit diesen Personen geeignet reden können.

Liest man die verschiedenen Handlungsempfehlungen zum geeigneten Umgang mit dem betrieblichen Eingliederungsmanagement, so entsteht schnell der Eindruck, dass der Arbeitgeber ausschließlich in der Rolle des Gebenden zu sein hat. Die Rolle des Langzeiterkrankten scheint sich darin zu erschöpfen, dass er sich bereiterklärt, freiwillig der Einleitung dieses Verfahrens zuzustimmen. Ansonsten wird lediglich mit der Brille geschaut, wo im Einzelfall arbeitsbedingte Belastungen vorhanden sind, die dann der Arbeitgeber idealerweise zu verringern beziehungsweise abzuschaffen hat. Die dahinter versteckte Botschaft lautet: Arbeit macht krank. Wir wissen nun aber aus den Ergebnissen der Dialoge des Anerkennenden Erfahrungsaustauschs, dass die Mehrheit der Beschäftigten arbeitsfähig ist und dass es viele gesunderhaltende Faktoren der Arbeit gibt. In den einschlägigen Handlungsempfehlungen wird hiernach aber gerade nicht geforscht. Es bleibt abzuwarten, ob sich diese noch in der Anfangsphase befindliche gesetzliche Regelung in der betrieblichen Praxis in einer für alle Beteiligten zufriedenstellenden Weise bewähren wird. Zweifel sind sicherlich angebracht.

3.2 Fehlzeitengespräche

Mittlerweile arbeiten (operative) Führungskräfte aus zehn unterschiedlichen Branchen mit dem Modell der Belegschaftstypologie. Spätestens bei der Aufforderung an die Führungskräfte, ihre Beschäftigen den vier Typen ihrer Belegschaftstypologie zuzuordnen, zeigt sich ausnahmslos zuallererst einmal, dass die Gruppe der so bezeichneten »regelmäßig oder ungerechtfertigten Abwesenden« – oder, wie der Volksmund diese Personen auch gerne bezeichnet, »Blaumacher«[61] – allenfalls maximal 2 Prozent der Gesamtbelegschaft eines Unternehmens ausmacht. Diese Erkenntnis ist für die Führungskräfte insbesondere deshalb von großer Bedeutung, weil durch das Kriterium des psychologischen Arbeitsvertrages – neben der Krankenstatistik – überhaupt erst eine Differenzierung nach drei Gruppen von auffällig Abwesenden möglich ist. Bisher kannten die Führungskräfte regelmäßig nur Fehlzeitengespräche, die dann aber auf alle Mitarbeiter im Falle auffälliger krankheitsbedingter Fehlzeiten anzuwenden waren.

3.2.1 Zielgruppe

In anonymisierten Bildern, die mittels einer Kartenabfrage in vielen Workshops ermittelt werden, wird diese Minderheitengruppe von Beschäftigten von deren Vorgesetzten beispielsweise so beschrieben:

- Circa 35 Jahre alt, seit acht Jahren im Betrieb, verheiratet, zwei Kinder, viele einzelne Krankheitstage, vor allem nach Wochenenden, hat wohl schwerwiegende private Probleme, flüchtet sich in Krankheit, immer fordernd, unordentlich, unkollegial.
- Männlich, circa 40 Jahre alt, ledig, negative Einstellung zum Betrieb, demotiviert, Krankmacher, Kollegen wollen nicht mit ihm zusammenarbeiten, sehr berechnend, Lügner, erbringt kaum seine vorgeschriebene Arbeitsleistung, eingebildeter Kranker mit vielen Krankheitssymptomen.
- Krankenzeiten vor und nach dem Wochenende und in den Schulferien als Reaktion auf Ablehnung von Urlaub oder Freizeit, keine Identifizierung mit der Arbeit, nur Lebenssicherung, still und unauffällig, maximal durchschnittliche Leistung, selbstgerechtes Verhalten.
- Geboren 1968, sieben bis neun Dienstjahre, kein inhaltliches Interesse an der Arbeit, Freizeit leben, dritter Beruf, typischer Mitläufer, Versorgungsmentalität.
- Körperlich augenscheinlich gesund, sieht immer wie das blühende Leben aus, braun gebrannt, laut Nachbarn häufig im Urlaub, betroffen von der Auflösung der kleinen Dienstreihe, prahlt mit der Blödheit des Betriebs.

- M., 43 Jahre, häufige Kurzerkrankungen, private Probleme?, unflexibel, unordentlich, unkollegial, immer fordernd, Miesmacher.
- Ende 30, seit acht Jahren im Betrieb, nie die gleiche Krankheit, kennt Rechtsrahmen genau, zeitweise Engagement, sucht Bequemlichkeit und eigenen Vorteil, weiß, was er tut, fühlt sich sicher.
- Alter 48 Jahre, Eintritt: 1990, Dienst nach Vorschrift, Sonderwünsche, Lautsprecher, beeinflusst andere, führt Prozess gegen AG wegen Arbeitsbedingungen, häufig krank, permanent unzufrieden.
- Mann, Anfang 30, zieht gerne seine Vorteile, Egoist, gibt nur das Nötigste, berechnend, arrogant und aggressiv im Verhalten gegenüber Vorgesetztem, negative Einstellung zum Arbeitgeber, hat hohe Fehlzeiten, privates Engagement in der Politik sehr hoch, Neigungsgruppe vom Arbeitgeber angeboten.

3.2.2 Das Dialogziel

Zyklisch »ungerechtfertigt« Abwesende	Keine Ausnutzung des sozialen Systems mehr

Deutlich ist nun, dass das Ziel eines Fehlzeitengesprächs sein muss, eine Verhaltensänderung der Person durch den Dialog, konkret durch geeignete Fragen herbeizuführen. Gelegentlich fragten Führungskräfte in den Seminaren, warum sie denn überhaupt noch mit diesen Blaumachern reden sollten, schließlich seien sie bereits identifiziert, und es sei auch klar, dass sie seit Jahren den Betrieb und damit das soziale System zu ihrem Vorteil ausnutzten. Hier ist regelmäßig der Hinweis angebracht, dass es eher nicht von einem professionellem Vorgehen zeugt, wenn die Führungskraft auf das Fehlzeitengespräch verzichten möchte und stattdessen über eine personenbedingte Beendigungskündigung nachdenkt. Schließlich muss man anerkennen, dass es den Blaumacher unter Umständen seit vielen Jahren in diesem Unternehmen gibt, weil das Unternehmen es auch seit vielen Jahren zugelassen hat. Insofern ist auch ein Fehlzeitengespräch ein freiwilliges Gesprächsangebot an eine bestimmte – wie schon gesagt – kleine Gruppe von Beschäftigten in Unternehmen, welches die betroffene Person zumindest mit Schweigen verhindern kann. Jedoch stehen die ernst gemeinte Fürsorgepflicht und das Fehlzeitengespräch in keinem Widerspruch zueinander: Wie anders soll ein *Blaumacher* seriös erkennen können, dass sich die *Spielregeln* in diesem Betrieb nun geändert haben?

3.2.3 Das Werkzeug

Der Erfolg eines Fehlzeitengesprächs hängt wesentlich von drei Regeln ab:
1. Die Haltung im Gespräch: Wer fragt, der führt!
2. Die richtigen Fragen stellen.
3. Alles dokumentieren.

Einladung zu einem Fehlzeitengespräch

Die Einladung zu einem Fehlzeitengespräch erfolgt – anders als beim Arbeitsbewältigungsgespräch – in aller Regel schriftlich.[62] Das hat mehrere Vorteile. So kann die Person – vielleicht zum ersten Mal – erkennen, wie hoch ihre krankheitsbedingten Fehlzeiten in den vergangenen Jahren waren und wie viel an Lohnfortzahlungskosten der Arbeitgeber zu zahlen hatte. Des Weiteren ist die Person damit auf das angekündigte Gespräch und die Intention seitens des Arbeitgebers emotional vorbereitet. Es ist hilfreich, bei Personen, die für ein Fehlzeitengespräch vorgesehen sind, alles schriftlich zu dokumentieren, damit im schlechtesten Fall – die Person ist zu keiner Verhaltensänderung bereit – die Personalakte für eine eventuelle, in der Zukunft auszusprechende, krankheitsbedingte Kündigung ausreichend aussagefähig für Dritte (Arbeitnehmervertretung, Integrationsamt, Arbeitsgericht) ist. Als wirkungsvoll hat sich zudem erwiesen, die Einladung zu einem Fehlzeitengespräch per Post an die private Adresse der Person zu schicken. Man kann sich leicht vorstellen, dass der Partner eher keine Vorstellung von der bedenklichen Sicht des Arbeitgebers bezüglich des bestehenden Arbeitsverhältnisses hat. Der Termin für das Fehlzeitengespräch sowie der Ort und die Uhrzeit werden vom Arbeitgeber vorgegeben. Hier besteht kein Grund, einen Termin mit der Person zu verhandeln. Sollte die Person diesen Termin nicht wahrnehmen können oder wollen, so ist es an ihr, sich mit dem Arbeitgeber in Verbindung zu setzen und gegebenenfalls einen neuen Termin zu vereinbaren. In jedem Fall wird auch diese Terminänderung mit den Erklärungen beziehungsweise dem Verhalten des Mitarbeiters dokumentiert.

Einladung zu einem Fehlzeitengespräch

Übersicht 42 zeigt, wie eine Einladung zu einem Fehlzeitengespräch aussehen könnte.

Übersicht 42: Einladungsmuster zum Fehlzeitengespräch

Ihr Arbeitsverhältnis als Schlosser bei der GMBH
Hier: krankheitsbedingte Fehlzeiten

Sehr geehrter Herr Arbeitnehmer,
Ihre krankheitsbedingten Fehlzeiten haben sich in den vergangenen vier Jahren wie folgt entwickelt:

Jahr	Krankentage	pers. Fehlzeitenquote
2002	*24*	*10,9 %*
2003	*30*	*13,7 %*
2004	*32*	*14,5 %*
2005	*39*	*17,7 %*

Zum Vergleich: Die durchschnittliche Fehlzeitenquote aller Schlosser lag im Jahr 2002 bei 5 Prozent, im Jahr 2003 bei 4,8 Prozent, im Jahr 2004 bei 3,2 Prozent und im Jahr 2005 bei 3,6 Prozent. Ihre persönliche hohe Fehlzeitenquote hat sich verstetigt beziehungsweise weist eine steigende Tendenz auf.

Die hieraus resultierenden Schwierigkeiten in der Personaldisposition und die entstehenden Kosten für die Vorhaltung einer Personalreserve sowie der Lohnfortzahlung sind erheblich. Im Rahmen unserer Fürsorgepflicht möchten wir mit Ihnen ein Gespräch darüber führen, wie wir diese Schwierigkeiten beheben und Ihren Gesundheitszustand gegebenenfalls verbessern können.

Bitte finden Sie sich am Montag um 14.00 Uhr im Büro des Unterzeichners ein.

Mit freundlichen Grüßen

Anlage
Übersicht über Ihre krankheitsbedingten Abwesenheiten der vergangenen vier Jahre plus eine Aufstellung der von Ihrem Arbeitgeber bezahlten Lohnfortzahlungskosten der vergangenen vier Jahre.
Der Betriebsrat erhält eine Durchschrift des Schreibens.

Der Blaumacher hat keine Lust auf ein Fehlzeitengespräch?

In der Praxis kommt es hin und wieder vor, dass der Arbeitgeber das berechtigte Gefühl hat, der Blaumacher gebrauche viele Ausreden, um auf keinen Fall zu einem Fehlzeitengespräch erscheinen zu müssen. Sicherlich könnte man nun das Weisungsrecht bemühen und dafür Sorge tragen, dass der Blaumacher in jedem Fall zu einem Gespräch erscheint. Wirkungsvoller ist jedoch auch hier zu akzeptieren und zu dokumentieren, dass der Blaumacher das freiwillige Gesprächsangebot nach erfolgter schriftlicher Einladung nicht in Anspruch nehmen möchte. Allerdings sollte der Arbeitgeber auch in diesem Fall das letzte Wort, präziser, das letzte Schreiben parat haben. Hier kann der Arbeitgeber nochmals schriftlich – wiederum auch für die Personalakte – darstellen, dass er im Rahmen seiner Fürsorgepflicht und aus Gründen der Wirtschaftlichkeit dieses Gespräch sucht. Der Arbeitgeber kann hier plausibel darstellen, dass er im Rahmen seiner Möglichkeiten nun alles unternommen hat, um objektive Daten hinsichtlich einer Einschätzung der künftigen Entwicklung der krankheitsbedingten Fehlzeiten des Blaumachers zu gewinnen. Diese Möglichkeit des Dialogs ist ihm nun verwehrt. Daher muss der Arbeitnehmer davon ausgehen, dass im Falle weiterer krankheitsbedingter Fehlzeiten der Arbeitgeber das Arbeitsverhältnis personenbedingt beenden wird. Die Erfahrung zeigt auch hier, dass nach diesem Schreiben (siehe Übersicht 43), welches auch an die private Adresse des Blaumachers gesandt wird, die Gesprächsbereitschaft des Blaumachers nun vorhanden ist. Auch ein Termin für ein Fehlzeitengespräch ist dann schnell gefunden.

Fehlzeitengespräche sind nach Möglichkeit während der Arbeitsunfähigkeit zu führen

Idealerweise findet das Fehlzeitengespräch während der Arbeitsunfähigkeit des Blaumachers statt. Führungskräfte und auch Betriebs- und Personalräte protestieren an dieser Stelle mit dem Hinweis, dass das wohl nicht ginge, schließlich sei der Mitarbeiter nachweislich krankgeschrieben. Auch der Blaumacher meldet sich gegebenenfalls empört telefonisch, nachdem er eine schriftliche Einladung erhalten hat, mit dem Hinweis, er sei schließlich krankgeschrieben und könne mithin auf keinen Fall zu

Übersicht 43: Brief nach einem abgesagten Fehlzeitengespräch

Ihr Arbeitsverhältnis als Fahrer bei der GMBH
Hier: hohe krankheitsbedingte Fehlzeiten

Sehr geehrter Herr Arbeitnehmer,

mit Schreiben vom 21. Mai 2006 haben wir Sie für den 1. Juni um 14.15 Uhr zu einem vertraulichem, persönlichen Gespräch im Rahmen unserer Fürsorgepflicht als Arbeitgeber bezüglich Ihrer krankheitsbedingten Fehlzeiten eingeladen. Am 25.Mai meldeten Sie sich telefonisch bei Herrn Betriebsleiter und teilten diesem mit, dass Sie diesen Gesprächstermin nicht wahrnehmen könnten, da Sie – angeblich – bis 14.00 Uhr Dienst hätten und somit nicht pünktlich erscheinen könnten, es sei denn, der Termin würde nach hinten verschoben. Tatsächlich hat die Terminplanung unsererseits zweifelsfrei vorab ergeben und am 1. Juni auch bestätigt, dass Ihr Dienst um 13.40 Uhr endete und Sie somit aus unserer Sicht problemlos unserer Einladung hätten Folge leisten können. Nachdem für den 1. Juni Ihnen nochmals eine Nachricht für den Termin um 14.15 Uhr schriftlich zugegangen war und im Laufe des Tages sogar die Leitstelle Sie per Funk erreichte, gingen wir davon aus, dass Sie zum Termin auch erscheinen würden. Um 14.15 Uhr und auch nach einer angemessenen Wartezeit erschienen Sie jedoch nicht. Es gab weder eine Absage von Ihnen, noch im Nachhinein irgendeine Erklärung Ihrerseits, warum Sie uns haben vergeblich auf Sie warten lassen.

Wir nehmen mit Befremden zur Kenntnis, dass Sie weder bereit sind, einer Einladung zu einem Gespräch mit Ihrem Arbeitgeber Folge zu leisten, noch bereit waren, diesen Termin – auch nach zweimaliger Aufforderung am 1. Juni – abzusagen. Weiterhin zeigten Sie sich nicht bereit, sich Ihrerseits um einen neuen Termin zu bemühen beziehungsweise eine Entschuldigung für Ihr Verhalten bei uns einzureichen.

Nun, Herr Arbeitnehmer, es ist nicht so, dass wir Sie zwingen könnten, geschweige denn wollen, mit uns ein im Rahmen der Fürsorgepflicht des Arbeitgebers gewünschtes Gespräch bezüglich Ihrer krankheitsbedingten Fehlzeiten zu führen. Wir können uns – vor dem Hintergrund Ihres gezeigten Verhaltens – leicht vorstellen, dass das von uns angestrebte Gespräch von Ihrer Seite eher nicht konstruktiv geführt werden würde. Wir werden folglich keine weitere Einladung zu einem fürsorglichen persönlichen Gespräch bezüglich Ihrer krankheitsbedingten Fehlzeiten versenden.

Gleichwohl verursachen Sie aufgrund Ihrer erheblichen krankheitsbedingten Fehlzeiten außerordentlich hohe Lohnfortzahlungskosten, die deutlich über dem Unternehmensschnitt liegen, und auch die schwerwiegenden betrieblichen Auswirkungen sind auf Dauer Ihrem Arbeitgeber nicht zumutbar. In der Anlage haben wir Ihnen eine Aufstellung Ihrer krankheitsbedingten Fehlzeiten der letzten Jahre zusammengestellt, samt den von Ihrem Arbeitgeber geleisteten Lohnfortzahlungskosten.

Hierüber hätten wir sehr gerne mit Ihnen persönlich gesprochen.

Da wir heute keine Möglichkeit haben, uns ordnungsgemäß über Ihren Krankheitsverlauf zu informieren und somit davon auszugehen haben, dass die in der Vergangenheit angefallenen krankheitsbedingten Fehlzeiten eine negative Zukunftsprognose rechtfertigen, müssen Sie bei weiteren krankheitsbedingten Fehlzeiten davon ausgehen, dass wir arbeitsrechtliche Maßnahmen einzuleiten haben.

Mit freundlichen Grüßen

<u>Anlage</u>
Übersicht über die krankheitsbedingten Abwesenheiten plus Aufstellung der bezahlten Lohnfortzahlungskosten der vergangenen Jahre.
Der Betriebsrat erhält eine Durchschrift des Schreibens. (ggf.)
Das Integrationsamt erhält eine Durchschrift des Schreibens. (ggf.)

diesem Gesprächstermin erscheinen. Hier wird regelmäßig übersehen, dass es zunächst einmal einen großen Unterschied zwischen Kranksein und Arbeitsunfähigsein gibt. So ist es zum Beispiel in der betrieblichen Realität leicht vorstellbar, dass eine kaufmännische Sachbearbeiterin, deren Hauptaufgabe darin besteht, Statistiken auszuwerten und E-Mails zu bearbeiten, auch mit einem behandelten, für alle sichtbar getapten Bänderriss zum Fehlzeitengespräch erscheint. Natürlich können wir hier sichtbar erkennen, dass diese Mitarbeiterin krank ist. Aber ist Sie deshalb auch arbeitsunfähig? Oder nehmen wir das Beispiel eines Busfahrers, der sich beim Bau seines Eigenheims die Hand verletzt hat und somit nicht in der Lage ist, ein Lenkrad zu drehen. Natürlich ist auch hier optisch der Gipsverband zu sehen, und wir sind uns sofort einig, dass dieser Mitarbeiter krank ist. Aber ist er deswegen auch arbeitsunfähig? Schließlich ist doch vorstellbar, dass dieser Mitarbeiter vorübergehend während seiner bescheinigten Arbeitsunfähigkeit die Streckenkunde für neu eingestellte Fahrer übernimmt, wo er lediglich als Beifahrer den richtigen Fahrweg erläutert. Damit ist es für den Fahrer in diesem Fall natürlich aus gesundheitlichen Gründen leicht möglich, zu einem terminierten Fehlzeitengespräch zu erscheinen.

In der Regel wissen Führungskräfte nicht genau, warum der Blaumacher aktuell arbeitsunfähig krankgeschrieben ist. Für den Fall also, dass diese Person eine terminierte Einladung zu einem Fehlzeitengespräch während der Arbeitsunfähigkeit ablehnt, hat es sich als hilfreich erwiesen, den Blaumacher aufzufordern, eine Bestätigung seines behandelnden Arztes beizubringen, aus der für die Führungskraft erkennbar ist, dass diese Person auch gesundheitlich zurzeit nicht in der Lage ist, zu einem fürsorglichen Fehlzeitengespräch beim Arbeitgeber zu erscheinen.

Der Arbeitnehmer macht keine Angaben zu den Ursachen
seiner Krankheit in der Vergangenheit

Im Fehlzeitengespräch hat der Arbeitgeber kein Recht auf Auskunfterteilung der Mitarbeiter über deren Krankheiten. Interessanterweise wissen Mitarbeiter darüber sehr genau Bescheid. Auch die Arbeitnehmervertretung empfiehlt heute immer noch gerne, sämtliche Auskünfte zu den Krankheitsursachen zu verweigern. Was dabei übersehen wird, ist, dass auch der Arbeitgeber ein elementares Recht hat. Das Recht nämlich, eine Einschätzung darüber zu erhalten, wie sich die krankheitsbedingten Fehlzeiten der jeweiligen Arbeitnehmer künftig wohl entwickeln werden. Das Bundesarbeitsgericht begründet dieses Recht des Arbeitgebers damit, dass dieser sein Personal disponieren und die Kosten für die Zukunft abschätzen können muss. Auch sei es dem Arbeitgeber prinzipiell nicht zumutbar, dauernd Verlustgeschäfte zu machen. Dabei ist es für den Arbeitgeber gerade interessant, von den Mitarbeitern zu erfahren, welche Krankheitsursachen bei ihnen in der Vergangenheit vorlagen. Handelte es sich bei den krankheitsbedingten Fehlzeiten der Vergangenheit eher um Einmalerkrankungen oder um chronische Erkrankungen? Sind diese Krankheiten eher betrieblich oder privat bedingt? Sind die Krankheiten ausgeheilt beziehungsweise heilbar? Der Arbeitgeber fragt nach den Krankheitsursachen, um eine plausible Einschätzung für eine in die Zukunft gerichtete Prognose treffen zu können und/oder gegebenenfalls vorübergehend eine Anpassung der Arbeitsbedingungen an das veränderte Leistungsvermögen des Mitarbeiters vorzunehmen.

Verweigern die Mitarbeiter Auskünfte zu den Krankheitsursachen der Vergangenheit, nehmen sie also ihr Recht wahr, hat der Arbeitgeber keine Möglichkeit, objektive Daten der Vergangenheit für eine plausible Zukunftsprognose heranzuziehen. Gleichzeitig bleibt jedoch das Recht des Arbeitgebers auf eine Einschätzung darüber bestehen, wie sich die krankheitsbedingten Fehlzeiten der Fehlenden voraussichtlich in der Zukunft entwickeln werden. Das Unternehmen kommt nun sehr einfach zu seinem Recht, indem es die Krankentage der Vergangenheit plausibel fortschreibt. Beispielsweise hat ein Arbeitnehmer im Jahr 2003 krankheitsbedingt an 30 Arbeitstagen gefehlt, im Jahr 2004 an 32 Arbeitstagen und im Jahr 2005 an 39 Arbeitstagen. Da das Unternehmen im Fehlzeitengespräch keine Angaben zu den Krankheitsursachen erhält, kann es nun eine steigende Tendenz der krankheitsbedingten Fehlzeiten des Mitarbeiters feststellen und eine negative Zukunftsprognose entwerfen. Das Unternehmen hat aufgrund der Daten der Vergangenheit davon auszugehen, dass die krankheitsbedingten Fehlzeiten des Arbeitnehmers in der Zukunft steigen werden. Das Fehlzeitengespräch kann damit zu diesem frühen Zeitpunkt beendet werden. Selbstverständlich wird hierüber ein – in diesem Fall – kurzes Protokoll angefertigt.

Der Arbeitnehmer ist bereit, Angaben zu den Ursachen
seiner Erkrankung zu machen

Fehlzeitengespräche sollen vor allem eines bewirken: eine Verhaltensänderung beim Blaumacher. Wir haben schließlich in diesen Fällen das Bild vor Augen, dass es sich um Personen handelt, deren psychologischer Arbeitsvertrag in eine Schieflage geraten ist. Von daher haben wir die dringende Vermutung, dass diese Personen arbeiten könnten, jedoch aus unberechtigten Gründen (aus der Sicht des Unternehmens) nicht arbeiten wollen. In der betrieblichen Praxis hat sich vor allem die fragende Methode bewährt. Führungskräfte sind gut beraten, Fragen zu den Ursachen der krankheitsbedingten Fehlzeiten der Vergangenheit zu stellen. Es ist dagegen nicht zielführend, wenn nicht gar gefährlich, wenn Führungskräfte – sicherlich gut gemeint – persönliche Empfehlungen zur Verbesserung des Gesundheitszustandes eines Mitarbeiters abgeben. Ein Beispiel mag diese Aussage verdeutlichen:

Angenommen, Ihr Mitarbeiter ist bereit, Angaben zu den Ursachen der Erkrankungen in der Vergangenheit zu machen. Weiterhin angenommen, es wird berichtet, dass er an Rückenproblemen leidet – ein Krankheitsphänomen, welches offensichtlich in der Arbeitnehmerschaft weit verbreitet zu sein scheint. Hier bieten sich folgende Fragen an:

- »*Wann ist das Problem zum ersten Mal aufgetreten?*«
  Diese Frage ist schon deshalb interessant, weil es durchaus Fälle gibt, bei denen sich herausstellt, dass das Rückenleiden schon seit sehr vielen Jahren andauert, woraus das Unternehmen erste Erkenntnisse ziehen kann hinsichtlich der Ausfallzeiten in der Zukunft. Gelegentlich wundert man sich auch, dass es Fälle gibt, in denen Mitarbeiter erklären, dass sie diese Beschwerden seit Bundeswehrzeiten haben und trotzdem seit Jahren den Beruf des Kraftfahrers ausüben. Mehr oder weniger zumindest berücksichtigt man mit dieser Frage die krankheitsbedingten Fehltage über die gesamten Arbeitsjahre.
- »*Welche Ursache gibt es nach Ihrer Meinung/der Meinung des Arztes?*«
  Es ist bei weitem nicht so, dass die Meinung des Arztes mit der Meinung des Patienten übereinstimmen muss. Beispielsweise stellte sich in einem arbeitsrechtlichen Verfahren heraus, dass der behandelnde Arzt die Ursachen für die Rückenbeschwerden am Übergewicht des Patienten festmachte. Ein Mitarbeiter erklärte im Fehlzeitengespräch, dass aber die schlechten Sitze in den Fahrzeugen schuld seien.

- *Sind die Rückenbeschwerden eher privat oder betrieblich bedingt, sind sie tendenziell einmalig oder chronisch?*
  Hier erhält das Unternehmen wichtige Informationen dahingehend, ob möglicherweise die Arbeitsbedingungen unter arbeitsmedizinischen Gesichtspunkten tatsächlich zu beanstanden sind. Ein sicherlich schwieriges Thema in seiner Gesamtwürdigung. Allerdings hat sich in diesen Fragen auch gezeigt, dass es lohnend ist, mit der Gruppe der Gesund(et)en den Anerkennenden Erfahrungsaustausch durchgeführt zu haben. Grundsätzlich gilt: Gibt es von den Gesund(et)en an gleicher Stelle keine diesbezüglichen Hinweise, kann man vermuten, dass es sich tendenziell eher um ein Einzelschicksal handelt und nicht automatisch die konkrete Arbeitsbedingung aus gesundheitlichen Gründen infrage gestellt werden muss.
- *Welche ärztlichen Behandlungen wurden mit welchem Erfolg bis heute durchgeführt?*
  Führungskräfte waren oft erstaunt, welche Antworten auf diese Frage auftauchten. So berichteten Blaumacher gerne mal, dass es regelmäßig Rotlichtbestrahlungen in der Arztpraxis gab, gelegentlich auch Massagen oder Fangopackungen. Alles jedoch führte nicht zum gewünschten Erfolg einer dauerhaften Beschwerdefreiheit. Das Unternehmen müsste sich bei derartigen Aussagen doch ernsthaft fragen, ob diese Belegschaftsmitglieder nun selbstverständlich davon ausgehen, dass der Arbeitgeber bitte schön mit dieser Situation zu leben hat. Wobei »zu leben hat« nichts anders bedeuten kann, als weiterhin unzumutbare, vielleicht erhebliche Lohnfortzahlungskosten zu bezahlen.
- *Ist eine Operation in der Vergangenheit erfolgt beziehungsweise für die Zukunft angedacht?*
  Hier erschrecken Blaumacher oft, weil so gravierend die Rückenbeschwerden dann doch nicht sind. Die Führungskraft könnte spätestens bei dieser Frage den berechtigten Eindruck haben, dass mit gutem Willen und Disziplin der Arbeitnehmer genügend Möglichkeiten hätte, sich gesundheitsfördernd zu verhalten.
- *Wie werden die Heilungsaussichten in der Zukunft beurteilt?*
  Bei dieser geschlossenen Frage gibt es exakt drei Möglichkeiten der Beantwortung. Der Arbeitnehmer erklärt, das wisse er nicht (der behandelnde Arzt auch nicht?) beziehungsweise das könne er heute noch nicht sagen. Diese Antwort führt beim Unternehmen zwangsläufig

dazu, dass es eine negative Prognose für die Zukunft zu stellen hat. Der Arbeitnehmer könnte auch antworten, dass es gar nicht besser werden kann, wenn die Arbeitsbedingungen/die Arbeit auch künftig so sein werde (siehe zu Arbeitsbedingungen weiter oben). Das Unternehmen erstellt wiederum plausibel eine negative Prognose. Schließlich, und das ist in der betrieblichen Realität der häufigste Fall, erklärt der Arbeitnehmer, dass alles besser werde, weil er ja schon vor Wochen begonnen habe, regelmäßig Sport zu treiben und auch entsprechende gymnastische Übungen praktiziere. Leider hören an dieser Stelle die meisten Führungskräfte auf, konkret weiterzufragen. Im Fehlzeitenprotokoll steht dann entsprechend Gesagtes des Arbeitnehmers, und die Prognose hinsichtlich der künftigen Fehlzeiten wäre eine positive.

- *Was tun Sie konkret zur Heilung/Linderung/Vorbeugung wann, wo und wie oft?*

Diese Frage gegen Ende des Fehlzeitengesprächs entlarvt den Blaumacher sicher. Führungskräfte erleben nur in den allerseltensten Fällen, dass Mitarbeiter hier profund, glaubhaft und nachvollziehbar erklären können, wie sie selber aktiv individuelle Gesundheitsförderung betreiben. Phrasen wie »Ich treibe regelmäßig Sport« oder auch »Ich tue aktiv etwas für meine Gesundheit« entpuppen sich als leicht aufzudeckende Worthülsen. Der Blaumacher, der erklärt, er sei Mitglied im örtlichen Sportstudio, kennt auf Nachfragen nicht einmal die Öffnungszeiten. Ein anderer erklärt bedauernd, dass es ihm nach dem Spätdienst nicht zumutbar sei, Sport zu treiben. Leider habe er davor wegen familiärer Verpflichtungen auch keine Zeit. Ein nächster Blaumacher macht dem Arbeitgeber zum Vorwurf, ob der denn nicht wisse, welche Kosten regelmäßiges Schwimmen verursache, und dass sich der einfache Arbeitnehmer das schließlich nicht leisten könne … Die Liste der Antworten ließe sich auch hier sehr lange fortschreiben. Das Bild, das die Führungskraft zwangsläufig gewinnt, ist: Ich, Mitarbeiter des Betriebs, habe ein gesundheitliches Problem, und du, Führungskraft des Betriebs, hast es zu lösen, und falls das nicht möglich ist, eben zu bezahlen.

- *Wie kann der Arbeitgeber Sie unterstützen?*

Das ist sicher keine Frage, die abschließend gestellt wird, um – im schlechtesten Fall vor dem Arbeitsgericht – gut dazustehen. Im Gegenteil. Ein Beispiel aus dem öffentlichen Personennahverkehr mag dies verdeutlichen: Ein Fahrer, der von seinem Vorgesetzten als Blaumacher wahrgenommen wurde, erklärte im Fehlzeitengespräch, er habe Rückenprobleme, und die langen Dienste seien seinem Gesundheitszustand nicht zuträglich. Nun kennen die Fahrer in ÖPNV-Unternehmen regelmäßig den sogenannten geteilten Dienst, einen Dienst, der morgens eine erste Diensthälfte hat, dann über die Mittagszeit eine unbezahlte Unterbrechung von etwa zwei bis vier Stunden und am Nachmittag eine zweite Diensthälfte. Der Vorgesetzte bot im Fehlzeitengespräch diesem Fahrer an, für drei Monate auf Probe fest geteilte Dienste zu fahren. Dies hätte nach Meinung des Vorgesetzen die Vorteile, dass der Fahrer erstens keine langen Dienste mehr zu fahren hätte und zweitens dass er die unbezahlte Unterbrechung der Dienste sinnvoll und planungssicher für seine individuelle Gesundheitsförderung verwenden könne.

Der Fahrer wies dieses Angebot erbost und empört zurück. Seine Begründung war schlicht und ergreifend, dass es ihm nicht zumutbar sei, angesichts der gestiegenen Benzinpreise zweimal am Tag zur Arbeit zu fahren. Auch sei der Arbeitstag eines geteilten Dienstes durch die Unterbrechung so lange, dass ihm kaum noch Zeit bliebe für seine Familie. Das Bild, das die Führungskraft zwangsläufig gewinnt, ist erneut: Ich, Mitarbeiter des Betriebs, habe ein gesundheitliches Problem, und du, Führungskraft des Betriebs, hast es zu lösen, und falls das nicht möglich ist, eben zu bezahlen.

Die hier beispielhaft dargestellten Fragen eignen sich methodisch prinzipiell für jede Krankheitsursache, die in einem Fehlzeitengespräch freiwillig vom betroffenen Mitarbeiter genannt wird. Wichtig ist, dass der Vorgesetzte durch diese Art des Fragens verstehen möchte, ob die Krankheitsursachen tendenziell in der Arbeit begründet sind, ob die Krankheitsursache eher einen Einmalcharakter hat oder sich als chronisch erweist und letztlich, wie – ganz konkret – die Eigeninitiative des Blaumachers im Sinne der Erstellung einer plausiblen Prognose für die Zukunft verstanden wird.

Zielvereinbarungen/Zielvorgaben am Ende eines Fehlzeitengesprächs

In Workshops zum Thema Fehlzeitengespräche erklären Führungskräfte gelegentlich, dass sie nach Möglichkeit mit dem Blaumacher am Ende des Fehlzeitengesprächs vereinbaren, dass die persönliche Krankenquote in den nächsten sechs Monaten nicht über dem Unternehmensdurchschnitt liegen soll. Die Erfahrungen zeigen jedoch, dass dies keine wirkungsvolle (seriöse) Vereinbarung ist. Natürlich zielt sie darauf ab, die motivationalen krankheitsbedingten Fehlzeiten der Blaumacher zu verringern. Möglicherweise erklärt sich der Mitarbeiter auch aus einer gewissen Angst heraus dazu bereit. Sobald jedoch ein Mitarbeiter beispielsweise beim Verlassen des Büros die Treppe herabstürzt und dadurch krankheitsbedingt einen erheblichen Zeitraum abwesend ist, ist die getroffene Vereinbarung hinfällig geworden. In der Praxis hat sich folgende Zielvorgabe aus Sicht des Vorgesetzten außerordentlich bewährt:

»Ich möchte Sie bitten, regelmäßig, und zwar an jedem letzten Mittwoch im Quartal, unaufgefordert auf mich zuzukommen und mir über den Fortschritt Ihrer gesundheitlichen Genesung zu berichten.«

Diese Zielvorgabe weist mehrere Vorteile auf: Es wird die Annahme untermauert, dass ein jeder Mensch ein natürliches Interesse an Heilung hat. Folglich sind beide Parteien prinzipiell bereit, etwas dafür zu tun. Der Blaumacher in diesem Fall sogar etwas mehr, denn er hat nun die Verpflichtung, seinem Vorgesetzten Bericht zu erstatten, was unter Umständen für den Mitarbeiter unangenehm sein kann, insbesondere, wenn klar ist, dass er die ganzen drei Monate nur sehr wenig oder auch gar nicht aktiv etwas für die Erhaltung oder Förderung seiner individuellen Gesundheit getan hat. Der Vorgesetzte signalisiert dem Mitarbeiter, der Arbeitnehmervertretung und gegebenenfalls dem Arbeitsrichter, dass der Betrieb sich aus einer ernsthaften Fürsorgepflicht heraus für die weitere gesundheitliche Entwicklung des Mitarbeiters im Zeitablauf interessiert. Auch der legitime Faktor der wirtschaftlichen Belastung aufgrund hoher Lohnfortzahlungskosten findet hier angemessene Berücksichtigung.

3.2.4 Hindernisse und Chancen

Wie weiter oben bereits beschrieben, soll hier noch einmal klar gesagt werden, dass der Dialog »Fehlzeitengespräch« regelmäßig nur für eine kleine Minderheit der Beschäftigten in Unternehmen geeignet ist. Für den weitaus größeren Teil derjenigen Beschäftigten, die auffällige krankheitsbedingte Fehlzeiten aufweisen, sind Stabilisierungsgespräche oder Arbeitsbewältigungsgespräche die gesünderen Dialoge. Wir wissen aus eigener Erfahrung, dass es, wenn Fehlzeitengespräche in der oben beschriebenen

Art und Weise vorbereitet, durchgeführt und protokolliert werden, im Ergebnis mit einer sehr hohen Wahrscheinlichkeit zu einer Verringerung der motivational bedingten Fehlzeiten und damit auch zu einer Kosteneinsparung führen wird.

In der betrieblichen Praxis sind Führungskräfte bei dieser Aufgabe dann nicht erfolgreich, wenn beispielsweise die Arbeit beziehungsweise der Zeitaufwand für Fehlzeitengespräche und insbesondere für die ständige Dokumentation der Störungen beziehungsweise des Fehlverhaltens aus diesem Arbeitsverhältnis nicht geleistet wird oder auch aus Gründen der Organisation nicht geleistet werden kann.

Es kommt regelmäßig auch vor, dass die Arbeitnehmervertretung bei dem Thema Fehlzeitengespräche erheblichen Widerstand leistet. Zum einen, weil es keine Übereinkunft zwischen Unternehmen und Betriebsrat darüber gibt, wer aus welchem Grund als Person wahrgenommen wird, die das soziale System ausnutzt. Die Sorge aufseiten der Arbeitnehmervertretung ist, dass der falsche Kranke eine Einladung zu einem Fehlzeitengespräch erhält. Zum anderen existieren in vielen Betrieben seit langem Betriebsvereinbarungen zu Fehlzeitengesprächen, und der eine oder andere Betriebsrat fragt den Arbeitgeber zu Recht, was denn diese Gespräche bisher gebracht haben und ob nicht andere Wege beschritten werden müssten.

Ein weiteres, weit verbreitetes Hindernis ist auch bei dieser Thematik in der Logik des Managements begründet. Das Management wird dann aktiv, wenn das Problem reif ist. Sobald die Fehlzeitengespräche ihre Wirkung zeigen und der motivational bedingte Krankenstand auf ein für das Management zumutbares Maß abgesenkt werden konnte, hören die Führungskräfte einfach auf, diese Gespräche zu führen, selbst wenn nur noch sehr vereinzelt Fehlzeitengespräche zu führen wären. Die Folge ist ausnahmslos, dass in bestimmten Unternehmensbereichen der Krankenstand wieder steigt. Sobald eine vom Unternehmen bestimmte Zumutbarkeitsgrenze erreicht ist, fängt das Spiel wieder von vorne an.

3.3 Stabilisierungsgespräche

Die dritte Gruppe derjenigen Beschäftigten, die mehr oder weniger auffällige, krankheitsbedingte Fehlzeiten in der Statistik aufweisen, ist die Gruppe der Unstabilen oder auch Unentschiedenen. Personen, die dieser Gruppe zugeordnet werden, sind nicht immer leicht zu beschreiben. Die Besonderheit ist hier, dass der Krankenstand dieser Personen kein eindeutiges Indiz für die Zuordnung zu dieser Gruppe ist. Vielmehr ist die Wahrnehmung des psychologischen Arbeitsvertrages das entscheidendere Kriterium.

3.3.1 Die Zielgruppe

In anonymisierten Bildern, die in Form einer Kartenabfrage ermittelt werden, wird diese Gruppe von Beschäftigten von deren Vorgesetzten beispielsweise so beschrieben:

- Männlich, circa 45 Jahre, verheiratet, zwei Kinder, Familie sehr wichtig für ihn, 15 Jahre Betriebszugehörigkeit, lässt sich beeinflussen, muss geführt werden, freundliches Verhalten.
- Circa 50 Jahre, verheiratet, seit 30 Jahren im öffentlichen Dienst, stark beeinflussbar, das heißt motivierbar oder frustrierbar, keine chronischen Krankheiten, Mitläufer.
- Weiblich, geboren 1963, unentschlossen, wechselhafte Stimmungen von Meckerei bis Mitgefühl, Verständnis für die Belastung des Vorgesetzten, labile Persönlichkeit als Erklärung für krankheitsbedingte Fehlzeiten, keine klaren Aussagen, eher schwammig, mag sich nicht festlegen.
- Geboren 1960, Leistungsträger, hohe Ansprüche an eigene Leistung, nicht eingehaltene Zusagen, mangelnde Anerkennung sowohl monetär als auch seine Laufbahn betreffend.
- Männlich, 41 Jahre, phasenweise wiederkehrende Ausfallzeiten, hat immer wieder kleinere dienstliche Probleme, fordert Aufmerksamkeit (Anerkennung), kein besonderer medizinischer Befund, fällt dienstlich weder positiv noch negativ auf.
- Mitte 40, Verwaltungsmitarbeiterin, unregelmäßig anfallende Ausfallzeiten, bei Belastungen (Kollegen sind im Urlaub oder krank) Flucht in Krankheit, wechselhaft in der Arbeitsleistung (Arbeitsmenge/Fehlerquote), wenig Anerkennung im Umfeld.
- 50 Jahre, Ingenieurin, Kinder, Enkelkinder, überschaubares Engagement, überqualifiziert, Identifikation mit dem Betrieb auf das Notwendigste begrenzt, familiäre Probleme.

- Weiblich, 49 Jahre, wenig Mehrleistung trotz Sonderdiensten, Kurzzeiterkrankungen, Ablösen am Freitag, durch Gespräche positiv zu beeinflussen, hält aber nicht lange vor, macht Musik, weiß nicht, was sie will.
- Sachbearbeiterin, ledig, Mitte 40, hat alles gegeben und bekommt nichts zurück, deutet gesundheitliche Probleme an, war in der Vergangenheit immer bereit zu Mehrleistung.

3.3.2 Die Dialogziele

Bei Stabilisierungsgesprächen differenzieren wir nach primären (siehe Übersicht 44) und sekundären Zielen.

Übersicht 44: Ziele von Stabilisierungsgesprächen

Primäre Ziele	
... für die Führungskraft	... für den Mitarbeiter
Neues Bild von Mitarbeitern	Neues Bild vom Vorgesetzten
Angepasste Führung und Anleitung der Person	Klare, lesbare, gefühlte Führung
Pflege des psychologischen Arbeitsvertrages: – Stärkung der betrieblichen und/oder persönlichen Verbundenheit – betriebliche Beziehungspflege	Erwartungsabgleich im psychologischen Arbeitsvertrag: – gegebenenfalls ausgeräumte Missverständnisse – Gefühl der eigenen Bedeutsamkeit für die Führung

Das sekundäre Ziel des Stabilisierungsgesprächs besteht darin, dass die Führungskraft nach dem Dialog (eher) gut entscheiden kann, ob der nächste, in Zukunft zu führende Dialog mit diesem Mitarbeiter tendenziell eher

- als Fehlzeitengespräch oder
- als Arbeitsbewältigungsgespräch oder
- als Anerkennender Erfahrungsaustausch

zielführend sein wird. Letztlich haben unsere Erfahrungen mit mehreren Hundert Führungskräften in unterschiedlichen Unternehmen und Branchen gezeigt, dass es hinsichtlich der Zuordnung der Beschäftigten eines Unternehmens den Führungskräften eher leicht gefallen ist, die Gruppe der Gesunden und Gesundeten, die Gruppe der zyklisch ungerechtfertigt Abwesenden und die Gruppe der gesundheitlich Gefährdeten und (Langzeit-)Erkrankten zu bestimmen. Oft blieben bei dieser Zuordnung Personen übrig, die eben nicht zweifelsfrei diesen drei Gruppen zugeordnet werden konnten. Insoweit haben Stabilisierungsgespräche auch den Charakter von Orientierungsgesprächen aus Sicht der Führungskraft.

3.3.3 Das Werkzeug

Für den Fall, dass der Mitarbeiter mündlich zu einem Stabilisierungsgespräch eingeladen wird, ist es zu Beginn dieses Gesprächs auch hier erforderlich, dass der Vorgesetzte den Anlass beziehungsweise das Ziel des Gesprächs erklärt. Es hat sich bewährt, das widersprüchliche Bild, welches der Vorgesetzte von seinem Mitarbeiter hat, in freundlichen Worten kurz zu skizzieren. Danach kann der Gesprächsführende anhand der Gesprächsnotiz in Übersicht 45 weiterverfahren.

Eindrücke von Führungskräften, die im Workshop ein Stabilisierungsgespräch erprobt haben, sowohl in der Rolle als Führungskraft als auch als Mitarbeiter

- Unsicherheit beim Einstieg spürbar, weil neuer Personenkreis, aber im Verlauf des Gesprächs mehr Sicherheit gewonnen, weil Fragen bekannt sind. In der Betriebsöffentlichkeit sollte unbedingt kommuniziert werden, dass mehrheitlich positive Gespräche geführt werden.
- Beide Gespräche haben sich gelohnt, postive Überraschung beim Mitarbeiter feststellbar.
- Gesprächsleitfaden ist gut, daran kann man anknüpfen.
- Einstieg als Führungskraft ist schwierig, man muss darauf achten, einen negativen Einstieg zu vermeiden.
- Man muss die Leitfragen in die Sprache der Mitarbeiter übersetzen: »Um was geht es?«, neues Thema, anfangs holprig, dann Routine.

Übersicht 45: Gesprächsnotiz Stabilisierungsgespräch

Name	Datum	Gesprächsdauer Min.	
	IST	Was können **wir** für **Sie** tun?	Was können **Sie** für **sich** tun?
Was macht Ihrer Meinung nach – am meisten – krank?			
Was sind Ihrer Meinung nach – die wichtigsten – gesunderhaltenden Faktoren?			
Was tut der Betrieb für Ihre Gesundheit/die Gesundheit der Kollegen?			
(Wie fühle ich mich nach dem Gespräch?) Wie geht es Ihnen nach dem Gespräch – hat es sich gelohnt?	Erwartungen		

- Gewerbliche Mitarbeiter haben zum Teil Sprachschwierigkeiten, besondere Form der Kommunikation ist erforderlich.
- Öffentliche Kommunikation sollte sein, Kriterien sollten bekannt sein.
- Schwieriger Gesprächseinstieg, Erklärung, um was es geht, ist erforderlich.
- Einstieg als Führungskraft schwierig, zuerst positive Fragen, dann Bilanz positiv/negativ.
- Es besteht die Gefahr, das Thema zu verfehlen und in ein Beurteilungsgespräch zu verfallen. Ziel ist für mich erreicht, wenn ich meinen Mitarbeiter besser kenne/verstehe.
- Lange Zusammenarbeit mit dem Mitarbeiter: Identifikation, Verständnis, Handlungen und Probleme nachvollziehbar. Nach dem Gespräch Erleichterung, Lockerheit.
- Eigentlich habe ich Stabilisierungsgespräche fast täglich geführt.

- Unzufriedenheit kommt gut rüber, man spricht sonst nicht so darüber.
- Eine Kopie der Gesprächsnotiz sollte der Mitarbeiter erhalten.
- Gute Gesprächsführung, persönlich, wertschätzend, Bereitschaft, etwas zu tun, ist da.
- Gut gefühlt, weil gelungen, vertrauensvolle Atmosphäre zu schaffen. Dann war es leicht und ein angenehmes Gespräch.
- Das Gespräch als gesunderhaltende Maßnahme ist wichtig. Mehr Hintergründe werden sichtbar.
- Gesprächsablauf: Die Reihenfolge 1. IST und 2. Erwartungsabgleich hat sich als gut herausgestellt.
- Das Feedback, ob es sich gelohnt hat, kam automatisch.
- Bilanzfrage dient gut zum Schließen des Gesprächs.
- Führungskraft kann wenig tun.
- Probleme der Mitarbeiter machen Führungskräfte ohnmächtig.
- Wäre fast in die Fehlzeitengesprächsfalle getappt ...

Keine Problemgruppe – stattdessen Potenzialgruppe

In vielen (öffentlichen) Unternehmen ist es keine Seltenheit, dass Führungskräfte über bestimmte auffällige Personen stöhnen, von denen seit Jahren bekannt ist, dass das Arbeitsverhältnis mit diesen Personen *eigentlich* in heutigen Zeiten für das Unternehmen unzumutbar ist. *Eigentlich* deshalb, weil heute niemand mehr mit hoher Wahrscheinlichkeit sagen kann, ob es sich um Personen handelt, die – im Sinne des psychologischen Arbeitsvertrages – nicht so arbeiten können oder nicht so arbeiten wollen, wie es heute von der Belegschaft erwartet wird. Die Zuordnung im Sinne der Belegschaftstypologie zeigt in diesen Fällen fast immer, dass Führungskräfte diese Personen als Unstabile einordnen. Die Zuordnung in diese Gruppe geschieht unbewusst oder – deutlich ausgesprochen –, weil die gleichen Führungskräfte wissen, dass die Schuldfrage in diesen Situationen heute nicht hilfreich ist. Im Gespräch mit den Führungskräften stellt sich dann auch schnell heraus, dass in der Vergangenheit großzügig über Fehlverhalten einzelner Personen hinweggesehen wurde, weil es früher – von wenigen engagierten Führungskräften abgesehen – offensichtlich nicht diesen Handlungsdruck gab, insbesondere die (Personal-)Kosten zu senken, der heute zunehmend auf den Unternehmen lastet.

Wir haben im Rahmen unserer Beratungen häufig Betriebe gefunden, in denen der Anteil der Personen, die von den Führungskräften zu der Gruppe der Unstabilen zugeordnet wurden, bis zu einem Fünftel der Belegschaft betrug. Insofern ist die systematische Beschäftigung mit dieser Gruppe – mehr noch als mit der regelmäßig sehr kleinen Gruppe der Blaumacher – eine sehr lohnenswerte. Um es an dieser Stelle schon deutlich zu sagen: Aus unserer Sicht ist die Gruppe dner Unstabilen keine Problemgruppe. Vielmehr sehen wir diese Gruppe als ein großes Potenzial, welches mit guten Absichten in Form des Dialoges »Stabilisierungsgespräch« gefördert werden kann.

Einladung zu einem Stabilisierungsgespräch

Übersicht 46: Einladungsbeispiel für ein Stabilisierungsgespräch[63]

Ihr Arbeitsverhältnis als Busfahrerin bei der GMBH
Hier: Würdigung des seit über 23 Jahren andauernden Arbeitsverhältnisses aus Sicht der GMBH

Sehr geehrte Frau P.,

das zwischen Ihnen und uns bestehende Arbeitsverhältnis dauert mittlerweile seit dem 1. Oktober 1982 an, mithin seit über 23 Jahren. In dieser sehr langen beruflichen Zeitspanne hat es viele Veränderungen in Ihrem Unternehmen gegeben, sei es auf der Führungsebene oder auch im lohntariflichen Bereich, aber auch auf der Kolleginnen- und Kollegenebene. Auch Sie haben in diesen Jahren Ihre ganz persönliche Entwicklung gemacht und gleichzeitig die Veränderungen aufseiten Ihres Arbeitgebers miterleben dürfen. Natürlich haben wir über den Zeitraum von über 23 Jahren Dienstzugehörigkeit ein Bild von unserer Mitarbeiterin Frau P. entwickelt. Das eher problematische Bild, das wir heute von Ihnen, Frau P., haben, ist objektiv stark von Ihren zum Teil erheblichen krankheitsbedingten Ausfällen über die gesamten Jahre geprägt. Gleichzeitig sehen wir auch die andere Seite von Frau P., die nämlich, die bei unseren Kunden, Kollegen und Vorgesetzten aufgrund ihrer angenehmen Persönlichkeit, ihrer Hilfsbereitschaft und ihrer Freundlichkeit überaus beliebt ist und dementsprechend geschätzt wird.

Eine heute wirtschaftliche Betrachtung des Arbeitsverhältnisses zum einen und eine von der GMBH sehr ernst gemeinte Fürsorgepflicht zum anderen sind zwingender Anlass, nach all den Jahren eine Gesamtwürdigung des zwischen Ihnen und uns bestehenden Arbeitsverhältnisses aus Sicht Ihres Arbeitgebers vorzunehmen. Verbunden damit ist unsere Hoffnung und unsere freundliche Bitte an Sie, in einem vertraulichem Gespräch mit dem Unterzeichner konstruktiv eine gemeinsame, fruchtbare Zukunft zu beschreiben, bei der beide Vertragspartner zu dem Schluss gelangen: Es hat sich gelohnt, dass wir miteinander vernünftig reden konnten. Insoweit bitten wir Sie schon an dieser Stelle, beim Weiterlesen dieses Schreibens anzuerkennen, dass Ihr Arbeitgeber sich hier viel Mühe gegeben hat, Ihnen ein Feedback zu geben, zu dem Sie selbstverständlich und jederzeit gerne uns Ihre Sicht der Dinge mitteilen mögen.

1. Aus Ihrer Personalakte können wir folgende »Bilder« entnehmen:
1982
– *Laut Ihrer Personalakte wurden Sie mit Wirkung zum 1. Oktober 1982 als Omnibusfahrerin im Wechselschichtdienst bei uns eingestellt. Die erforderliche Ausbildung zur Omnibusfahrerin und die damit verbundenen Ausbildungskosten haben wir seinerzeit für Sie übernommen.*

1983
– *Krankheitsbedingte Ausfälle laut Personalakte: elf Arbeitstage.*

1984
– *Krankheitsbedingte Ausfälle laut Personalakte: 33 Arbeitstage.*

1985
– *Krankheitsbedingte Ausfälle laut Personalakte: 40 Arbeitstage.*
– *Am 14. November 1985 gewährten wir Ihnen auf Ihre Bitte hin einen Lohnvorschuss in Höhe von 1 200 DM. Sie begründeten Ihre Bitte mit einem finanziellen Engpass und gleichwohl der Absicht, eine größere Wohnung zu beziehen. Bedenkt man, dass Sie zu diesem Zeitpunkt als Teilzeitmitarbeiterin für uns tätig waren mit einem durchschnittlichen Bruttogehalt von circa 1 000 DM*

pro Monat, so waren die 1 200 DM Lohnvorschuss schon eine ordentliche Summe, die wir Ihnen damals sehr gerne und ohne Reue zur privaten Unterstützung zur Verfügung gestellt haben. Die moderate, zinslose vereinbarte Rückzahlung (20 Monatsraten à 60 DM) wurde auch zuverlässig von Ihnen eingehalten.

1986
- Krankheitsbedingte Ausfälle laut Personalakte: 58 Arbeitstage.
- Am 20. März 1986 konnten wir Ihnen eine Belobigung aussprechen, weil einer unserer Kunden sich sehr positiv uns gegenüber über Ihren erstklassigen Fahrstil und Ihre freundliche Art im Umgang mit Ihren Kunden geäußert hat.

1987
- Krankheitsbedingte Ausfälle laut Personalakte: 48 Arbeitstage.
- Bisher waren Sie, wie im Arbeitsvertrag vereinbart, als Teilzeitkraft mit etwa 20 Wochenstunden für uns tätig. Am 2. November 1987 stellten Sie einen Antrag auf Vollzeittätigkeit.

1988
- Krankheitsbedingte Ausfälle laut Personalakte: 24 Arbeitstage.
- Ihr Antrag auf Vollzeittätigkeit vom 2. November 1987 wurde mit Schreiben vom 15. Januar 1988 abgelehnt. Die Begründung für diese Ablehnung lautete damals, dass wegen Ihrer schon damals erheblichen krankheitsbedingten Fehlzeiten die Sorge existierte, dass bei einer Vollzeittätigkeit mit einer dann höheren Belastung Ihre krankheitsbedingten Fehlzeiten eher noch steigen würden. Der Betriebsrat stimmte damals dieser Ablehnung zu, bestand jedoch darauf, erneut über den Antrag nachzudenken, wenn eine Verringerung Ihrer krankheitsbedingten Fehlzeiten zu sehen wäre.
- Am 5. Januar 1988 machten Sie einen Bewährungsaufstieg, der zu Einwänden seitens Herrn Mann führte aufgrund Ihre weiterhin hohen krankheitsbedingten Fehlzeiten. Letztlich ließ unser Tarifvertrag dieses Argument nicht zu.
- Am 1. Februar 1988 fand ein Gespräch zwischen Ihnen und dem damaligen Abteilungsleiter Herrn Mann bezüglich Ihrer krankheitsbedingten Fehlzeiten statt.

- Am 20. November 1988 stellten Sie erneut einen Antrag auf Vollzeit.
- Kurz vor Weihnachten, mit Wirkung zum 1. Januar 1989, wurde Ihr Antrag auf Vollzeittätigkeit dann doch noch positiv beschieden. Möglicherweise hat eine Verringerung Ihrer persönlichen krankheitsbedingten Fehlzeiten auf 24 Arbeitstage und eine wohlwollende Sichtweise der Personalabteilung dazu geführt.
- Einer unserer Kunden äußerte sich erneut sehr lobend über Ihre sichere und zügige Fahrweise bei schwieriger Witterung.

1989
- Am 21. Oktober 1989 erhielten Sie erneut einen Lohnvorschuss in Höhe von 1 400 DM, weil erneut ein privater Wohnungswechsel geplant war.
- Krankheitsbedingte Ausfälle laut Personalakte: 31 Tage.

1990
- Krankheitsbedingte Ausfälle laut Personalakte: 40 Arbeitstage.
- Am 12. September 1990 veranlasste Ihr Arbeitgeber eine ärztliche Überprüfung, um festzustellen, ob Sie auf Dauer den gesundheitlichen Anforderungen einer Omnibusfahrerin im Schichtdienst gewachsen wären.
- Kurz darauf fand ein erneutes Gespräch zwischen Ihnen und dem Abteilungsleiter statt, um Ursachen Ihrer erheblichen krankheitsbedingten Fehlzeiten zu ergründen und gegebenenfalls sinnvolle Maßnahmen einzuleiten. Aus dem Vermerk entnehmen wir heute, dass Sie offensichtlich den Eindruck hinterließen, es gäbe keinerlei körperliche Beschwerden, allenfalls wiederholt grippale Infekte. Dieses erschien dem Abteilungsleiter nicht plausibel, da auch die Untersuchung beim Betriebsarzt keine Erkenntnisse brachte, außer ebenfalls der ärztlichen Feststellung, dass Sie körperlich gesund seien. So wurden Sie aufgefordert, Ihren Arzt von der ärztlichen Schweigepflicht zu entbinden. Damit waren Sie einverstanden. Weiterhin ist der Gesprächsnotiz zu entnehmen, dass im Falle weiterer, auffälliger krankheitsbedingter Fehlzeiten Ihr Arbeitgeber über eine Beendigungskündigung nachdenken werde.

1991
- *Krankheitsbedingte Ausfälle laut Personalakte: 76 Arbeitstage.*

1992
- *Krankheitsbedingte Ausfälle laut Personalakte: 22 Arbeitstage.*

1993
- *Krankheitsbedingte Ausfälle laut Personalakte: 39 Arbeitstage.*
- *Etwa drei Jahre nach dem letzten Krankengespräch vom 21. September 1990, erklärt die damals zuständige Ärztin Frau Dr. Frau auf Nachfragen des Arbeitgebers, dass es bei Ihnen in der Vergangenheit wechselnde Krankheitsursachen gab, diese aber heute beseitigt und ausgeheilt sind.*

1994
- *Krankheitsbedingte Ausfälle laut Personalakte: elf Arbeitstage.*
- *Die krankheitsbedingten Ausfälle sind bereits in der ersten Jahreshälfte 1994 angefallen. Herr Mann fertigte eine Notiz für die Personalakte an und empfahl Ihnen, entweder über einen Berufswechsel außerhalb der GMBH nachzudenken oder aber wieder von Vollzeit auf Teilzeit zurückzugehen, um die Belastungen zu verringern.*

1995
- *Krankheitsbedingte Ausfälle laut Personalakte: 40 Arbeitstage.*
- *Am 11. August 1995 beantragten Sie erneut einen Lohnvorschuss – diesmal in Höhe von 4 000 DM – für die Finanzierung eines erneuten Wohnungswechsels. Dieser Antrag wurde in einem ersten Schritt abgelehnt. Stattdessen wurde Ihnen mitgeteilt, dass Ihr Arbeitgeber aufgrund Ihrer weiterhin erheblichen krankheitsbedingten Fehlzeiten ernsthaft über eine Beendigungskündigung nachdächte.*
- *In einem mittlerweile dritten Gespräch mit Ihrem Arbeitgeber zum Thema krankheitsbedingte Fehlzeiten erklärten Sie, dass Sie eine Operation an der Gallenblase gut überstanden hätten, dass Sie weiterhin wegen grippaler Infekte arbeitsunfähig krankgeschrieben wurden und dass Sie private Probleme mit Ihrem Mann und*

Ihrer Tochter hätten, weswegen der erneute Wohnungswechsel mit dem erneuten Lohnvorschuss für Sie so wichtig wäre. Sie erklärten auch in diesem Krankengespräch, dass der Beruf der Busfahrerin nach wie vor Ihr Traumberuf sei.

1996
- Krankheitsbedingte Fehlzeiten laut Personalakte: 25 Arbeitstage.

1997
- Krankheitsbedingte Ausfälle laut Personalakte: 46 Arbeitstage.
- Am 19. März 1997 gewährte Ihnen Ihr Arbeitgeber einen Lohnvorschuss in Höhe von 2 000 DM, den Sie für Ihre Silberhochzeit benötigten.

1998
- Krankheitsbedingte Ausfälle laut Personalakte: 37 Arbeitstage.

1999
- Krankheitsbedingte Ausfälle laut Personalakte: 47 Arbeitstage.

2000
- Krankheitsbedingte Ausfälle laut Personalakte: 164 Arbeitstage.

2001
- Krankheitsbedingte Ausfälle laut Personalakte: 19 Arbeitstage.

2002
- Krankheitsbedingte Ausfälle laut Personalakte: 95 Arbeitstage.
- Am 22. Oktober 2002 folgen wir einer Empfehlung des Arztes, Sie aus gesundheitlichen Gründen für sechs Monate von Spätdiensten zu befreien. Danach wechselten Sie mit Einverständnis des Arbeitgebers in die bekannte Neigungsgruppe.

2003
- Krankheitsbedingte Ausfälle laut Personalakte: 126 Arbeitstage.

2004
- Krankheitsbedingte Ausfälle laut Personalakte: 23 Arbeitstage.

2005
- *Krankheitsbedingte Ausfälle laut Personalakte: 51 Arbeitstage bis heute.*
- *Ihr Arbeitgeber hat Ihre Personalakte vorliegen, Erkundigungen darüber hinaus über Sie* eingeholt und schreibt jetzt diesen Brief an Sie.

2. Wirtschaftliche Betrachtung Ihrer krankheitsbedingten Fehlzeiten:
Sehr geehrte Frau P., die ökonomische Betrachtung Ihrer krankheitsbedingten Fehlzeiten über die gesamte Dauer Ihres Arbeitsverhältnisses ergibt folgende Bilanz:

Arbeitsvertrag	Arbeitsvertrag	Realität	Realität
23 Berufsjahre	5 040 Arbeitstage	Knapp fünf Berufsjahre arbeitsunfähig erkrankt	An 1 106 Arbeitstagen arbeitsunfähig erkrankt
23 Jahresgehälter von Ihrem Arbeitgeber bezahlt	23 Jahresgehälter von Ihrem Arbeitgeber bezahlt	23 Jahresgehälter von Ihrem Arbeitgeber bezahlt	23 Jahresgehälter von Ihrem Arbeitgeber bezahlt

Rein ökonomisch gesehen, werden Sie nachvollziehen können, dass aus unserer Sicht das zwischen Ihnen und uns bestehende Arbeitsverhältnis in einer völligen Schieflage zu unseren Ungunsten ist.
Bei allen Fehlern, die in der Vergangenheit begangen worden sind, eines zeigt der Blick zurück allemal: Wir können sehr wohl darstellen, dass Ihr Arbeitgeber über zwei Jahrzehnte ein hohes Maß an Langmut und Geduld im Umgang mit Ihnen aufgebracht hat. Sie sind heute gerade mal 49 Jahre jung. Wir sagen auch deutlich, dass wir heute nicht mehr bereit sind, die für uns ökonomische Schieflage noch weitere 16 Jahre bis zur gesetzlichen Regelaltersrente mit der gleichen Geduld hinzunehmen.

3. Fürsorgepflicht des Arbeitgebers

Sehr geehrte Frau P., wir sind auch vor dem Hintergrund der obigen Bilanz noch weit davon entfernt, für diese aus unserer Sicht negative Bilanz hier eine Alleinschuld ausschließlich bei Ihnen zu suchen. Das würde der Gesamtbetrachtung des langjährigen Arbeitsverhältnisses nicht gerecht werden, wäre also weder seriös noch der Realität angemessen. Wir wissen sehr wohl, dass zu dieser Schieflage der Arbeitgeber selber in der Vergangenheit unserer Unternehmensgeschichte ganz sicher auch seinen beachtlichen Teil beigetragen hat.

Noch einmal: Sie sind heute gerade mal 49 Jahre jung. Das bedeutet, dass Ihr Arbeitsverhältnis bis zur Regelaltersrente noch 16 Jahre andauert. Natürlich stellen wir uns im Rahmen unserer Fürsorgepflicht eine ganz zentrale Frage:

»Was genau brauchen Sie, um die verbleibenden Jahre bis zu Regelaltersrente von 65 Jahren und weit darüber hinaus arbeitsfähig zu bleiben?«

4. Alles schlecht bei der heutigen GMBH?

Manchmal vergisst man diverse Dinge, oder man hat sich im Laufe der Jahre an sie gewöhnt, die dann in unserem eigenem Erleben wie selbstverständlich dazugehören und allenfalls wieder wahrgenommen werden, wenn sie (schmerzlich) wegfallen.

Auch wir haben uns Gedanken gemacht, was wir unseren Arbeitnehmerinnen und Arbeitnehmern gerade auch in Zeiten des Wettbewerbs, in denen es zwangsläufig zu erlebten Verschlechterungen gekommen ist und gegebenenfalls kommen wird, immer noch anbieten wollen und hoffentlich noch lange können. Wir glauben, dass es hilfreich sein kann, diese uns allen lieb gewordenen, gewohnten Vorteile, die Sie bei der GMBH genießen können, doch noch einmal aufzuzählen. Möglicherweise ist bei Ihnen im Laufe der Jahre ebenfalls eine ganz persönliche Schieflage Ihrer Sicht der Dinge eingetreten, und Sie können anhand der folgenden Übersicht gerne überprüfen, was davon auf Sie, Frau P., ganz besonders zutrifft.

So bietet Ihnen Ihr Arbeitgeber heute nach wie vor an:	Und das erwarten wir von Ihnen:
Keine betriebsbedingten Kündigungen bis einschließlich 2011	Weiterhin eine zuverlässige, angenehme und materialschonende Fahrweise mit unseren Fahrzeugen
Zuverlässig und pünktlich ist Ihr Gehalt Monat für Monat seit über 23 Jahren auf Ihrem Konto	Weiterhin einen pünktlichen Dienstbeginn
Eine sehr gute betriebliche Altersversorgung	Weiterhin Ihr bekannter guter Umgang mit unseren Kunden
Der Jahresurlaub wird, wie im Urlaubsplan ausgewiesen, garantiert eingehalten	Weiterhin ein gepflegtes Erscheinungsbild
Kostenlose Dienstkleidung	Loyalität gegenüber Ihrer GMBH
Unterstützung bei privat bedingten Dienständerungswünschen	Eine persönliche Anwesenheitsquote, die deutlich höher als die in der Vergangenheit liegt
Unterstützung in Form von privaten Lohnvorschüssen	
Unterstützung in der Dienstplangestaltung, gleicher Freizeitplan wie Ihr Ehemann	
Ein Stellplatz für Ihren PKW auf unserem Betriebsgelände	
Ein überwiegend guter Fuhrpark mit ansprechenden, funktionierenden Bussen, sodass Sie sich an Ihrem Arbeitsplatz wohlfühlen können	
Die Möglichkeit der privaten Werkstattnutzung	

Die Möglichkeit, subventioniertes Essen in unserer Kantine zu sich zu nehmen	
Ein überwiegend gutes Betriebsklima mit angenehmen Kolleginnen und Kollegen	
Vertrauliche und fürsorgliche Gespräche mit Vorgesetzten auch schon in der Vergangenheit	
Regelmäßige Untersuchungen beim Betriebsarzt auf Kosten des Arbeitgebers	
Eine Führung heute, die berechenbar und klar mit Menschen umgeht	

5. Ende gut, alles gut?

Sehr geehrte Frau P., die GMBH kann sich sehr gut vorstellen, unter die wirtschaftliche Negativbilanz der Vergangenheit komplett einen Strich zu ziehen. Wir möchten mit Ihnen gemeinsam in eine für beide Seiten zumutbare Zukunft schauen.

Dazu braucht es in einem ersten Schritt ein offenes und nach vorne gerichtetes Gespräch. Wir machen mit diesem ausführlichem Schreiben den ersten Schritt zu einem »Neuanfang«. Wir freuen uns auf dieses Gespräch, unsere Tür ist offen.

Mit freundlichen Grüßen, Ihre GMBH

3.3.4 Hindernisse und Chancen

Zeit für Stabilisierungsgespräche

Das größte Hindernis in der Durchführung der Stabilisierungsgespräche in der betrieblichen Praxis ist wieder einmal der Zeitaufwand[64], der damit verbunden ist. Bei dem gesundheitsförderlichen Dialog des Stabilisierungsgesprächs kommt als besonderer Zeitfaktor hinzu, dass die intensive Vorbereitung[65] auf diesen Dialog elementar wichtig für das Gelingen dieses

Dialogs ist. Der Zeitaufwand für den Dialog selber beträgt in der betrieblichen Praxis etwa 30 bis 120 Minuten.

Beurteilungsgespräch statt Stabilisierungsgespräch

Eine Gefahr, so berichten Führungskräfte weiter, bestünde auch darin, dass man während dieses Dialoges als Gesprächsführender dazu neigt, in ein Beurteilungsgespräch oder auch in ein Zielvereinbarungsgespräch abzurutschen. Dieses passiere gelegentlich dann, wenn im Dialog die tendenziell positiven und die tendenziell negativen Dinge des Arbeitsverhältnisses dem betroffenen Mitarbeiter als widersprüchliches Bild vermittelt werden. Man müsse sich dann ganz schnell selber wieder neu takten und sich vergegenwärtigen, dass das Thema dieses Dialogs der aktuell wahrgenommene psychologische Arbeitsvertrag ist und keine Noten oder Zielvereinbarungen.

Fehlzeitengespräch statt Stabilisierungsgespräch

In einigen Unternehmen gab es in Einzelfällen Uneinigkeit zwischen der Führungskraft und der Arbeitnehmervertretung in der Frage, ob mit der betreffenden Person ein Fehlzeiten- oder ein Stabilisierungsgespräch zu führen sei. Die Führungskraft hatte von der betroffenen Person das Bild eines Blaumachers, die Arbeitnehmervertretung dagegen nicht. Uneinigkeiten hinsichtlich der Zuordnung aller Beschäftigten gibt es erfahrungsgemäß genau in diesen Fällen der Zuordnung zur Belegschaftstypologie. Interessanterweise bleibt es bei wenigen Ausnahmen. Die Lösung ist naheliegend: Die Führungskraft und die Arbeitnehmervertretung haben sich in diesen Fällen darauf geeinigt, dass der bessere Dialog zu führen ist, nämlich ein Stabilisierungsgespräch.

Die Gesprächsvorbereitung als Chance, Menschen widersprüchlich wahrzunehmen und positiv zu beeinflussen

Natürlich bleibt es Führungskräften in der Praxis unbenommen, Beschäftige auch mündlich zu einem Stabilisierungsgespräch einzuladen. Möglicherweise erscheint es Führungskräften zu aufwändig, eine schriftliche Einladung gemäß dem Muster in Übersicht 46 zu verfassen. Die geeignete Form hängt sicherlich von der gefühlten Beziehungsebene der Führungskraft zu der betroffenen Person ab. Wesentlich ist jedoch, dass auch bei einer mündlichen – wertschätzend vorgetragenen – Einladung zu einem Stabilisierungsgespräch die Vorbereitung für das zu führende Stabilisierungsgespräch in keinem Fall entfallen kann. Erst in der Gesprächsvorbereitung haben Führungskräfte die Chance, sich vorhandene widersprüchliche Bilder, die die Führungskraft von der betroffenen Person hat, bewusst zu machen. Mit dem eigenen Bewusstmachen der widersprüchlichen Bilder ist die Gesprächseröffnung bereits gelungen. Es bestehen gute Chancen in diesem Dialog, dass alte Missverständnisse, die zum Teil in der fernen Vergangenheit liegen, leicht ausgeräumt werden können. Dazu kommt, dass in diesem Dialog systematisch die Erwartungen des Mitarbeiters erkundet werden. Das wiederum verschafft ein wohliges, gesundheitsförderliches Gefühl für die Zukunft. Die Schuldfrage wird nicht gestellt, weil sie irgendwo in der Vergangenheit liegt und in der Regel heute nicht geändert werden kann. Vielmehr bietet die Dialogvorbereitung auch hier die Chance für beide Gesprächspartner zu realisieren, dass es heute viele Dinge in dem Unternehmen gibt, die lohnenswert erscheinen und das Geben und Nehmen – im Sinne des psychologischen Arbeitsvertrages – positiv beeinflussen. Dieser Teil der Gesprächsvorbereitung muss wohl nur einmal für das Unternehmen fertiggestellt werden. Ideen für die Dinge, die heute im Unternehmen als Stärke gesehen werden können, erhält die Führungskraft – neben eigenen Ideen – spätestens bei den Ergebnissen aus den Dialogen zum Anerkennenden Erfahrungsaustausch.

Unstabile als wichtige Potenzialgruppe eines Unternehmens

Wie bereits erwähnt, zeigt sich bei der Zuordnung aller Beschäftigten eines Unternehmens erfahrungsgemäß, dass es Führungskräften eher leichtfällt, die Gruppe der Gesund(et)en, die Gruppe der gesundheitlich Gefährdeten, Langzeiterkrankten und Kranken zu erkennen und die Gruppe der zyklisch ungerechtfertigt Abwesenden zu bestimmen. Die Gruppe der Unstabilen bleibt oft auf den ersten Blick unklar. Damit ist auch schon eine empfohlene Reihenfolge für eine Zuordnung aller Beschäftigten eines Unternehmens beschrieben. Deutlich wird nach Abarbeitung dieser empfohlenen Reihenfolge dann auch, dass zu der Gruppe der Unstabilen eine eher große Anzahl der Beschäftigen zuzuordnen ist. Die Spanne reicht von etwa 3 bis 25 Prozent einer Unternehmensbelegschaft. Mit dieser Brille rückt nun eine erheblich große Beschäftigtengruppe in den Fokus der Führungskräfte, die – im Sinne einer Stabilisierung des psychologischen Arbeitsvertrages – in aller Regel mit einem einzigen Dialog positiv stabilisiert werden kann. Damit ist auch sofort nachvollziehbar, dass es sich bei dieser Gruppe der Beschäftigen nicht um eine Problemgruppe handelt. Vielmehr handelt es sich hier um eine wichtige Potenzialgruppe, die mit einem Stabilisierungsgespräch leicht positiv zu beeinflussen ist.

3.3.5 Musterbetriebsvereinbarung zu »Gesunden Dialogen«

Dieses Kapitel möchten wir – immer an der Praxis orientiert – in Form einer Musterbetriebsvereinbarung (siehe Übersicht 47) enden lassen. Die Idee dieses Buches ist ja gerade auch, aus der Praxis für die Praxis zu schreiben. In diesem Sinne soll die folgende Musterbetriebsvereinbarung eine Handlungsempfehlung beziehungsweise Handlungsorientierung für Entscheider in Unternehmen sein, die ebenfalls wertschätzende Dialoge mit allen Mitarbeitern als gesundheitsförderlich und lohnenswert empfinden.

Übersicht 47: Musterbetriebsvereinbarung zu den Gesunden Dialogen

Musterbetriebsvereinbarung für Gesunde Dialoge mit allen Beschäftigten

1. Präambel

Im Zentrum der betrieblichen Gesundheitsförderung steht das umfassende körperliche, geistige und soziale Wohlbefinden (im Sinne der Ottawa-Charta der WHO) aller Mitarbeiterinnen und Mitarbeiter bei der täglichen Arbeit. Die Vertragspartner stimmen in der Erkenntnis überein, dass so verstandene betriebliche Gesundheitsförderung ein wesentlicher Beitrag zur nachhaltigen Wertschöpfung des Unternehmens ist. Gesundheitsförderliche Führung bestimmt die betriebliche Beziehungskultur und hat schließlich positive Auswirkungen auf die Motivation und Leistungsbereitschaft, auf die

Arbeitszufriedenheit, das Befinden und die Gesundheit aller Mitarbeiterinnen und Mitarbeiter.
Die entscheidenden Instrumente der Führungskräfte sind hierbei Gesunde Dialoge mit allen Mitarbeiterinnen und Mitarbeitern.

2. Gesunde Gespräche mit allen Mitarbeiterinnen und Mitarbeitern

Die Führung von gesunden Gesprächen mit allen ist damit eine der wichtigsten Aufgaben und Pflichten aller Führungskräfte. Erst der Zusammenhang zwischen krankheitsbedingten Fehlzeiten einerseits und dem geschlossenen beziehungsweise nicht geschlossenen psychologischen Arbeitsvertrag aus Sicht der Führung andererseits lässt typischerweise vier Gruppen einer Unternehmensbelegschaft erkennen:

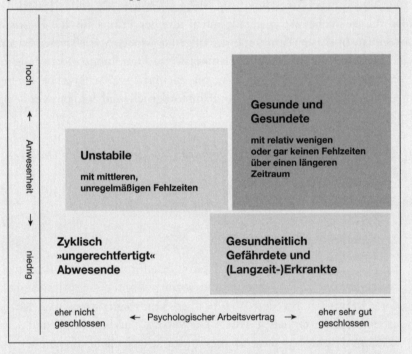

Folgerichtig vereinbaren die Parteien, dass vier unterschiedliche Belegschaftsgruppen auch vier unterschiedliche Gesprächsabsichten beziehungsweise Gesprächsziele verfolgen, wie in der folgenden Übersicht dargestellt.

hoch ↑ Anwesenheit ↓ niedrig	**Stabilisierungs-gespräche**	**Anerkennender Erfahrungs-austausch**
	Fehlzeiten-gespräche	**Arbeitsbewältigungs-gespräche**
	eher nicht geschlossen ← Psychologischer Arbeitsvertrag →	eher sehr gut geschlossen

Belegschafts-gruppen	Gesprächsabsichten beziehungsweise -ziele
Personen mit regelmäßiger und/oder »un-gerechtfertigter« Abwesenheit	*Fehlzeitengespräche* zur Klärung des psycho-logischen Arbeitsvertrages mit ggf. arbeitsrecht-lichen Konsequenzen, der Folgen von konkreten Unzufriedenheitspotenzialen, von Kommunikations-schwächen und von strukturellen Problemen
Personen mit unterschiedlich hoher Anwesen-heit	*Stabilisierungsgespräche* als Vertiefung und Be-stätigung positiver Handlungen, Veränderung unentschiedener oder negativer Haltungen durch Erhöhung des Wohlbefindens und Reduktion von Problemen, Chance auf Erkennen von schlechten Stimmungen und Gerüchten

Gesundheitlich Gefährdete, (Langzeit-) Erkrankte und Kranke	*Arbeitsbewältigungsgespräche* unter Einbeziehung von Arbeitsmedizinern und anderen Experten zur Anpassung der Arbeitsbedingungen an das veränderte körperliche oder psychische Leistungsvermögen, als Hinweis auf besonders belastende Arbeitsbedingungen und als Hinweis auf persönliche Ressourcen und unbekannte Qualifikationen (mit möglicher Bedeutung für innerbetriebliche Umsetzungsmöglichkeiten oder Outplacement)
Gesunde und Gesundete mit sehr hoher Anwesenheitsquote	*Anerkennender Erfahrungsaustausch* als wirksamste Form der Gesundheitsförderung durch anerkennende, wertschätzende Beziehung zwischen Führungskraft und Beschäftigten, weil Beschäftigte als Berater der Führungskräfte fungieren, durch ein systematisches Monitoring der Stärken des Unternehmens, um Stärken zu stärken, durch eine (selbst-)lernende Organisation aus der Sicht der (fast) immer Anwesenden

3. Zuordnung der Beschäftigten zur Belegschaftstypologie

Die Führungskraft entscheidet in einem ersten Schritt begründet und für Dritte nachvollziehbar, mit welchem Mitarbeiter welcher der vier möglichen gesundheitsförderlichen Dialoge geeignet erscheint. Als Entscheidungshilfe dienen hierbei zwei Kriterien: Eine Fehlzeitenstatistik und eine Anwesenheitsstatistik für alle Beschäftigten nützen als erstes, jedoch letztlich nicht entscheidendes Indiz für eine Zuordnung aller Beschäftigten zur Belegschaftstypologie. Die Sicht der Führungskraft – im Sinne des psychologischen Arbeitsvertrages – auf die einzelnen Beschäftigten ist schließlich das entscheidende Merkmal für eine erstmalige Zuordnung zur Belegschaftstypologie.

Sollte die Arbeitnehmervertretung im Einzelfall mit einer durch die Führungskraft vorgenommenen Zuordnung nicht einverstanden sein, so überlegen beide Parteien gemeinsam, welcher andere Gesunde Dialog für diesen Einzelfall geeignet erscheint. In keinem Fall darf eine Uneinigkeit dazu führen, dass es keinen Dialog mit einzelnen

Beschäftigten gibt. Im Zweifel verständigen sich beide Parteien auf einen anderen Dialog, als zunächst beabsichtigt.

4. Dokumentation der Gesunden Dialoge

Alle Dialoge werden in Form einer entsprechenden Dialognotiz dokumentiert. Die Dokumentation dient vor allem einer erhöhten Verbindlichkeit für getroffene Vereinbarungen, als Grundlage für eine anonymisierte Auswertung und als Erinnerung für künftige Dialoge. Lediglich zu Fehlzeitengesprächen werden Protokolle geschrieben, die der Personalakte des Mitarbeiters zugefügt werden. Insbesondere der Anerkennende Erfahrungsaustausch verlangt eine systematische Dokumentation mit einer anschließenden anonymisierten Auswertung. Die regelmäßig zur Arbeit erscheinende Mehrheit der Mitarbeiter – als interne Berater der Führungskräfte für Gesundheitsquellen beziehungsweise Gesundheitsressourcen des Unternehmens – erwartet, dass so erfahrene Stärken gestärkt werden und somit weiterhin gesundheitsförderlich spürbar bleiben und so erfahrene Schwächen nach Möglichkeit verringert beziehungsweise abgeschafft werden. Kopien der Dialogdokumentation erhalten auf Wunsch sowohl die Arbeitnehmervertretung als auch der Mitarbeiter selbst.

5. Umsetzung von Maßnahmen/Kommunikation

Die Ergebnisse der Auswertung zum Anerkennenden Erfahrungsaustausch werden in der Belegschaft geeignet und vollständig kommuniziert. Zur Entwicklung und Verabschiedung von geeigneten Maßnahmen werden sodann Workshops durchgeführt. Idealerweise nehmen an diesen Workshops alle Führungskräfte und andere interne Experten teil. Die Workshops dienen zum einen der Entwicklung von Maßnahmen zum Stärken der Stärken und zum Verringern der Schwächen des Unternehmens aus Sicht der Gruppe der Gesund(et)en. Weiterhin kann im Rahmen dieser Workshops vereinbart werden, welche Personen für welche Maßnahmen im Sinne einer Umsetzung als Prozessverantwortliche federführend tätig sein werden. Auch diese Ergebnisse werden innerhalb der Beschäftigten geeignet und vollständig kommuniziert.

6. Überprüfen der Umsetzung von Maßnahmen durch neuerliche Dialoge im Zeitablauf

Gesunde Dialoge mit allen Beschäftigten werden regelmäßig jährlich geführt. Damit ist im Zeitablauf überprüfbar, welche Maßnahmen bei den Beschäftigten spürbar wahrgenommen wurden. Führungskräfte haben den Zeitaufwand für die Durchführung der Dialoge in ihrer Führungsarbeit zu planen. Für die Beschäftigten ist die Gesprächsdauer als bezahlte Arbeitszeit zu vergüten.

4 Anerkennung fördert und erfordert Vertrauen

Überblick: Es ist nicht erstaunlich, dass in Zeiten wachsender ökonomischer, ökologischer und sozialer Unsicherheit verschiedene Vermögen – in der Doppelbedeutung von Möglichkeit und Reichtum – in den Vordergrund sozialpolitischer und wissenschaftlicher Diskussionen rücken: so etwa das *Sozialvermögen,* das *Arbeitsvermögen* oder auch das *Beziehungsvermögen.* Diese Vermögen sind aber nicht immer leicht zu erhalten oder zu vergrößern. In diesem Kapitel werden unter den Aspekten Arbeit, Gesundheit und Anerkennung unter anderem folgende Themen bearbeitet.

- Sterblichkeitsrisiko »Personalabbau«.
- Autonomie als Gesundheitsrisiko?
- Geben und Nehmen – ein Gleichgewicht?
- Anerkennung in Arbeit und Organisation.
- Die Rolle des Vertrauens – dem Vertrauen vertrauen?!
- Dialoge statt Diskussionen.

Die Basis des »alten« psychologischen Arbeitsvertrages verändert sich – eine neue Basis ist immer wieder im Dialog zu suchen und zu finden.

Der Anerkennende Erfahrungsaustausch und die weiteren Gesunden Dialoge bauen auf verschiedenen wissenschaftlichen Modellen auf, deren (Weiter-)Entwicklung im folgenden, eher theoretischen Kapitel zusammengefasst werden soll.

4.1 Vertrauen

Wie Claus Offe schreibt, ist Vertrauen ein »erst neuerdings gründlicher untersuchtes soziales Phänomen. Das wachsende Interesse an diesem Phänomen und verwandten Phänomenen wie ›social capital‹ (›Sozialvermögen‹), Respekt, Anerkennung, Institutionen vertrauen, der Bereitschaft, sich in organisierter Weise zusammenzuschließen (›Assoziationsbereitschaft‹), sozialer ›Kohäsion‹ und ›Zivilgesellschaft‹ mag zusammenhängen mit einer verbreiteten, wenn auch eher impliziten Diagnose von Grundproblemen der politischen Steuerung und sozialen Koordination, ja letztlich mit dem Problem der Aufrechterhaltung sozialer Ordnung selbst.«[66]

4.2 Beziehungsvermögen

Als ein Ergebnis einer Konferenz im Jahr 1997 zur *Beschäftigung im 21. Jahrhundert* erschien drei Jahre später ein Buch mit dem bezeichnenden Titel *Relational Wealth*, also Beziehungsvermögen. Ein Kapitel beschäftigt sich mit dem sogenannten geduldigen Kapital (»patient capital«[67]), dessen Bedeutung das Autorenteam darin sieht, dass es für nachhaltige ökonomische Wettbewerbsfähigkeit, soziale Stabilität und das Wohlbefinden der Beschäftigten von großer Bedeutung ist.

»Weil Beziehungs-Wohlstand verborgen (tacit) und nicht so leicht beobachtbar ist, kann er nicht gemessen werden. Wenn er nicht gemessen werden kann, ist die logische Folge, dass er nicht belohnt, gefördert oder erkannt werden kann. Und wenn er nicht belohnt, gefördert oder erkannt werden kann, kann er auch nicht gehandhabt (managed) werden und deshalb auch keinen Wert für das Unternehmen schaffen.«[68] – Mögliche Indikatoren des Beziehungsvermögens nach Leana und Rousseau seien vor allem[69]:

- die Dauer, die die Vorgesetzten ihre Mitarbeiter kennen und betreuen;
- die Zahl der Kollegen, bei denen man sich Rat, Informationen und Unterstützung holen kann;
- die Fluktuationsrate im Vergleich zur Branche;
- interne Karrieremöglichkeiten;
- Zeit für Beschäftigte, sich zu entwickeln;

- »familiäre« Beziehungen in der Arbeitsgruppe;
- finanzielle Anreize auf Basis von Gruppen- oder Firmenergebnissen und nicht auf individueller Ebene;
- Investitionen in Ausbildung und Weiterentwicklung;
- Investitionen in Umschulung;
- Anzahl der Kontakte der Abteilungen untereinander;
- Anzahl der Ausrüstungen, mit denen alle Beschäftigten im Bereich kompetent arbeiten können;
- Größenverhältnis der Beschäftigten, die Kundenkontakte haben;
- affektive Bindung an das Unternehmen;
- kollektives Vertrauen zwischen Arbeitgeber und Beschäftigten und zwischen den Beschäftigten untereinander;
- positive Arbeitsbeziehungen, von denen sowohl die Beschäftigten als auch die Firma profitieren;
- Investitionen in das intellektuelle Kapital, die nicht nur auf Einzelne beschränkt sind;
- Firmenziele, die verbunden sind mit Entgelt für Gruppen, Management und Beschäftigte;
- die Existenz vielfältiger gemeinschaftlicher Einrichtungen auf Organisationsebene, die von allen genutzt werden können (beispielsweise eine Cafeteria, Weiterbildungseinrichtungen, gemeinsame Treffpunkte oder virtuelle (elektronische) Gemeinschaften).

Auch wenn man nicht mit allen Indikatoren einverstanden ist, so zeigt sich doch, dass das »geduldige Kapital« eine andere Agenda hat als das »ungeduldige Kapital« (»impatient capital«). Vier Konsequenzen der Unduldsamkeit des Kapitalmarkts sind Personalabbau, sinkende Investitionen in Forschung und Entwicklung, Probleme mit dem Verhalten der Beschäftigten und Schwierigkeiten mit der Förderung und Erhaltung des intellektuellen Kapitals der Beschäftigten.[70] Kurz: Das ungeduldige Kapital fokussiert auf kurzfristige Renditen und ist weniger an der langfristigen Förderung beziehungsweise Erhaltung der Ressource Mensch interessiert.

4.2.1 Beziehungsverluste statt Beziehungsreichtum

Stellt Beziehungsreichtum einen Pol möglicher Beziehungen in Unternehmen dar, so könnte der andere Pol der Beziehungsverlust sein. Diese

Beziehungsverluste sind unter anderem durch Unsicherheit charakterisiert, die das Kennzeichen der aktuellen ökonomischen Entwicklungen ist. Ein Indikator für die zunehmende berufliche Unsicherheit mag der »Rückgang regulärer Beschäftigungsformen von ehemals 80 % (Mitte der 1970er Jahre) auf weniger als 63 %[71]« sein. Diese Unterschreitung des Normalarbeitsverhältnisses wird auch als Prekarisierung bezeichnet, die Candeias als »Gesamtheit der Prozesse« fasst, »die a) Arbeitsverhältnisse oder Formen der abhängigen Selbstständigkeit ohne existenzsicherndes *Einkommen* hervorbringen, b) mit Tätigkeiten verbunden sind, denen bestimmte Kriterien qualifizierter Arbeit abgesprochen werden, mit entsprechend geringer oder mangelnder gesellschaftlicher *Anerkennung*, c) die zur tendenziellen Ausgliederung aus betrieblichen beziehungsweise kooperativen Strukturen, zur raumzeitlichen Isolierung und Zerstörung von Sozialkontakten führen, d) mit einem tendenziell geringeren (arbeits- und staatsbürgerschaftlichen) *rechtlichen Status* verbunden sind und e) geringe oder keine Ansprüche auf Sozialleistungen zur Folge haben (Lohnersatzleistungen, Krankenversicherung oder Rente). Es geht auch um Prozesse, die f) mit der Erosion *öffentlicher Dienstleistungen* als allgemeinen Bedingungen sozialer und individueller Reproduktion verbunden sind (und schon gar nicht mit erhöhten Reproduktionsanforderungen der neuen Produktionsweise Schritt halten, etwa angesichts steigender Qualifikationsanforderungen oder hoher psycho-physischer Beanspruchung), die insgesamt g) längerfristige *Planungssicherheit* für den eigenen Lebensentwurf ausschließen und schließlich h) eine massive Verunsicherung oder Schwächung der individuellen oder auch kollektiven *Handlungsfähigkeit* bewirken.«[72] – Aber auch die Normalarbeitsverhältnisse sind nicht mehr »normal«. Der in der Vergangenheit gültige Spruch »Geht es der Wirtschaft gut, geht es den Beschäftigten gut« stimmt so nicht mehr: Immer öfter geht es den Unternehmen gut, und trotzdem wird (massiv) Personal abgebaut.

4.2.2 Personalrisiken und der psychologische Arbeitsvertrag

Der Schweizer Berater Jean Marcel Kobi beschäftigt sich seit längerer Zeit mit Personalrisikomanagement, das seiner Ansicht nach bisher von

Unternehmen noch unterbewertet wird. Die wichtigsten ==Personalrisiken== sind nach Kobi

- das Engpassrisiko, das heißt fehlende Mitarbeiter;
- das Austrittsrisiko, insbesondere von Schlüsselpersonen;
- das Anpassungsrisiko, also falsch qualifizierte Mitarbeiter, sowie
- das Motivationsrisiko durch Leistungszurückhaltung, etwa durch innere Kündigung oder Burnout.

Der Risikozyklus zur Bewältigung der Personalrisiken umfasst die Identifikation, die Messung, die Steuerung und die Überwachung der Risiken.

4.2.3 Die Basis des alten psychologischen Arbeitsvertrages verändert sich

»Aufgrund einer rein betriebswirtschaftlichen Sicht, ständiger Umstrukturierungen, Bemühungen um ›Verschlankung‹ sowie Mergers und Entlassungen brechen die Grundlagen des psychologischen Arbeitsvertrages aus Mitarbeitersicht weg, sodass sie ihn grundsätzlich infrage stellen.«[73]

Neben den genannten strukturellen Veränderungen ist aber auch die Veränderung der Individuen im Laufe eines Arbeitslebens systematisch in zweifacher Hinsicht zu berücksichtigen: als kollektive »Generations«-Unterschiede und als jeweils individuelle Entwicklungsunterschiede, die sich neben den betrieblichen auch aus den jeweiligen privaten Anforderungen ergeben, wie das folgende Beispiel (siehe Übersicht 48) einer berufstätigen Frau aus den USA zeigt.[74]

Es gibt also zumindest drei Gründe, den ungeschriebenen psychologischen Arbeitsvertrag immer wieder transparent zu machen: strukturelle, kollektive und individuelle Veränderungen. Und dies notwendigerweise durch Dialoge.

4.2.4 Arbeitsplatzsicherheit durch Arbeitsmarktfähigkeit?

Seitens der Unternehmen wird Eigenverantwortung für den Erwerb vermarktbarer Kompetenzen betont, so Kobi. »Das Unternehmen muss aber seinerseits bereit sein, die Mitarbeiter weit über die betriebsintern

Übersicht 48: Veränderungen des psychologischen Vertrages im Lebenslauf:

Michelle Roberts	25 Jahre (Arbeitsbeginn)	mit 28 Jahren	mit 35 Jahren	mit 48 Jahren
Arbeitsbedingungen	40 Std./Woche 8.00 bis 17.00; ständiges Arbeiten	50–60 Std./Woche flexible Arbeitszeit; Anpassung an Familie und Arbeitgeber	40 Std. an 7 Tagen; 2 Tage Heimarbeit; Anpassung an Pflegebedarf	Möchte mehr Herausforderung in der Arbeit; will eigene Verausgabung reduzieren
Beziehungen	• Loyalität • Höchstleistung • Zuverlässigkeit • gegenseitige Unterstützung	• Loyalität • Höchstleistung • Zuverlässigkeit • gegenseitige Unterstützung	• Loyalität • Höchstleistung • Zuverlässigkeit • gegenseitige Unterstützung	• Loyalität • Harte Arbeit • Zuverlässigkeit • Gerechtigkeit
Äußere Bedingungen und persönliche Entwicklung		Externe betriebliche Veränderungen: wachsende Arbeitslast	Alterseffekt: Eltern mit Alzheimer ziehen zu Michelle	Kognitive Entwicklung: Vergleich von Verausgabung und Unterstützung

direkt anwendbaren beruflichen Kompetenzen zu unterstützen und ihre Flexibilität zu fördern (etwa durch großzügige Personalentwicklung, geringe Spezialisierung, job rotation), wenn das Postulat der Arbeitsmarktfähigkeit glaubwürdig sein soll.«[75] Die Förderung einer solchen Arbeitsmarktfähigkeit ist allerdings eher die Ausnahme. Die Regel ist Personalabbau mit Blick auf die Aktionäre: Mittlerweile genügt schon die Ankündigung von Personalabbau, dass die Aktienkurse steigen. Dabei ist den Unternehmen nicht immer bewusst, welche gesundheitlichen Folgen permanenter oder starker Personalabbau auch für die Verbleibenden haben kann.

4.3 Gesundheitsrisiken

4.3.1 Sterblichkeitsrisiko »Personalabbau«

Ein finnisches Forschungsteam[76] hat in einer mehrjährigen prospektiven Kohortenstudie, also einer Längsschnittstudie bei mehr als 22 000 städtischen Beschäftigten in vier finnischen Städten die Auswirkungen unterschiedlicher Intensitäten von Personalabbau auf Krankenstand und Sterblichkeit bei denjenigen untersucht, die im Unternehmen verblieben sind, den sogenannten »survivers«: Insgesamt war bei allen Beschäftigten, die einen erheblichen Personalabbau von mehr als 18 Prozent erlebt hatten, das Sterblichkeitsrisiko in den ersten vier Jahren nach diesem Personalabbau aufgrund von Herzkreislauferkrankungen mehr als fünffach erhöht. Diese Langzeitstudien zeigen, dass ein erheblicher Personalabbau von mehr als 18 Prozent der Beschäftigten auch für die im Unternehmen Verbleibenden vor allem in den ersten vier Jahren nach dem Personalabbau ernsthafte und erhebliche gesundheitliche Risiken mit sich bringen kann:

- Sterblichkeitsrisiko in den ersten vier Jahren: 5,1fach erhöht.
- Sterblichkeitsrisiko vom fünften bis siebten Jahr: 1,4fach erhöht.

Bei unbefristet Beschäftigten, nicht aber bei befristet Beschäftigten, waren auch die Krankenstände deutlich erhöht, wenn der Personalabbau mehr als 18 Prozent der Belegschaft umfasste. In einer siebenjährigen Detailstudie in einer der vier untersuchten finnischen Städte, in Raisio, zeigte sich die Kombination von geringem Handlungsspielraum beziehungsweise von negativen Veränderungen des Handlungsspielraums der körperlichen Arbeitsanforderungen und des Vorgesetztenverhaltens als das größte Risiko für erhöhte Krankenstände nach massivem Personalabbau.[77]

Neben diesen personalpolitischen Gesundheitsrisiken versucht die aktuelle arbeits- und industriesoziologische Debatte neue Formen der Arbeitsbedingungen zu beschreiben und fasst diese unter den Stichworten »Subjektivierung«, »Selbststeuerung«, »Vermarktlichung«[78] zusammen. Eine dieser Theorien, die Theorie über die »indirekte Steuerung«, sei hier kurz beschrieben, weil bei einer größeren Verbreitung von Mechanismen der indirekten Steuerung die langfristige Erhaltung des Arbeitsvermögens größerer Teile der Erwerbsbevölkerung infrage gestellt ist.

4.3.2 Autonomie als Gesundheitsrisiko?

Klaus Peters und Dieter Sauer beschreiben die indirekte Steuerung als eine Herrschaftsform, die die Rationalisierungsdefizite des Fordismus überwinden will. Die »Internalisierung des fremden Willens« im Fordismus wird ersetzt durch die »Instrumentalisierung des eigenen Willens«[79] als dem neuen Organisationsprinzip: »Unter Indirekter Steuerung verstehen wir eine Form der Fremdbestimmung von Handeln, die sich vermittelt über ihr eigenes Gegenteil, nämlich die Selbstbestimmung oder Autonomie der Individuen umsetzt, und zwar so, dass sie dabei nicht nur auf explizite, sondern auch auf implizite Anweisungen, sowie auf die Androhung von Sanktionen verzichten kann.«[80] Das doppelte Manöver der indirekten Steuerung besteht darin, dass der Markt an die Einzelnen weitergereicht wird und sich das Unternehmen gleichzeitig als Rahmenbedingung setzt. Damit ergibt sich das Paradoxon einer zunehmenden Autonomie bei abnehmenden Spielräumen (gesetzt durch die Rahmenbedingungen). Es zeigt sich, dass »zunehmende Autonomie von abhängig Beschäftigten unter bestimmten Voraussetzungen eine Bedingung für zunehmende Arbeitgebermacht sein kann.«[81] Ein Beispiel wäre die sogenannte Vertrauensarbeitszeit, also ein Leben ohne Stechuhr beziehungsweise Zeitaufzeichnungen: Die Beschäftigten müssen nur, und das mit hoher Autonomie, den Markt, also die Kunden, ergebnisorientiert zufriedenstellen, wobei die engen Rahmenbedingungen dazu führen, dass sich speziell die Jüngeren, die ihre körperlichen Grenzen noch nicht kennen, grenzenlos verausgaben. Begleiterscheinungen sind Arbeitszeiten jenseits der Arbeitszeitgesetze, das freiwillige Unterlaufen von betrieblichen Vereinbarungen oder die Entsolidarisierung. Auf der Strecke bleiben diejenigen, die hohe Zeitbindungen haben, zum Beispiel Alleinerziehende oder Pflegende, beziehungsweise diejenigen, die sich nicht mehr grenzenlos verausgaben wollen oder können, also insbesondere gesundheitlich Gefährdete oder Ältere.

Zusammenfassend: Das Geben und Nehmen zwischen Arbeitgebern, die immer öfter Arbeit nehmen und Arbeitnehmern, die immer öfter keine Arbeit mehr geben dürfen, gerät aus dem Gleichgewicht.

4.4 Geben und Nehmen – ein Gleichgewicht?

Als Herausgeber einer Aufsatzsammlung *Vom Geben und Nehmen* stellen Frank Adloff und Steffen Mau »sowohl für ökonomische Märkte als auch für soziale Großinstitutionen« fest, »dass reziproke Erwartungen und Gegenseitigkeitsbeziehungen maßgeblich für ihre Funktionsbedingungen sind«.[82] In derselben Aufsatzsammlung beschäftigt sich Stephan Voswinkel mit der Reziprozität in der Arbeitswelt anhand des Arbeitsvertrages, weil dieser »im Unterschied zu vielen Kaufverträgen ein unvollständiger Vertrag ist. Er regelt den zeitlichen Umfang der Vermietung der Arbeitskraft und die Höhe des Entgelts; nicht genau spezifiziert sind hingegen in der Regel der genaue Inhalt, der Grad und die Qualität der vom Arbeitnehmer geschuldeten Leistung.«[83] Dies und weitere Unvollständigkeiten haben, so Voswinkel, zu einer Generalisierung des Tausches von Lohn und Leistung in dreifacher Hinsicht geführt:

- In *zeitlicher* Hinsicht handle es sich um einen »iterativen Tausch, der mit einer auf Dauer angelegten Perspektive und Wiederholung erfolgt und in dem bestimmte (Gegen-)Leistungen erst in unbestimmter Zukunft realisiert werden. (...) Das Unternehmen investiert in Anlernung und Weiterbildung in einer Weise, die sich erst nach längerer Arbeitsbeziehung amortisieren wird, der Arbeitnehmer akzeptiert den minderen Status von Probe- und Einarbeitungszeiten und eventuell ein geringeres Einstiegsentgelt. Beide vertrauen darauf, dass ihren Vorleistungen langfristig Gegenleistungen entsprechen (...)«.[84]
- »In *sachlicher* Hinsicht ist die Erwartung an die angemessene Arbeitsleistung der Beschäftigten nicht exakt bestimmt; vielmehr bezieht sie sich auf die Bereitschaft, innerhalb (von Arbeitsvertrag und Stellenbeschreibung definierter) zumutbarer Grenzen unterschiedliche Arbeiten in loyaler und mitdenkender Weise auszuführen. (...) Auf der anderen Seite kann vom Unternehmer erwartet werden, die Arbeitsbedingungen so zu gestalten, dass die Beschäftigten ihre Fähigkeiten einbringen können, ohne überfordert oder übermäßig belastet und ausgebrannt zu werden.«[85]
- »In *sozialer* Hinsicht schließlich ist die Arbeitsbeziehung eine generalisierte Tauschbeziehung, weil es sich auf Seiten des Arbeitgebers um eine Organisation und auf Seiten der Arbeitnehmer um ein Kollektiv,

nämlich die Belegschaft als soziales Gebilde, handelt. (...) Ein Teil der Leistungen des Unternehmens wird als kollektives Gut bereitgestellt, das die Belegschaft als Ganzes erhält. Als Beispiel seien die Kantine und der Betriebskindergarten genannt. Funktionsträger der Organisation leisten etwas stellvertretend füreinander und für die Organisation; die Belegschaftsmitglieder leisten etwas, ohne stets den Stand des individuellen ›Tauschkontos‹ im Auge zu haben.«[86]

Auf diese Weise wird – so Voswinkel – der ökonomische Tausch der Arbeitskraftvermietung zum »›sozialen Tausch‹ der Arbeits*beziehung*«, wobei die strukturelle Asymmetrie in den Hintergrund trete. Diese generalisierte Reziprozität ist mittlerweile stark institutionalisiert, durch die gesetzliche Mitbestimmung, Tarifverträge oder sozialstaatliche Regelungen.

4.4.1 Anerkennung in Arbeit und Organisation

Voswinkel sieht eine Thematisierung von Reziprozitätsverhältnissen in Unternehmen nicht nur in pragmatischer Hinsicht, also etwa in Fragen des Entgelts, der Leistung oder der Beschäftigungssicherung, sondern auch in expressiver Hinsicht: Anerkennung. Die Unternehmen seien gut beraten, den Beschäftigten Anerkennung zu gewähren, und zwar im Sinne der Würdigung, nicht im Sinne von Prestige, sondern von Dankbarkeit, die es ermögliche, auch »*normale* Arbeiten und erfolglose Bemühungen anzuerkennen. Prestige bezieht sich zwar auf einen geteilten Maßstab, ist aber an Ungleichheit gebunden. Dankbarkeit stiftet beziehungsweise bestätigt soziale Verbundenheit.«[87] In Übersicht 49 sind die unterschiedlichen Anerkennungsweisen dargestellt.

Wenn Unternehmen keine Anerkennungskultur im Sinne der Würdigung entwickeln, also »rigide die Ansprüche der Beschäftigten auf Anerkennung ihrer Beiträge und Leistungen ignorieren, werden sie langfristig nicht erfolgreich sein – oder doch einen erheblichen Kontroll- und Incentive-aufwand treiben müssen«[88]

Übersicht 49: Unterschiedliche Weisen der Anerkennung

Zwei Anerkennungsweisen	
Dankbarkeit (Simmel[89])	Prestige
Würdigung (Voswinkel[90])	Bewunderung (Voswinkel[91])
Anerkennung »normaler Arbeiten und erfolgloser Bemühungen«[92] – »Integration in einen Betrieb« und »Entwicklung langfristiger sozialer Austauschbeziehungen«[93]	Anerkennung für »große Leistungen, beeindruckenden Erfolg, Originalität« – bezieht sich betrieblich auf »wirtschaftlichen Erfolg, auf Karriere«[94]
Nähe	Distanz
z. B. »Betriebszugehörigkeitsjubiläum« – möglicher Widerspruch zu »Flexibilität und Mobilität« (Voswinkel)	z. B. »Mitarbeiter des Monats« – »Vergangenheitslosigkeit« macht ihre »Fragilität« aus (Voswinkel)
Würdigung als »Gegenleistung in Beziehungen sozialer Reziprozität«[95]	An »wiederkehrenden Erfolg gebunden« – stiftet keine Reziprozität (Voswinkel)
Auf Würdigung kann man »Anspruch erheben«	Auf Bewunderung besteht kein Anspruch

4.4.2 Erosion der Würdigung

Voswinkel stellt die These auf, dass die aktuellen Veränderungen in der Arbeitswelt zu einer »Krise der Reziprozität und insbesondere der ihr korrespondierenden Anerkennungsform der Würdigung«[96] mit sich bringen. Die Veränderung der Arbeitswelt macht Voswinkel[97] an vier Entwicklungen fest:

- Die *marktgesteuerte Dezentralisierung*: Tendenzen seien hier die Konzentration auf das Kerngeschäft, verbunden mit entsprechenden Ausgliederungen und Unternehmensaufspaltungen. Die damit verbundene Dezentralisierung bedeute gleichzeitig eine Vermarktlichung im Sinne der Profit- oder Cost-Center. Langfristige Investitionen würden so be- oder verhindert und kurzfristigem Erfolg untergeordnet. Damit werde der betriebliche soziale Austausch negativ beeinflusst und damit auch die Anerkennungsverhältnisse im Unternehmen.

- Die *Aufwertung kurzfristiger Erfolgsmaßstäbe:* Voswinkel nennt hier insbesondere die Aufwertung von Kurzfristökonomie und Kurzfristbindung, Stichworte sind der Shareholder-Value, die Globalisierung und die kurzzyklische Produktinnovation in der sogenannten New Economy.
- *Die Kurzfristbiographie* von Unternehmen und Produkten: Dies bezieht sich auf Sennets Beobachtung vom Verlust des Individuums an langfristiger persönlicher Orientierung im »flexiblen Kapitalismus«. Bindung bedeute zunehmend Risiko und nicht Sicherheit, und damit verbunden auch den Abbau von Loyalität. »Für die Anerkennungsverhältnisse bedeutet dies, dass die Erwartung der Würdigung von Leistungsbeiträgen und Loyalität immer unsicherer und kaum mehr moralisch einklagbar erscheint.«
- *Neuer Managertyp:* Der neue Manager kommt von außen und bleibt nicht lange im Unternehmen. Er ist also eher am rasch realisierbaren und vorzeigbaren Erfolg interessiert.

Die vergleichsweise abnehmende Stabilität zukünftiger betrieblicher Entwicklungen – Stichworte sind »Flexibilität«, »lebenslanges Lernen« oder »Mobilität« – macht für Unternehmen Langfristigkeit zum Risiko. Voswinkel ordnet hier die externe und nicht interne Besetzung von Führungspositionen ein, »um gewachsene Reziprozitäts- und Anerkennungsbeziehungen zu zerschlagen und so die Strategie- und Innovationsfähigkeit der Organisation zu gewährleisten: Die Nichtanerkennung von Leistungen ist daher eine Form organisational für notwendig erachteter *De*motivierung unerwünschter Orientierungen und Interessen der Beschäftigten.«[98] In diesem Zusammenhang bietet Voswinkel auch eine interessante anerkennungstheoretische Einschätzung des Taylorismus, nämlich dass er auch »ein gewaltiges Programm zur Demotivation des Eigensinns und professionellen Arbeitswertverständnisses handwerklicher Facharbeit war«.[99]

Ein weiteres Risiko für die soziale Reziprozität und die Würdigung sieht Voswinkel in der Subjektivierung der Arbeit: Sie ist einerseits im Interesse der Beschäftigten – Stichwort »Selbstverwirklichung« – und wird gleichzeitig auch von den Unternehmen gefordert (siehe unsere Ausführungen in Kapitel 4.3.2). Diese »doppelte Subjektivierung« entziehe sich der Reziprozität des Gabentausches, weil Arbeit als Selbstverwirklichung »keine Leistung im Sinne eines Aufwandes, eines Opfers« sei, die »mit einer Gegenleistung honoriert und gewürdigt werden müsste.« Hinzu komme – so Voswinkel weiter – die Knappheit der Arbeit, die damit Arbeit zu einem wertvollen Gut und damit schon selbst zur Belohnung mache. Kurz: »Subjektivierung und Knappheit von Arbeit ergänzen einander mit der Gefahr einer (Selbst-)Überforderung der Beschäftigten.«[100] Dazu passt eine Pressemeldung darüber, dass die amerikanische Beratungsfirma PricewaterhouseCoopers die Beschäftigten in die Zwangsferien schicken muss und dass die »Hälfte der US-Arbeitnehmer diesen Sommer nicht eine Woche freigenommen«[101] hat. – Aber der Doppelcharakter der Subjektivierung der Arbeit beinhaltet ja auch den Aspekt der Selbstverwirklichung, also den Eigensinn. Und möglicherweise »besteht der dialektische Witz der neuen Organisationsstrukturen und der damit einhergehenden ›Aktivierung des Subjekts‹ (...) also darin, dass eine Organisation, die die ganze Person will, den ganzen Eigensinn bekommt.«[102]

4.4.3 Gesellschaftliche Reziprozitätserwartungen

Reziprozitätserwartungen werden »vor allem dann sichtbar«, »wenn sie als verletzt angesehen werden«, oder »mit Durkheim gesprochen«, so Lessenich und Mau, »wird das Wirken von Reziprozitätsnormen vor allem *ex negativo* deutlich, also dann, wenn Menschen die Reziprozitätsnormen verletzt sehen und mit moralischer Empörung reagieren«.[103] Damit ist diese Sichtbarkeit *ex negativo* bei den Reziprozitätserwartungen mit der Sichtbarkeit eines anderen sozialen Phänomens vergleichbar, mit der Natur des Vertrauens, wie sie in »Shakespeares *Othello* hervortritt. Othello bittet Jago um einen ›sichtbaren Beweis‹ für Desdemonas Untreue. Er hätte begreiflicherweise nicht um einen direkten Beweis ihrer Treue bitten können: Der einzig sichtbare Beweis von (zukünftiger) Treue ist eine Leiche.«[104] – »Während es nie schwer ist, Beweise für ein Verhalten zu finden, das nicht vertrauenswürdig ist, so ist es praktisch unmöglich, dessen positives Spiegelbild zu beweisen.«[105] Gambetta bezeichnet das Vertrauen als eine »eigenartige Überzeugung, die nicht auf Beweisen, sondern auf einem *Mangel an Gegenbeweisen* gründet – eine Eigenschaft, die es für mutwillige Zerstörung anfällig macht.«[106] Tiefes Misstrauen ist »nur mit großen Schwierigkeiten durch Erfahrung zu entkräften«[107], so Gambetta weiter. Was also können wir tun hinsichtlich Misstrauen oder Vertrauen?

4.5 Dem Vertrauen vertrauen?!

Gambetta führt zwei Gründe dafür an, dass es rational sein kann, dem »Vertrauen zu trauen und dem Misstrauen zu misstrauen«:

1. Wenn wir uns anders verhalten würden, also dem Vertrauen nicht trauen und Misstrauen als gerechtfertigt ansähen, »dann werden wir nie herausfinden, ob es so ist. Vertrauen beginnt, indem man offen für Beweise bleibt, handelt, als ob man vertraute, zumindest bis zusätzliche stabile Überzeugungen auf der Basis weiterer Informationen gewonnen werden können.«[108]
2. Vertrauen ist »keine Ressource (...), die sich durch Gebrauch verringert; im Gegenteil, je mehr sie genutzt wird, desto mehr gibt es wahrscheinlich von ihr. Nach Hirschmann wird Vertrauen dadurch gemindert, dass es *nicht* genutzt wird.«[109]

4.5.1 Vertrauen – Zukunftsorientierung statt Rückwärtsgewandtheit

Wir alle müssen lernen, mit Vertrauensverlust zu leben, weil wir »erheblich divergente Wirklichkeitskonstruktionen erzeugt haben und weil diese Divergenzen weder bewusst beobachtet noch explizit kommuniziert worden sind.«[110] »Statt Rückwärtsgewandtheit muss es um die Schaffung von Bedingungen für künftige Möglichkeiten gehen, müssen Visionen, Wünsche und Vorstellungen aktiviert werden. Die Ressourcen liegen in der Zukunft, nicht in der Vergangenheit, und die Leitfrage darf nicht lauten ›Wer ist dafür verantwortlich?‹, sondern ›Welche Verbesserungen schlagen wir vor?‹.«[111]

Dialoge statt Diskussionen

David Bohm unterscheidet Diskussion – in der Wortwurzel »zerteilen, zerlegen, zerschlagen« – vom Dialog als »freie(m) Sinnfluss«: »Wenn einer gewinnt, gewinnen alle. (...) In einem Dialog wird nicht versucht, Punkte zu machen oder den eigenen Standpunkt durchzusetzen. Vielmehr gewinnen alle, wenn sich herausstellt, dass irgendeiner der Teilnehmer einen Fehler gemacht hat. Es gibt nur Gewinner, während das andere Spiel (der Diskussion) Gewinner-Verlierer heißt«.[112] Damit thematisiert Bohm sowohl Synergie als auch die Kultur der Fehlerfreundlichkeit.

In diesem Sinne und mit Bezug auf Bohm beschreibt S. J. Schmidt Dialoge als Möglichkeit, »bewusst Klarheit und ein Gefühl dafür zu bekommen, was tatsächlich von wem/von welcher Gruppe als veränderungsbedürftig angesehen wird und ob Veränderungsbereitschaft besteht«.[113] Dabei müsse Heterogenität erwünscht sein, und er plädiert dafür, »Konflikte auszuhalten, ja zu nutzen, indem man sie als Varianten von Beobachtungsmöglichkeiten einschätzt und nicht als menschliche Schwächen«.[114] Im betrieblichen Setting bedeutet dies, dass »Vertrauen nötig« ist, dass »andere (vor allem Vorgesetzte) differente Wirklichkeitskonstruktionen ihrer Kollegen und Mitarbeiter als legitim ansehen, ernst nehmen und nicht als Störung oder abweichendes Verhalten sanktionieren«.[115]

Wenn die Beobachtungsrichtung nicht nur top down gehe, so Schmidt, sondern »wenn sich auch Management und Vorstand beobachten lassen und die Beobachtungskriterien Teil der innerbetrieblichen Kommunikation sind, dann ergibt sich eine Reflexivität, die von allen Beteiligten gewollt und gerechtfertigt werden können muss (...).«[116] Nach Schmidts Einschätzung bildet ein solcher bewusster und reflektierter Umgang mit gegenseitiger Beobachtung und vielfältigen Beobachtungen »die einzig solide Grundlage für Selbstorganisationsprozesse; denn nur dann kann man jedem Einzelnen zumuten, Verantwortung für das Gesamtunternehmen zu übernehmen und sich nicht auf Routinen zurückzuziehen.«[117] Dabei bestehe die wesentliche Frage für das Management »nicht darin, ob Selbstorganisation zugelassen oder ausgeschlossen wird, sondern darin, wie die Ressource Selbstorganisation genutzt wird«.[118]

4.5.2 (Ständige) Neuverhandlung von psychologischen Arbeitsverträgen im Dialog

»Der psychologische Arbeitsvertrag ist neu auszuhandeln und die gegenseitigen zukunftsbezogenen ›geheimen‹ Erwartungen, Interessen und Ziele in ein neues Gleichgewicht zu bringen«[119], so die wesentliche Schlussfolgerung von Kobi bezüglich der oben genannten Auswirkungen der sogenannten Globalisierung. Vor diesen hat Kotthoff bezüglich der Anerkennungsverhältnisse gewarnt: Der Betrieb sei, »wie manche Unternehmer sagen, keine Caritas« (...), aber dennoch »auf Anerkennungsbeziehungen angewiesen: Denn, wenn der Betrieb sich der Welt der Moral und der Anerkennung verschließt, hat er ein Kontrollproblem, das seinen Fortbestand unterminiert. Die Folgen wären nämlich Protest und die Aufkündigung von Engagement, Motivation und Mitarbeit und die Bildung einer Gegenkultur.«[120] Letztere Auswirkung von fehlender Anerkennung bezeichnet Voswinkel als »voice«, wenn »›die betriebliche Lebenswelt, das direkte Arbeitsumfeld als alternative Anerkennungsarena der Beschäftigten an Bedeutung gewinnt‹«.[121] Das Gegenteil von »voice« wäre nach Voswinkel »exit«, also die innere Kündigung, der Rückzug. Beide Reaktionen – Gegenkultur oder Rückzug – sind für Unternehmen die zweitbeste Lösung für das Anerkennungsproblem unter Bedingungen der »Subjektivierung«, der »Vermarktlichung«, der – wie oben beschrieben – »indirekten Steuerung«: »Unternehmen, die den ›ganzen Menschen‹ einfordern, tragen deshalb – nicht zuletzt aus Eigeninteresse – eine gewisse Verantwortung dafür, dass die Mitarbeiter diese besonderen Ressourcen im Rahmen eines dialogischen Identitätsbildungsprozesses fortwährend weiterentwickeln können. Weil Identitätsbildung, wie die soziologische Diskussion gezeigt hat[122], auf der Grundlage von Anerkennungsbeziehungen verläuft, muss aus der Selbstverwirklichungsthese zweifelsohne eine Reflexion der unternehmensinternen Anerkennungsstrukturen folgen.«[123]

5 Anerkennung wirkt – Ein Resümee

Führungskräfte können Gesundheit, Wohlbefinden und Arbeitsfähigkeit ihrer Beschäftigten nachhaltig fördern: Durch den Aufbau und die Pflege wertschätzender, anerkennender Beziehungen. Soweit die wissenschaftlich geprüfte Theorie. – Aber was bedeutet das praktisch, im Betriebsalltag? Wie machen das Führungskräfte? Die Antwort auf diese Fragen war die Konzeptionierung der Gesunden Dialoge. »Wer fragt, der führt« ist der Grundsatz, nach dem Führungskräfte systematisch und strukturiert anerkennende Dialoge mit ihren Beschäftigten führen. Im Anerkennenden Erfahrungsaustausch, dem Dialog mit Mehrheiten, haben die Gesund(et)en die Rolle der internen Berater der Führungskräfte zu den Themen Arbeit, Arbeitsfähigkeit, Gesundheit und Wohlbefinden. – Und woran genau merken es die Beschäftigten? Die durchgängige Erfahrung ist, es verändert sich etwas: angefangen von neuen Sichtweisen auf Gesund(et)e bis hin zu spürbaren Maßnahmen für Belegschaftsgruppen und auch Einzelne. Hinweise der Gesund(et)en werden ernst genommen. Soweit kurzfristige Ergebnisse. Nachhaltigkeit sichert die Integration der Gesunden Dialoge in Management-, Werte- oder umfassende Kommunikationssysteme. Kurz: Es findet ein Übergang vom endlichen Projekt zum dauerhaften Prozess statt.

Für den Aufbau unternehmensinterner Anerkennungsstrukturen liegt mit dem Konzept »Gesunde Dialoge« ein erprobtes Führungsinstrument vor und mit dem vorliegenden Buch ein umfassender Praxisbericht. Natürlich wäre noch darüber nachzudenken, wie diese anerkennenden und Gesunden Dialoge – Anerkennender Erfahrungsaustausch, Arbeitsbewältigungs-, Fehlzeiten- und Stabilisierungsgespräche – systematisch auch zwischen hierarchisch Gleichgestellten oder auch von Beschäftigten mit ihren Führungskräften[124] geführt werden könnten. Damit würde das Führungsinstrument zu einem noch umfassenderen betrieblichen Kulturinstrument erweitert werden. Aber das wird ein weiteres Buch erfordern.

Danksagung

Wir danken

- allen Gesund(et)en und operativen Führungskräften, die Gesunde Dialoge geführt haben;
- den Managerinnen und Managern, den Belegschaftsvertreterinnen und Belegschaftsvertretern, die den Anerkennenden Erfahrungsaustausch (und weitere Gesunde Dialoge) betrieblich gefördert haben und
- Beraterinnen und Beratern, Betriebsärztinnen und Betriebsärzten, die sich für diese Form der Gesundheitsförderung stark gemacht haben

in Deutschland, Österreich und der Schweiz:

- Alpha-Werke Alwin Lehner GmbH & Co.KG
- Deutsche Telekom, T-Com Kundenniederlassung Nordost
- Dresdner Verkehrsbetriebe AG
- N-Ergie AG, Nürnberg
- Entsorgungsbetriebe der Landeshauptstadt Wiesbaden
- Hamburger Hochbahn AG
- Hentschläger Stross Bau GmbH
- Kieler Verkehrs AG
- Loacker Recycling GmbH
- Oberösterreichische Gebietskrankenkasse
- Pinneberger Verkehrsgesellschaft mbH
- Stuttgarter Straßenbahnen AG
- Universitätsspital Basel
- Verkehrsaktiengesellschaft Nürnberg
- Verkehrsbetriebe Hamburg-Holstein AG
- und Kleinunternehmen in Gastronomie und Baugewerbe (Gesundheitsförderungsprojekt »WEG«)

Anhang

Übersicht 50: Gesamt-Stärken- und Schwächenliste

Stärken	A	b	C	D	Pilot Ges.
Arbeitsklima ist familiär, offenes Miteinanderreden, persönliches und namentliches Begrüßen, Kommunikation findet auf normale Weise statt (abteilungsbezogen); familiäres Betriebsklima, sehr gutes Arbeitsklima im Vergleich zu anderen Firmen – besonders in Bezug auf die Kollegialität in der relativ gleichaltrigen Belegschaft; nette Kollegen, gutes Arbeitsklima, gute Kollegen, »es darf mal ein Späßchen gemacht werden«, tolles Team, alle sind per Du, guter Umgang, viele sind bekannt, ich werde akzeptiert; man trifft weltweit gleich gesinnte Firmentypen (obwohl weit weg, fühlt man sich heimisch, gute Privatsphäre)	3	2	1	12	18
Betriebliches Gesundheitsförderungsprogramm: Gesundheitszirkel und die daraus resultierende größere Speisenauswahl der Automaten; soziales Engagement des Betriebs: Obstangebot, Sportangebote für Mitarbeiter und ihre Angehörigen, Fitness-Zufinanzierungen, Gutscheine, Skitage, Verpflegungsautomaten; Aktionen positiv; Gesundheitszirkel ist gut, Apfelaktion	5	2	1	8	16

Stärken	A	b	C	D	Pilot Ges.
Abwechslungsreiche Aufgaben, Herausforderungen bei der Arbeit; täglich neue Herausforderungen, interessantes Arbeitsumfeld: abwechslungsreiches Aufgabengebiet; große Abwechslung bei der Arbeit, vielseitige Arbeit, flexible Aufgaben; abwechslungsreiche Arbeit, Aufgaben, Herausforderungen bei der Arbeit; tägliche neue Herausforderungen, interessantes Arbeitsumfeld: abwechslungsreiches Aufgabengebiet; vollständiges Arbeiten (von der Idee über die Konstruktion und Montage bis zur Inbetriebnahme dabeisein können)	3	1	2	8	14
Unternehmen mit weltweiter Präsenz, globales Unternehmen; Firmengröße beruhigt, expandierendes Unternehmen; gute große Firma, große Firma mit guten Zukunftsmöglichkeiten, viele Perspektiven, gute standfeste Firma, erfolgreiches Unternehmen, bekannte Firma	1	1	2	6	10
Gute interne Organisation und selbstständiges Arbeiten in Abstimmung mit dem Vorgesetzten; die Arbeit, wie Aufgaben weitergeleitet werden; große Selbstständigkeit, selbstständiges Arbeiten; flexible Arbeitsabläufe – selbst einteilen können	2	2	1	4	9
Flexible Arbeitszeit, kein Stress in der Frühe, gute interne Organisation	4		4		8
Auslandstätigkeiten; gute Möglichkeit für Auslandstätigkeit, viele externe Montagen ⇒ guter Verdienst, andere Länder und Kulturen, weltweite Arbeitsmöglichkeit			1	6	7
Interessante Arbeit, interessanter Job, tolle Tätigkeit; immer neue Herausforderungen in technischen Belangen; Herausforderungen mit neuen Ideen, Anlagen auszulegen			2	3	5
sicherer Arbeitsplatz			2	2	4
Unternehmenskultur in Bezug auf flache Hierarchien		1	1	1	3

Stärken	A	b	C	D	Pilot Ges.
Mitorganisierenkönnen in der Organisation, Mitgestaltenkönnen beim Projektablauf; »ich kann entscheiden«, ich werde angehört, mein Wort zählt		1		2	3
Attraktives Arbeitsumfeld in Bezug auf Büroarbeitsplatz; nette Arbeitsumgebung (große helle trockene Hallen), helle Arbeitsplätze		1		2	3
Arbeiten im lokal ansässigen Familienbetrieb	1		2		3
Soziales Engagement des Betriebs: Unterstützung für Alleinerzieher (Teilzeitbeschäftigungsmöglichkeit); Firma ist sozial gut eingestellt, Leuten in Notlagen wird geholfen, z. B. nach Ehescheidung	1			1	2
Gute Zusammenarbeit mit anderen Abteilungen; tolles Umfeld in der Firmengruppe, abteilungsübergreifend	1			1	2
»Es ist schön bei unserer Firma«, ist für mich die beste Firma				2	2
Spaß bei der Arbeit durch Eigenverantwortung	1			1	2
Jobmöglichkeiten für persönliche Entwicklungen im Betrieb, neue Bereiche können übernommen werden	2				2
Schulungsmaßnahmen	2				2
Man kann immer etwas Neues dazulernen, dann hat man weit gestreutes Fachwissen			2		2
Aktivitäten Gondelausfahrt, Wandertag			1	1	2
Saubere Arbeit (nicht schmutzig, dreckig, laut); körperlich nicht so anstrengende Tätigkeit				2	2
Nähe des Betriebes zum Wohnort			1	1	2
Brauchbare Hilfswerkzeuge, die körperlich entlasten (Kran, Stapler)				2	2
Möglichkeit, die Überstunden abzubauen (abteilungsbezogen)	1				1

Stärken	A	b	C	D	Pilot Ges.
Spürbare Wertschätzung durch unmittelbaren Vorgesetzten	1				1
Risikobereitschaft des Unternehmens, das motiviert	1				1
Stolz auf das Produkt	1				1
Pünktlicher Zahltag				1	1
Gute Entwicklungsmöglichkeiten auch ohne Studienausbildung			1		1
Grippeimpfung				1	1
Junges Team			1		1
Viele Freiräume				1	1
Firma steht zu älteren Mitarbeitern				1	1
Mitarbeiter ist noch Mensch und keine Nummer				1	1
Mitarbeiter bekommt zweite Chance				1	1
Persönliche Verhandlungserfolge ernten können		1			1
»Ich habe für mich die richtige Arbeit gefunden, bin an der richtigen Stelle«				1	1
Tolerante Pauseneinteilung				1	1
Urlaube sind zu 90 % unverrückbar			1		1
Gesamthinweise	30	12	26	73	141
Anzahl AE	4	2	4	10	20
Anzahl der Nennungen pro AE	7,5	6	6,5	7,3	7,05

Schwächen	A	B	V	D	Pilot Ges.
Fehlende interne Richtlinien in Bezug auf Abläufe trotz ISO, aber praktisch läuft es anders, und es wird kaum über Fehler gesprochen, sodass man nicht daraus lernen kann; »wo gehobelt wird, fliegen Späne, man muss sie nur zusammenkehren und daraus Konsequenzen ziehen«; Arbeit schlecht strukturiert, daraus resultiert: Es können keine Konsequenzen gezogen werden; wenn Konsequenzen gezogen werden, erwischt es die Falschen, klare Abläufe schaffen; es fehlen immer Teile, Schlampigkeit, schlechte Organisation, ständig Teile suchen; ständig Unklarheiten, was Arbeit beziehungsweise Abläufe anbelangt, keine klaren Linien im Ablauf (»wer zum Telefon läuft, bekommt es«), heute so, morgen so, und übermorgen ist wieder alles anders; wenn Material übrig bleibt nach der Montage, weiß niemand, warum (Zeichnung oder Lager oder Bestellung oder Montage sind dafür verantwortlich?)	4		2	8	14
Abteilungsübergreifende Kooperationsschwierigkeiten: Kommunikation mit anderen Abteilungen/extern ist verbesserungswürdig; kaum Möglichkeiten, abteilungsübergreifend am Wochenende (bei Termindruck) zu arbeiten; wir können es selten im Vorhinein sagen, ob jemand gebraucht wird – aber auch, wenn man es zwei Tage vorher anmeldet, gibt es ein Tatü-tata in der anderen Abteilung; Kommunikation zwischen Verkauf, Einkauf, Lager und Montage ist nicht gut; Änderungen in der Teilebeschaffung werden nicht oder zu spät bekanntgegeben (Grauzone, wo Artikel gesucht wird, und es gibt ihn schon nicht mehr)	4	1		2	7

Schwächen	A	B	V	D	Pilot Ges.
Betriebliches Gesundheitsförderungsprogramm ist Alibi, weil auf ergometrische Arbeitsplätze und das Raumklima keine Rücksicht genommen wird, »lieber eine Klimaanlage als Vergünstigungen beim Arzt«, Programm »Firma X well« wäre nicht nötig, wenn der Arbeitsplatz stimmen würde (Raumklima, Stühle etc.); betriebliches Gesundheitsförderungsprogramm ist okay, aber zu wenig konsequent, wird angeleiert, aber dann nicht mehr fortgeführt; es braucht keine Unterstützung in puncto Gesundheit am Arbeitsplatz wie Nichtrauchen etc.; Geld vom Gesundheitszirkel könnte man besser verwenden, keine Information, wo und was passiert, wenig Aktivitäten wurden gesetzt, Gesundheitszirkel wurde gemacht, wo sind die Ergebnisse?; Scheckheft vom Gesundheitsförderungsprojekt ist nur für teure Geschäfte, Studios oder Praxen			4	3	7
Wunsch nach individuellem Gehörschutz (Angebot schon eingeholt)				6	6
Mehr Zeit für Führung der Abteilung; Umgangston verbessern von oben nach unten; härter durchgreifen und Konsequenzen ziehen			2	4	6
Materiallogistik: Situation in Warenannahme, -lager und -versand ist belastend; schlechte Lagerlogistik, Schlampigkeit im Lager – teilweise passt Verbuchung und Herrichten nicht zusammen, keine gute Lagerbewirtschaftung; schlechter Materialfluss; Lieferanten können jeden Müll liefern, keine Eingangskontrolle, keine Konsequenzen				6	6
Büroklima verursacht gesundheitliche Beeinträchtigungen, die im Urlaub nicht auftreten; Räumlichkeiten lassen keine Individualität zu (Großraumbüro); Lärm und Klima im Büro sind belastend, AG nimmt auf Ergonomie und Arbeitsplätze keine Rücksicht			5		5

Schwächen	A	B	V	D	Pilot Ges.
Bessere Organisation von Planung, Montagestart, Fertigstellungstermin, Liefertermin und Inbetriebnahmeplanung, sodass Posten besser besetzt sind (abteilungsübergreifende Probleme, wurde im Projektmanagementprozess erkannt)				4	4
Intranet ist unübersichtlich, farblich nicht ansprechend, kompliziert aufgebaut	4				4
Es braucht einen Montageplan, straffere Organisation, Montageplan einführen, damit die Leute wissen, was sie machen				4	4
Konzernentscheidungen sind nicht immer nachvollziehbar oder verständlich, Informationsmangel – mehr Hintergrundwissen sollte mitgeschickt werden, mehr Infos von oben nach unten				3	3
Organisatorisches Chaos, (intern stört es, extern belastet es), Büßenmüssen für Fehler anderer; immer diese Verzögerungen beziehungsweise Unklarheiten				3	3
Technische Dokumentationen fehlen beziehungsweise müssen vom Bereich Entwicklung für die anderen Abteilungen erarbeitet werden – Dokus müssten von anderen Abteilungen gemacht werden, jetzt erstellt es aber Bereich Entwicklung für die anderen – dadurch entsteht ein Mehraufwand	3				3
Zu wenig Personalressourcen auch eine Belastung für Führungskräfte, weil Spitzen durch Überstunden abgearbeitet werden und dies eine Dauereinrichtung ist, ohne dass man die Überstunden bezahlen kann (Führungskräftedilemma bei der Motivierung der MA); Überstundenregelung (bis 40 wird nicht akzeptiert, und über 80 Mehrstunden gehen verloren), erbrachte Stunden verfallen		1	2		3

Schwächen	A	B	V	D	Pilot Ges.
»Teilweise hinter dem Rücken von Personen über sie sprechen und nicht direkt«; bei menschlichen Problemen kein direkter Weg, sondern wird über Mittelsmann geklärt			1	1	2
Unmotivierte Mitarbeiter, die alles schlecht machen; das ständige Nörgeln über die Firma stört, wem's nicht gefällt, der soll gehen			1	1	2
Chaos durch Schnellschüsse: Schnellschüsse bei Arbeitsaufgaben; Schnellschüsse sind schlecht geplante Projekte		1	1		2
Überall Unordnung aufgrund von Platzmangel, mehr auf Ordnung achten				2	2
Bessere Urlaubsplanung, sodass Posten besser besetzt werden können; Gleichberechtigung bei der Urlaubsvergabe, die einen bekommen sechs Wochen, andere evtl. nur zwei Wochen RMB				2	2
Keiner ist zuständig; wer ist dafür zuständig?				2	2
In anderen Abteilungen gibt es weniger Selbst- und Mitverantwortung der MA – erschwert Zusammenarbeit	2				2
Zu viele Leute in Ausbildung/zu viele Trainees im Bereich Entwicklung und damit viel interne Fluktuation, ein ständiges »Kommen und Gehen«; grundsätzlich ist es positiv, dass es einen erfahrenen Ausbildungsverantwortlichen gibt, aber trotzdem bleiben Belastungen	2				2
Chaos und Überschneidungen im Projekt durch schnelles Wachstum und durch fehlendes modernes Equipement	2				2
Erforderliche Fremdsprachenkenntnisse, die man bräuchte, belasten			1		1
Schlechte Info, in welchem Land welche Impfungen gebraucht werden – kostenlose Impfung durch Betriebsarzt gewünscht (Hepatitis, Gelbfieber)				1	1
Änderungswünsche werden nicht wirklich akzeptiert beziehungsweise ernst genommen				1	1

Schwächen	A	B	V	D	Pilot Ges.
Es kommt bei dem Gespräch nichts heraus, schade um die Zeit				1	1
Faire Behandlung, alle gleich behandeln, keine »Freunderlwirtschaft«				1	1
Bei externen Montagen ist vieles unklar, Layouts z. B., was ist zu machen, warum kann sich vom Zeitpunkt der Bestellung bis zur Auslieferung beziehungsweise Montage etwas ändern?				1	1
Arbeitsvorbereitung installieren				1	1
Bei externen Montagen einen erfahrenen Mitarbeiter mit einem neuen MA mitschicken zu Schulungszwecken				1	1
Die Transfer- und Verpflegungskosten von Auslandsreisen zwischen 22.00 und 6.00 Uhr werden von Firma nicht übernommen – das stört	1				1
Ablagesystem der Datenverwaltung ist schlecht und verursacht Chaos			1		1
Wenig Zeit für die Kernaufgabe »Entwicklung«; immer wird mehr in Richtung Quantität als Qualität gefordert	1				1
Nicht laufend neue Anlagen entwickeln		1			1
Unrealistische Terminabgaben		1			1
Es werden zu viele Entscheidungen von Laien getroffen				1	1
Keine Einteilung der Mitarbeiter in der Abteilung xy				1	1
Qualitätsstandards sind nicht definiert				1	1
Ich habe mich an Zustände gewöhnt				1	1
Werksverkehr darf nicht eingestellt werden, sondern sollte erweitert werden, zwecks Bezinkosten und Parkplatzproblemen am Gelände				1	1
Aufenthaltsraum gemütlicher gestalten (wurde bereits erledigt)				1	1
Organisierte Reinigung des Maschinenparks vorsehen (wurde bereits erledigt)				1	1

Schwächen	A	B	V	D	Pilot Ges.
Fixe Montageplätze schaffen				1	1
Jahresbonus soll von den ständig Kranken auf die Gesunden aufgeteilt werden				1	1
Gesamt	23	5	20	67	115
Anzahl AE	4	2	4	10	20
Anzahl der Nennungen pro AE	5,75	2,5	5	6,7	5,75

Übersicht 51: Gesundheitsrelevanz der Auswirkungen auf die Gesellschaft

Auswirkungen auf die Gesellschaft (60 Punkte)			
EFQM-Kriterien		Kommentar und Gesundheitsrelevanz	
Aktives Engagement für die Gesellschaft in Bezug auf	Wohltätigkeit		
	Ausbildung und Schulung		G
	Ärztliche Betreuung und Fürsorge		G
	Sport und Freizeit		
Verhinderung beziehungsweise Vermeidung von Umweltschäden	Abwässer und Umweltverschmutzung		g
	Unfallrisiken		G
	Lärm		G
	Gesundheitsrisiken		G
Erhaltung globaler Ressourcen	Energieeinsparung		
	Verwendung von Rohstoffen und anderen Betriebsmitteln		g
	Verwendung von wiederverwertbaren Materialien		
	Verminderung von Abfällen		
	Umwelt und Ökologie		

Auswirkungen auf die Gesellschaft (60 Punkte)			
EFQM-Kriterien		Kommentar und Gesundheitsrelevanz	
Weitere indirekte Gradmesser	Anzahl der Beschwerden generell	Kann ein Anerkennungsfaktor sein beziehungsweise Arbeitsstolz beinhalten	g
	Anzahl von Verstößen gegen nationale/internationale Normen		g
	Anzahl von sicherheitsbezogenen Vorfällen		G
	Auszeichnungen und Preise		G
	Auswirkungen auf das Beschäftigungsniveau innerhalb des örtlichen Gemeinwesens		g

Übersicht 52: *Gesundheitsrelevanz der Geschäftsergebnisse*

Geschäftsergebnisse (150 Punkte)			
EFQM-Kriterien		Kommentar und Gesundheitsrelevanz	
Finanzielle Messgrößen	Gewinn	Die »Lage« des Unternehmens ist gesundheitsrelevant, weil schlechte Gewinnlage z. B. Ängste und Unsicherheiten auslöst	g
	Cash-Flow		
	Umsatz		
	Wertschöpfung		
	Betriebskapital		
	Liquidität		
	Dividenden		
	Längerfristige Werte für Aktionäre		

Geschäftsergebnisse (150 Punkte)			
EFQM-Kriterien		Kommentar und Gesundheitsrelevanz	
Nichtfinanzielle Messgrößen	Marktanteil	Siehe oben	g
	Ausschuss		
	Fehler je Produktions- oder Tätigkeitseinheit Zykluszeit wie z.b.: Bearbeitungszeit eines Auftrages Lieferzeit eines Produktes Durchlaufzeit eines Loses Beschwerdebearbeitungsdauer Erforderliche Zeit, um neue Produkte und Dienstleistungen auf den Markt zu bringen Erforderliche Zeit, um bei Neuentwicklungen die Gewinnschwelle zu erreichen Lagerumschlagshäufigkeit	Haben MA noch eine Chance, sich zu erinnern/ rechtfertigen?	g

Anmerkungen

1 Moeller, S. 49.
2 Siegrist.
3 Larisch et al., S. 223–228.
4 Böhm/Buchinger, S. 64.
5 Geißler et al.
6 Es gibt einen Unterschied zwischen »echten Kranken« und »Blaumachern«, der im psychologischen Arbeitsvertrag begründet ist, wie in der Belegschaftstypologie (vergleiche Kapitel 1.2.1) sichtbar wird.
7 Rousseau.
8 Holtgrewe et al.
9 Ilmarinen/Tempel, S. 249 f.
10 Siegrist, S. 275 f.
11 Ebenda, S. 275 f.
12 Siegrist, zitiert nach Geißler et al., S. 119.
13 Vergleiche Ilmarinen/Tempel, zitiert nach Geißler, Heinrich et al., S. 141.
14 Hansmann.
15 Paragraf 91 Betriebsverfassungsgesetz (BetrVG).
16 Anwesenheitsprämien fördern Anwesenheit und nicht Gesundheit. Vergleiche kritisch zu diesem Thema: Geißler et al., S. 43, 153, 158, 192.
17 Malik-Management Zentrum St.Gallen: Es kommt darauf an, bereits vorhandene Stärken zu nutzen. Download (2007): http://www2.malik-mzsg.ch/corporate/download/3665/de/DACHK_Einstein_PDF_text.pdf.
18 Geißler/Geißler-Gruber, S. 414.
19 Geißler/Geißler-Gruber, S. 403–417.
20 Vergleiche zur Darstellung der Stärken- und Schwächenlisten nach Auswertung des Anerkennenden Erfahrungsaustauschs: Kapitel 2.3.
21 Badura et al., S. 30.
22 Ilmarinen/Tempel, S. 249.
23 Ebenda, S. 250.
24 Hier ist vor allem auf die umfangreichen Studien des Düsseldorfer Medizinsoziologen Johannes Siegrist und seines Teams und die in der Tradition seines

Modelles der Gratifikationskrisen stehenden internationalen Erhebungen (unter anderem Whitehall-II-Studie in Großbritannien) hinzuweisen.
25 Zweiter Tag: Ähnlicher Ablauf, anstatt der Methode des World-Cafés wurde am zweiten Tag mit der Interviewmethode gearbeitet. Nach einer vorher festgelegten Einteilung wurden gegenseitig Interviews geführt und die Ergebnisse der Interviews wiederum auf Flip-Charts notiert.
26 Siehe die fünf Gleichungen in Kapitel 2.2.
27 Der Begriff des Pilotprojekts im Zusammenhang mit dem Anerkennenden Erfahrungsaustausch und die daraus resultiereden Problematik in der nachhaltigen Verfolgung dieses Führungsinstruments wird im Abschnitt 2.5 »Weiterführung« kritisch beleuchtet.
28 Vergleiche Kapitel 2.6.1.
29 Vergleiche Übersicht 23.
30 Vergleiche zu den drei Typen eines Fahrers, die wir regelmäßig in den Fahrberufen finden, Kapitel 1.
31 Vergleiche hierzu auch Kapitel 2.
32 Vergleiche Kapitel 2.2.
33 Vergleiche mit der Darstellung der Stärken- und Schwächenlisten nach Auswertung des Anerkennenden Erfahrungsaustauschs in Kapitel 2.3.
34 EFQM-Broschüre Grundkonzepte der Excellence 1999–2003.
35 Ebenda.
36 Ebenda.
37 Ebenda.
38 Paragraf 18(1) VKA TVöD.
39 Vergleiche Selbsttest in Kapitel 2.2.
40 Vergleiche Selbsttest in Kapitel 2.2.
41 Vergleiche Modell der Belegschaftstypologie Abbildung 1.
42 Vergleiche Clever, S. 9f.
43 Vergleiche Abbildung 1 – Belegschaftstypologie.
44 Vergleiche Abbildung 2 – Dialoge mit allen.
45 Unsere Subgruppe der Langzeiterkrankten mit krankheitsbedingten Fehlzeiten von mehr als sechs Wochen ist aktuell vom Gesetzgeber thematisch aufgegriffen worden, in Form des Paragrafen 84 Absatz 2, Sozialgesetzbuch, das sogenannte Betriebliche Eingliederungsmanagement. Wir nehmen hierzu in Kapitel 3.2 Stellung.
46 Das Beispiel eines Langzeiterkrankten stammt von Dr. Jürgen Tempel, anlässlich eines Referates im Jahre 2005 in Regensburg.
47 6/3-Turnus bedeutet, an sechs Tagen hintereinander Dienst zu leisten und zwar vorwärts rollierend, das heißt zwei Tage Nacht- beziehungsweise Spätdienst, zwei Tage Mittel- beziehungsweise Übergangsdienst, zwei Tage Frühdienst und dann drei Tage frei.
48 Natürlich bleibt es Führungskräften in der Praxis unbenommen, die betroffene

Person auch mündlich zu einem Arbeitsbewältigungsgespräch einzuladen. Die geeignete Form hängt sicherlich wesentlich von der Beziehungsebene ab, der Inhalt sollte jedoch den wertschätzenden Charakter ausdrücken.
49 Ilmarinen/Tempel, S. 166.
50 Ebenda.
51 Auf die Problematik der Gerechtigkeit wird am Ende des Kapitels ausführlicher eingegangen.
52 Sprenger, S. 67–68.
53 Das Phänomen Vertrauen wird in Kapitel 4 genauer untersucht.
54 Vergleiche Homepage der Vereinigung der Hamburger Kindertagesstätten.
55 Hansmann.
56 Selbstverständlich gilt ein Nichtwollen oder ein Nichtkönnen genauso für die Führungskraft. Dieses Phänomen ist aber nicht Gegenstand dieser Arbeit.
57 Siehe Kapitel 3.3.
58 Kobi (2002), S. 102.
59 Vergleiche Adlhoch et al.
60 Gagel.
61 Im gesamten Abschnitt 3.2 wird überwiegend der Begriff »Blaumacher« verwendet. Der Leser möge stets daran erinnert werden, dass im Folgenden aus der Gruppe derjenigen Beschäftigten, die auffällige krankheitsbedingte Fehlzeiten aufweisen, wiederum nur ein sehr geringer Teil betrachtet wird: die Personen nämlich, die augenscheinlich keinen geschlossenen psychologischen Arbeitsvertrag haben.
62 Bei Kurzerkrankungen macht es wenig Sinn, eine schriftliche Einladung zu versenden. Wenn man den Mitarbeiter unverzüglich zu einem Fehlzeitengespräch während der Arbeitsunfähigkeit einladen möchte, genügt auch ein Anruf, der allerdings dokumentiert werden muss.
63 Natürlich bleibt es Führungskräften in der Praxis unbenommen, die betroffene Person auch mündlich zu einem Stabilisierungsgespräch einzuladen. Die geeignete Form hängt sicherlich wesentlich von der Beziehungsebene ab. Der Inhalt sollte jedoch den wertschätzenden Charakter und die widersprüchlichen Bilder, die der Vorgesetzte von den betroffenen Mitarbeitern hat, vermitteln.
64 Siehe auch Kapitel »Hindernisse und Chancen« bei anderen Dialogen.
65 Siehe auch Kapitel »Hindernisse und Chancen« bei anderen Dialogen.
66 Offe, S. 241.
67 Smith et al., S. 261.
68 Leana/Rousseau, S. 282 f.
69 Ebenda.
70 Smith et al., S. 268 ff.
71 Candeias, S. 10.
72 Ebenda, S. 9.
73 Kobi (2006), S. 117.

74 Rousseau, S. 151.
75 Kobi (2006), S. 117.
76 Vahtera et. al. (2004).
77 Vahtera et al. (2000).
78 Peters/ Sauer, S. 36 ff.
79 Ebenda, S. 34.
80 Ebenda, S. 23 f.
81 Ebenda S. 31.
82 Adloff/Mau, S. 10.
83 Voswinkel, S. 241.
84 Ebenda.
85 Ebenda, S. 241f.
86 Ebenda, S. 242.
87 Ebenda, S. 250.
88 Ebenda.
89 Vergleiche Simmel, S. 95–108.
90 Voswinkel, S. 250.
91 Ebenda.
92 Ebenda.
93 Holtgrewe et al., S. 2.
94 Ebenda.
95 Ebenda.
96 Voswinkel (2005), S. 250.
97 Voswinkel (2000), S. 51 ff.
98 Voswinkel (2005), S. 248.
99 Ebenda, Fußnote 14.
100 Ebenda, S. 253.
101 »Auszeit, regelmäßig verordnet«, In: *Der Standard,* 30./31.12.06, »Bildung & Karriere«, K8.
102 Wagner, S. 147.
103 Lessenich/Mau, S. 264.
104 Gambetta, S. 235.
105 Ebenda, S. 234.
106 Ebenda, S. 235.
107 Ebenda.
108 Ebenda, S. 235 f.
109 Ebenda, S. 236.
110 Schmidt, S. 214 f.
111 Ebenda, S. 215.
112 Bohm, S. 33 f.
113 Schmidt, S. 221.
114 Ebenda, S. 225.

115 Ebenda, S. 65.
116 Ebenda, S. 64.
117 Ebenda.
118 Ebenda, S. 50.
119 Kobi (2006), S. 117.
120 Kotthoff, S. 34.
121 Kropf, S. 218, Fußnote 285.
122 Die Feststellung der Autorin trifft auf die Auffassung von *Anerkennung als Integrationsmedium* in der Tradition Fichtes und Hegels und auch Meads zu, wie sie besonders von Honneth, Voswinkel, Holtgrewe, Wagner und auch der Autorin geteilt wird. Der Ansatz der Konfliktforschung (vergleiche Heitmeyer, Imbusch) betrachtet Anerkennung als *Ergebnis einer erfolgreichen Integration*: »›Anerkennungslücken‹ (Heitmeyer 2002) und ›negative Anerkennungsbilanzen‹ (Endrikat et al. 2002) deuten in diesem Sinn auf soziale Desintegration hin.« (Sitzer/Wizorek, S. 127). Aber möglicherweise – so Sitzer und Wizorek – könnte »Integriertheit als ein Zustand gedeutet werden, dem die Dialektik des Kampfs um Anerkennung und Anerkennung als Voraussetzung bereits vorgängig gewesen sein muss.« (Ebenda).
123 Kropf, S. 229.
124 Diese Anregung verdanken wir Stephan Voswinkel im Rahmen eines Gespräches über den Anerkennenden Erfahrungsaustausch im Mai 2006.

Literatur

Adloch, Ulrich, Karin Frankaenel, Johannes Magin, Helga Seel, Birgit Westers, Gerhard Zorn: *Handlungsempfehlungen zum Betrieblichen Eingliederungsmanagement*. Landschaftsverband Rheinland, Integrationsamt. Münster

Adloff, Frank, Steffen Mau: »Zur Theorie der Gabe und Reziprozität«. In: *Vom Geben und Nehmen. Zur Soziologie der Reziprozität*. Hrsg.: Adloff, Frank und Steffen Mau. Frankfurt/New York 2005, S. 8–57

»Auszeit, regelmäßig verordnet«. In: *Der Standard*, 30./31.12.6, »Bildung & Karriere«, K8

Badura, Bernhard, Eckhard Münch, Wolfgang Ritter: *Partnerschaftliche Unternehmenskultur und betriebliche Gesundheitspolitik. Fehlzeiten durch Motivationsverlust?* Gütersloh 1997

Böhm, Renate, Buchinger, Birgit: *Mythen von Arbeit und Altern*. Wien 2007

Bohm, David: *Der Dialog. Das offene Gespräch am Ende der Diskussionen*. Stuttgart 2002 (3. Aufl.)

Candeias, Mario: »Handlungsfähigkeit durch Widerspruchsorientierung. Kritik der Analysen von und Politiken gegen Prekarisierung«. In: *Z. Zeitschrift Marxistische Erneuerung*, Nr. 68 (Dezember 2006), S. 8–23

Clever, Peter: »Thesenpapier: Betriebliche Prävention – Chancen und Grenzen«. In: *Betriebliche Prävention – was tun? Tagungsreader Juni 2005*. Hrsg.: Deutsche Vereinigung für die Rehabilitation Behinderter. (Download: www.dvfr.de/mediabase/decuments/47_Tagungsreader2005.pdf, Zugriff 25.2.2007), S. 9–10

Gagel, Alexander: (Download: www.iqpr.de/iqpr/download/projekte/050524KMU_Broschuere_BEM_einseitig.pdf , Zugriff 10.2.2007)

Gambetta, Diego: »Können wir dem Vertrauen vertrauen?« In: *Vertrauen. Die Grundlage des sozialen Zusammenhalts*. Hrsg.: Hartmann, Martin und Offe, Claus. Frankfurt/New York 2001, S. 204–237

Geißler, Heinrich, Brigitta Geißler-Gruber: »Anerkennungsgespräche – ein Instrument gesundheitsförderlicher Führung«. In: *Gruppendynamik und Organisationsberatung*, 33. Jahrg. (2002), Heft 4, S. 403–417

Geißler, Heinrich, Torsten Bökenheide, Brigitta Geißler-Gruber, Holger Schlünkes, Gudrun Rinninsland: *Der Anerkennende Erfahrungsaustausch. Das neue Instrument für die Führung*. Frankfurt/New York 2004

Hansmann, Tom: »*Der Anerkennende Erfahrungsaustausch*« – *mit Anmerkungen aus systemisch-konstruktivistischer Perspektive. Ein Beitrag zum gesundheitsförderlichen Management.* Unveröffentlichtes Manuskript 2004

Hartmann, Martin, Claus Offe (Hrsg.): *Vertrauen. Die Grundlage des sozialen Zusammenhalts.* Frankfurt/New York 2001

Heitmeyer, Wilhelm, Peter Imbusch (Hrsg.): *Integrationspotenziale einer modernen Gesellschaft.* Wiesbaden 2005

Holtgrewe, Ursula, Stephan Voswinkel, Gabriele Wagner (Hrsg.): *Annerkennung und Arbeit.* Konstanz 2000

Holtgrewe, Ursula, Stephan Voswinkel, Gabriele Wagner, Sylvia M. Wilz: »Subjektivierung und Anerkennung von Arbeit – eine arbeitssoziologische Perspektive«. Beitrag zum 12. Zürcher Symposium Arbeitspsychologie »Das Normative in der Arbeit«, 4.–6. März 2002

Honneth, Axel: *Kampf um Anerkennung. Zur moralischen Grammatik sozialer Konflikte.* Frankfurt/Main 1992

Ilmarinen Juhani, Jürgen Tempel: *Arbeitsfähigkeit 2010. Was können wir tun, damit Sie gesund bleiben?* Hamburg 2002

Kobi, Jean-Marcel: *Personalrisikomanagement. Strategien zur Steigerung des People Value.* Wiesbaden 2002 (2., überarb. Aufl.)

Kobi, Jean Marcel: »Personalrisiken und psychologischer Arbeitsvertrag. Die Berücksichtigung eines wesentlichen Werttreibers im Risikomanagement«. In: *Zeitschrift für Risk, Fraud & Governance (ZRFG),* 3 (2006), S. 113–117

Kotthoff, Hermann: »Anerkennung und sozialer Austausch. Die soziale Konstruktion von Betriebsbürgerschaft«. In: *Anerkennung und Arbeit.* Hrsg.: Holtgrewe, Ursula, Voswinkel Stephan, Gabriele Wagner. Konstanz 2000, S. 27–36

Kropf, Julia: »Flexibilisierung – Subjektivierung – Anerkennung. Anerkennungstheoretische Implikationen von Flexibilisierungsmaßnahmen in Unternehmen und ihre Auswirkungen auf die Selbsverwirklichungsprozesse der Mitarbeiter«. In: *Zeitschrift für Wirtschafts- und Unternehmensethik,* 5/3 (2004), S. 337–345

Kropf, Julia: *Flexibilisierung – Subjektivierung – Anerkennung. Auswirkungen von Flexibilisierungmaßnahmen auf die Anerkennungsbeziehungen in Unternehmen.* München 2005

Larisch, Marianne, Ljiljana Joksimovic, Olaf von dem Knesebeck, Dagmar Starke, Johannes Siegrist: »Berufliche Gratifikationskrisen und depressive Symptome. Eine Querschnittsstudie bei Erwerbstätigen im mittleren Erwachsenenalter«. In: *Psychother Psych Med* 2003, 53, S. 223–228

Leana, Carrie R., Denise Rousseau: »Building and Sustaining Relational Wealth. Concluding Thoughts«. In: *Relational Wealth. The Advantages of Stability in a Changing Economy.* Hrsg.: Leana, Carrie R., Denise M. Rousseau. Oxford/New York 2000, S. 277–294

Lessenich, Stephan, Steffen Mau: »Reziprozität und Wohlfahrtsstaat«. In: *Vom Geben und Nehmen. Zur Soziologie der Reziprozität.* Hrsg.: Adloff, Frank, Mau, Steffen. Frankfurt/New York 2005, S. 257–276

Malik-Management Zentrum St.Gallen: »Es kommt darauf an, bereits vorhandene Stärken zu nutzen«. (Download: www2.malik-mzsg.ch/corporate/download/3665/de/DACHK_Einstein_PDF_text.pdf, Zugriff 5.2.2007)

Moeller, Klaus-Ulrich: »Baden in der Wellness-Sprache. Kolumne.« In: *brand eins. Wirtschaftsmagazin,* Heft 2 (2007), S. 48–49

Offe, Claus: »Wie können wir unseren Mitbürgern vertrauen?« In: *Vertrauen. Die Grundlage des sozialen Zusammenhalts.* Hrsg.: Hartmann, Martin, Claus Offe. Frankfurt/New York 2001, S. 241-294

Peters, Klaus, Dieter Sauer: »Indirekte Steuerung – eine neue Herrschaftsform. Zur revolutionären Qualität des gegenwärtigen Umbruchprozesses«. In: *Rentier' ich mich noch? – Neue Steuerungskonzepte im Betrieb.* Hamburg, S. 23–58

Rousseau, Denise M.: *Psychological Contracts in Organizations. Understanding Written and Unwritten Agreements.* Thousand Oaks/London/New Delhi 1995

Schmidt, Siegfried J.: *Unternehmenskultur. Die Grundlage für den wirtschaftlichen Erfolg von Unternehmen.* Weilerswist 2004

Siegrist, Johannes: *Soziale Krisen und Gesundheit. Eine Theorie der Gesundheitsförderung am Beispiel von Herz-Kreislauf-Risiken im Erwerbsleben.* Göttingen/Bern/Toronto/Seattle 1996

Simmel, Georg: Exkurs über Treue und Dankbarkeit. In: Adloff, Frank, Steffen Mau: Zur Theorie der Gabe und Reziprozität. In: Vom Geben und Nehmen. Zur Soziologie der Reziprozität. Hrsg.: Adloff Frank, Steffen Mau. Frankfurt/New York 2005, S. 95–108.

Sitzer, Peter, Christine Wiezorek: »Anerkennung«. In: *Integrationspotenziale einer modernen Gesellschaft.* Hrsg.: Heitmeyer, Wilhelm, Peter Imbusch. Wiesbaden 2005, S. 101–132

Smith, Melvin L., Jeffrey Pfeffer, und Denise M. Rousseau: »Patient Capital. How Investors Contribute to (or Untermine) Relational Wealth«. In: *Relational Wealth. The Advantages of Stability in a Changing Economy.* Hrsg.: Leana, Carrie R. und Denise M. Rousseau. Oxford, New York 2000, S. 261–276

Sprenger, Reinhard K.: *Vertrauen führt. Worauf es in Unternehmen wirklich ankommt.* Frankfurt/New York 2005

Vahtera, Jussi, Mika Kivimäki, Jaana Pentti et al.: »Effect of change in the psychosocial work environment on sickness absence: a seven year follow up of initially healthy employees«. In: *J. Epidemiol. Community Health* 2000; 54; S. 484–493; doi:10.1136/jech.54.7.484 (Download: http://jech.bmjjournals.com, Zugriff 24.10.2006)

Vahtera, Jussi, Mika Kivimäki, Jaana Pentti et.al.: »Organiszational downsizing, sickness absence, and mortality: 10-town prospective cohort study.« In: BMJ, doi:10.1136/bmj.37972.496262.0D (published 23. 2.2004) (Download: www.bmj.com, Zugriff 24.10.2006)

Voswinkel Stephan: »Die Anerkennung der Arbeit im Wandel. Zwischen Würdigung und Bewunderung«. In: *Anerkennung und Arbeit.* Hrsg.: Holtgrewe, Ursula, Stephan Voswinkel, Gabriele Wagner. Konstanz 2000, S. 39–61

Voswinkel, Stephan: »Reziprozität und Anerkennung in Arbeitsbeziehungen«. In: *Vom Geben und Nehmen. Zur Soziologie der Reziprozität*. Hrsg.: Adloff, Frank, Mau, Steffen. Frankfurt/New York 2005, S. 237–256

Wagner, Gabriele: »Berufsbiografische Aktualisierung von Anerkennungsverhältnissen. Identität zwischen Perspektivität und Patchwork«. In: *Anerkennung und Arbeit*. Hrsg.: Holtgrewe, Ursula, Stephan Voswinkel, Gabriele Wagner. Konstanz 2000, S. 141–166

Register

Abwesenheit 25, 29, 41, 52, 87, 89, 94, 107, 149, 156, 166, 200, 203, 231
Abwesenheitsquote 25
Achtungskommunikation 32
Adaption 35
Anerkennungsgespräche 60, 91
Anerkennungskrisen 34
Anerkennungskultur 35
Anonymität 31, 124
Anordnungspolitik 67
Anwesenheit 19, 21, 23, 25, 29, 49, 84, 87, 90, 92, 93, 97, 103, 123, 149, 158, 231
Anwesenheitsprämie 54
Anwesenheitsquote 19, 21, 25, 40, 55, 58, 87, 165, 225, 232
Anwesenheitsregelrunde 157 ff.
Anwesenheitsstatistik 232
Anwesenheitsverbesserungsprozess 31
Anwesenheitsverhalten 58, 74,
Arbeitsbewältigung 58, 74, 88, 93, 94, 107
Arbeitsbewältigungsgespräch 13, 39, 41, 44, 107, 139, 161 ff., 165 ff., 173, 174, 175 ff., 181 ff., 190, 191, 193, 199, 210, 213, 232, 251
Arbeitsbewältigungsindex 35
Arbeitsbewältigungsressourcen 107
Arbeitsfähigkeit 12, 31, 33 ff., 50, 54, 57, 58, 59, 72, 103, 105, 163, 172, 174, 175, 176, 177, 178, 184, 185, 189, 193, 194, 251

Arbeitsfähigkeitskonzept 121
Arbeitsplanausgabe 67
Arbeitssoziologie 11
Arbeitszufriedenheit 31, 52, 72, 230
Aus- und Weiterbildung 36, 42, 75, 81, 104, 150, 163, 167, 168, 179, 191, 193, 218, 237
Ausbildungskonzept 13
Ausbildungsplätze 167
Ausbildungstraining 86
Auswertung 13, 23, 24, 40, 50, 79, 96, 98, 107 ff., 117 ff., 178, 233
Auswertungsinstrumente 24 f.
Auswertungsworkshop 42, 86, 103

Befähigerkriterien 142 f.
Belastungsfaktoren 52, 58, 94, 156
Belegschaftsgruppen 25
Belegschaftstypologie 63, 164
Belobigung 23, 69
Betriebliche Gesundheitsförderung 12, 16, 23, 24, 30, 36, 37, 43, 50, 53, 54, 58, 72, 164, 229
Betriebliches Eingliederungsmanagement (BEM) 193 ff.
Betriebsärztlicher Dienst 54
Betriebsklima 31, 40, 57, 66, 114, 128, 163, 174, 179, 226, 253
Betriebsklimaverschlechterung 41
Betriebsklimawechsel 40
Betriebsöffentlichkeit 62
Betriebsrat 40, 41, 42, 51, 52, 53, 54,

61, 62, 63, 70, 73, 75, 76, 80, 81, 83, 88, 89, 91, 138, 139, 157, 181, 182, 200, 203, 211, 219
Betriebsvereinbarungen 40, 53, 61, 211
Betriebsversammlungen 61, 63, 66, 70, 79, 87
Beurteilungsgespräch 20, 22, 43, 102, 106, 107, 135, 215, 227
Beziehungsebenen 40
Beziehungspflege 92, 98, 102, 106, 107, 213
Beziehungsverluste 237 f.
Beziehungsvermögen 236 ff.
Brainstorming 119, 120, 121

Defizite 22, 56, 242
Dialog 12, 13, 15, 20, 24, 39, 88, 104, 119, 136, 193, 226, 227
Dialogeröffnung 92
Dialogleitfragen 93
Dialognotiz 96
Dialogphase 104
Dialogrunde 105
Dialogstrategie 86, 87
Dialogziele 173, 193, 213
Distanzierungsunfähigkeit 34
Dokumentation 233

EFQM-Modell 140 f.
Einbindung 41
Eingliederungsmanagement 193
Engagement 26, 40, 45, 59, 93, 144, 145, 151, 168, 198, 212, 250, 253, 255, 262
Entgeltfortzahlungskosten 17
Erfahrungsaustausch 15 ff.
Erfolgsfaktoren 79 f.
Erfolgsmaßstäbe 33
Externe Beratergruppe 63

Fehlzeitengespräch 13, 15, 16, 17, 19, 37, 39, 41, 44, 49, 56, 75, 89, 99,

139, 158, 161, 162, 165, 172, 189, 196 ff., 227, 231, 233
Fehlzeitenmanagement 13, 17, 18, 19, 48, 57, 58
Fehlzeitenquote 17, 18, 57, 172, 180, 181, 200
Führungsinstrumente 13, 16, 17, 19, 20, 38, 40, 42, 49,
Führungskräftedilemma 259
Führungskräfteentwicklung 56 f.
Führungskräftetraining 75
Führungskräfteworkshop 187
Führungskultur 31, 69, 114

Gesamt-Schwächenliste 109
Gesamt-Stärkenliste 109
Gesprächsinstrumente 24 f.
Gesprächsnotiz 26, 42, 63, 77, 78, 79, 84, 114, 115, 116, 131, 176, 178, 214, 216, 220
für Arbeitsbewältigungsgespräche 177
zum Stabilisierungsgespräch 215
Gesprächsschwierigkeiten 102
Gesunder Dialog 12, 13, 15, 16, 24, 70, 89, 157, 160, 161 ff.
Gesundheitsangebote 30, 31, 56, 110, 129
Gesundheitsförderung 12, 16, 23, 24,
Gesundheitsförderungsprogramm 88, 111, 112
Gesundheitsförderungsprojekte 109
Gesundheitszirkel 51, 52, 53, 111, 253, 258
Gleichbehandlung 187
Globalisierung 33, 246, 249

Hindernisse 13, 42, 61, 73, 75, 76, 80, 84, 104, 115, 184, 210, 211, 226

Identitätsbildung 11, 32, 250
Imageverlust 189

Informationspolitik 68, 69
Integrationsforschung 11
Intermediäre 47, 50
Interner Berater 106
Investitionen 33

Kennzahlen 143, 151
Kollegialität 65, 66, 67, 122, 125, 253
Kommunikationskultur 66, 137
Konfliktforschung 11
Konfliktmanagement 75
Krankenstand 17, 18, 31, 52, 66, 69, 82, 83, 87, 132, 144, 161, 165, 167, 168, 183, 195, 211, 212, 241
Krankenstandstage 87, 89

Langzeiterkrankte 21, 22, 25, 161, 166, 167, 169, 173, 184, 196, 228
Leistungsbereitschaft 31, 229
Leistungsbeurteilung 27
Leistungsverweigerung 29
Lob 22, 27, 104, 105, 121, 123
Lohnfortzahlungskosten 17

Missverständnisse 39, 213, 228
Mitarbeiterbefragung 44, 108, 116, 117
Mitarbeiterführung 44, 49, 149
Mitarbeitergespräch 43, 45, 49, 54, 59, 60, 73, 80, 85, 101,
Mittlere Führungsebene 42
Motivation 12, 29, 31, 32, 55, 159, 166, 211
Musterbetriebsvereinbarung 70, 229
Mustereinladung 91
  zum Arbeitsbewältigungsgespräch 174
  zum Dialog 91
  zum Fehlzeitengespräch 200

Nullabwesenheit 41
Nutzenerwartungen 47, 55

Personaljahresgespräch 43
Personalrat 40 ff., 79, 80, 157, 201
Personalrisiken 238
Personalrisikomanagement 190 f.
Persönlicher Kontakt 31
Potenzialfaktoren 142
Projektverantwortlicher 62
Prozessmanagement 137, 140, 153
Psychologischer Arbeitsvertrag 21, 28, , 82, 165, 167, 169, 171, 188, 206

Qualitätskultur 144

Risikobereitschaft 256
Risikofaktoren 34, 58
Rückkehrgespräche 20, 21, 22, 41, 42, 49, 52, 59, 107, 136
Rückmeldungen 75, 76, 81, 83, 100, 105

Schlüsselpersonen 50, 61, 62, 239
Schlussfolgerungsphase 118, 119, 126, 129, 130
Schonarbeitsplätze 66
Schuldzuweisungen 185
Schwächenauswertung 81
Schwachstellen 52
Schwerbehindertenvertretung 53
Sinnbeziehungen 22, 45
Soziale Gegenseitigkeit 32
Stabilisierungsgespräch 13, 38, 43, 44, 82, 83, 89, 161, 162, 163, 165, 210, 211 ff., 251
Stärkenkategorien 110
Stärkenorientierung 55

Tarifvertrag 159, 219, 244
Top-5-Stärkenrangliste 110
Topschwächen 112
Topstärken 111
Tunnelblick 55

Übererfüllung 28

Überforderung 22, 36, 135, 247
Unternehmensentwicklung 40
Unternehmenskultur 35, 59, 179, 254
Unternehmensleitbild 137
Unternehmensziele 137

Verbesserungsvorschläge 29, 67, 68, 123,
Verhaltensprävention 16, 35, 43, 58
Vertrauen 36, 45, 69, 186, 235 ff.
Vertrauensverhältnis 31
Vieraugendialog 81, 105, 133, 178, 179, 185
Vieraugengespräch 125, 186
Vorschlagswesen 44, 68

Wahrnehmungssystem 26

Weiterbildungsmöglichkeiten 175
Wertschätzender Dialog 20, 46
Wertschätzung 11, 12, 14, 23, 33, 40, 80, 90, 98, 108, 132, 134, 162, 256
Wettbewerbsdruck 17
Wettbewerbsfähigkeit 33
Willkommensgespräche 41, 52
Wohlbefinden 12, 50, 52, 54, 95, 104, 159, 160
Workshop 122, 165, 176, 184

Zielgruppen für Arbeitsbewältigungsgespräche 167
Zielvereinbarungen 209, 227
Zukunftswerkstatt 61, 63, 70, 71
Zusammengehörigkeitsgefühl 31

Reinhard K. Sprenger
Mythos Motivation
Wege aus einer Sackgasse

18. durchgesehene Auflage, 2007
276 Seiten · Gebunden
ISBN 978-3-593-38503-7

Motivation ist kein Zufall

An zahlreichen Beispielen analysiert Reinhard K. Sprenger die ausgeklügelten Antreibertechniken und weit verbreiteten Anreizsysteme in unseren Unternehmen und ihre kontraproduktiven Folgen: Belohnungssucht, Burn-out, Passivität und letztlich Demotivation. Die Alternativen lauten Fordern statt Verführen, klare Vereinbarungen und Commitment sowie Rahmenbedingungen für individuellen Spielraum zu schaffen. Die vollständig überarbeitete Neuauflage berücksichtigt die Entwicklungen der vergangenen zehn Jahre und diskutiert auch die neuesten Anreizsysteme.

Gerne schicken wir Ihnen unsere aktuellen Prospekte:
vertrieb@campus.de · www.campus.de

Reinhard K. Sprenger
Vertrauen führt
Worauf es im Unternehmen
wirklich ankommt

3. durchgesehene Auflage, 2007
192 Seiten · Gebunden
ISBN 978-3-593-38502-0

Königsweg der Mitarbeiterführung

Reinhard K. Sprenger beschreibt die Essenz moderner Führung und konzentriert sie in einem Begriff – Vertrauen. Das klingt überraschend einfach, dennoch steht einiges für die Manager auf dem Spiel. Wer Vertrauen zum zentralen Führungsprinzip erklärt, muss Macht abgeben, auf Kontrolle verzichten und bereit sein, sich von seinen Mitarbeitern abwählen zu lassen. Doch es gibt zu gegenseitigem Vertrauen keine Alternative. Nur wer Vertrauen als Führungsinstrument einsetzt, fördert die entscheidenden Wettbewerbsvorteile Kostenminimierung, Schnelligkeit und Innovation.

Gerne schicken wir Ihnen unsere aktuellen Prospekte:
vertrieb@campus.de · www.campus.de